Michael Keene

# Was Weltreligionen zu Alltagsthemen sagen



Verlag an der Ruhr

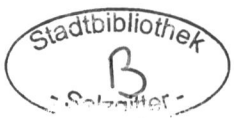

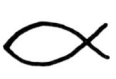

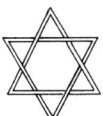

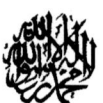

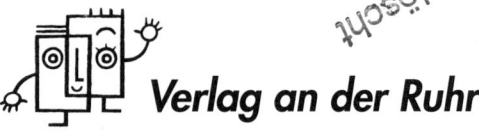

# Impressum

**Titel der englischen Originalausgabe:**
Religion in Life & Society, Truth & Spirituality – Contemporary Issues

**© der englischen Originalausgabe:**
© 2002 by Folens Limited UK.
This edition is adapted from a book written by Michael Keene
and first published by Folens Limited.

**Titel der deutschen Ausgabe:**
**Was Weltreligionen zu Alltagsthemen sagen**
Aktuelle Probleme aus der Sicht von Christen, Juden und Muslimen

**Autor:** Michael Keene
**Fotos:** Joanne O'Brien u.a.
**Übersetzung:** Anke Simon
**Bearbeitung für Deutschland:** Verlag an der Ruhr
**Druck:** Druckerei Uwe Nolte, Iserlohn

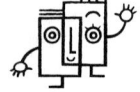

**Verlag an der Ruhr**
Alexanderstraße 54 – 45472 Mülheim an der Ruhr
Postfach 10 22 51 – 45422 Mülheim an der Ruhr
Tel.: 02 08/439 54 50 – Fax: 02 08/439 54 39
E-Mail: info@verlagruhr.de
www.verlagruhr.de

© der deutschen Ausgabe
Verlag an der Ruhr 2005
ISBN 3-86072-989-6

geeignet für die Altersstufe 13...16 17

Gedruckt auf chlorfrei gebleichtes Papier.

Die Schreibweise der Texte folgt der reformierten Rechtschreibung.

 Alle Vervielfältigungsrechte außerhalb der durch die Gesetzgebung eng gesteckten Grenzen (z.B. für das Fotokopieren) liegen beim Verlag. Der Verlag untersagt ausdrücklich das Speichern und Zur-Verfügung-Stellen dieses Buches oder einzelner Teile davon im Intranet, Internet oder sonstigen elektronischen Medien. Kein Verleih.

# Inhaltsverzeichnis

*7* Vorwort
*8* Zum Aufbau dieses Buches

## kapitel 1  glauben

*10* Erziehung zum Glauben
*12* Religiöse Erfahrungen
*14* Warum glauben Menschen?
*16* Glaube und Leid
*18* Das Leid
*22* Empfehlenswerte Literatur und Links

## kapitel 2  leben und tod

*24* Die Unantastbarkeit des Lebens
*26* Das Leben nach dem Tod
*30* Abtreibung
*36* Alter und Krankheit
*38* Die Hospizbewegung
*40* Sterbehilfe
*44* Selbstmord
*46* Der Tod
*50* Empfehlenswerte Literatur und Links

## kapitel 3  ehe und familie

*52* Heirat und Scheidung
*54* Die Ehe
*58* Familienmodelle
*60* Die Familie
*64* Verhütung
*70* Homosexualität
*76* Empfehlenswerte Literatur und Links

## kapitel 4  friedliches miteinander

*78* Mann und Frau
*84* Das Zusammenleben der Kulturen
*90* Das Zusammenleben der Religionen
*96* Empfehlenswerte Literatur und Links

## kapitel 5  armut und reichtum

*98* Arme und reiche Länder
*100* Die Weltschuldenkrise
*102* Armut und Reichtum
*106* Empfehlenswerte Literatur und Links

# Inhaltsverzeichnis

## kapitel 6   drogenmissbrauch

- *108*   Drogen
- *110*   Legale Drogen
- *112*   Drogen im Sport
- *114*   „Harte" Drogen
- *116*   „Weiche" Drogen
- *118*   Rauchen und Alkohol
- *122*   Empfehlenswerte Literatur und Links

## kapitel 7   religion und gesellschaft

- *124*   Moralisches Handeln
- *126*   Religion und Staat
- *130*   Soziales Handeln
- *134*   Empfehlenswerte Literatur und Links

## kapitel 8   krieg

- *136*   Krieg – die Fakten
- *138*   Der Nahe Osten und Afghanistan
- *140*   Der Krieg im Irak
- *142*   Atomkrieg
- *144*   Heilige und gerechte Kriege
- *146*   Religion und Krieg
- *150*   Empfehlenswerte Literatur und Links

## kapitel 9   verbrechen und justiz

- *152*   Gesetz und Justiz
- *154*   Warum bestrafen?
- *156*   Die Todesstrafe
- *158*   Gerechtigkeit und Vergebung
- *162*   Empfehlenswerte Literatur und Links

## kapitel 10   medizin und wissenschaft

- *164*   Unfruchtbarkeit
- *170*   Gentechnik und Organtransplantation
- *176*   Die Schöpfungsgeschichte
- *180*   Die naturwissenschaftliche Kosmologie
- *182*   Empfehlenswerte Literatur und Links

## anhang

- *184*   Glossar

# Vorwort

Religionen gehören zur Geschichte der Menschheit. In Vergangenheit wie Gegenwart prägen sie unser Weltbild. Gerade heute führt uns die Globalisierung zu einer Auseinandersetzung mit anderen Religionen, die das Leben von Einzelnen, aber auch von Gesellschaften geprägt haben. Aus Unwissen entspringen oft Vorurteile, die dazu führen, dass sich Mitmenschen intolerant verhalten. Wenn wir mehr über andere Glaubensrichtungen Bescheid wissen, können wir auch Menschen mit anderem Glauben besser verstehen.

- Wie etwa steht es um unser Wissen über die drei Weltreligionen Christentum, Judentum und Islam und ihren unterschiedlichen Antworten auf Fragen zu Alltagsthemen?
- Welche Bilder von Frauen und Männern entwickeln die drei Religionen?
- Welche Hoffnungen erwecken sie? Aus welchen Quellen und Inspirationen schöpfen sie?
- Stimmt ihre innere Botschaft mit ihrem äußeren Erscheinungsbild überein?
- Setzen sie sich für den Frieden ein oder fördern sie die Gewalt?
- Wie tolerant sind sie anderen Religionen gegenüber?
- Was sagen z.B. die wichtigsten Schriften der Christen, Juden und Muslime über die Erschaffung der Welt und des Lebens?

Juden und Christen haben die gleiche Schöpfungsgeschichte (Genesis 1–2). Die Beschreibung wie Gott die Erde in sechs Tagen schuf, ist eine Geschichte, kein wissenschaftlicher Bericht. Die jüdischen heiligen Bücher, besonders die Tora, betonen, wie wichtig es ist, die Welt, die Gott geschaffen hat, zu schützen.

Muslime dagegen glauben, dass Allah die Welt und alle ihre Bestandteile schuf. Für sie sind die Menschen der wichtigste Teil seiner Schöpfung. Ihnen übertrug er auch die Verantwortung für die Schöpfung. Die Menschheit darf die Erde nutzen, muss dabei aber verantwortlich handeln. Muslime müssen alle ihre Fähigkeiten einsetzen, damit die Schätze der Erde nicht verschwendet werden.

Dieses Beispiel zeigt, dass es nicht nur Unterschiede zwischen dem Islam und dem jüdischen und dem christlichen Glauben gibt, sondern auch sehr viele Gemeinsamkeiten. Deshalb kann die Auseinandersetzung mit anderen Religionen helfen, diesen mit Verständnis und Respekt zu begegnen.

# Zum Aufbau dieses Buches

Wenn du mit diesem Buch arbeitest, werden dir vor allem folgende Merkmale auffallen:

Um dir zu helfen, ist der Stoff in **10 Kapitel** gegliedert. Diese sind wiederum in verschiedene Abschnitte unterteilt. Eine **Einleitung** führt dich schrittweise an jeden Themenbereich heran. Dann werden die wichtigsten Themen und Fragen, die du bearbeiten wirst, vorgestellt.

**Wichtige Wörter** und **Ausdrücke** werden in dem Kästchen *„Wichtige Begriffe"* erklärt, wenn sie zum ersten Mal vorkommen. Du solltest von diesen Wörtern so viele wie möglich lernen. Versuche, sie richtig anzuwenden, wenn du Übungen bearbeitest.

Andere schwierige Wörter, denen du beim Lesen der Texte begegnest, werden am Buchende im **Glossar** (s. S. 184–187) erklärt. Wenn du auf ein Wort stößt, das dir vorher noch nicht begegnet ist, kannst du im Glossar nachschauen. Das Glossar soll dir helfen, den Text besser zu verstehen. Du kannst dir auch ein eigenes Wörterbuch mit schwierigen Begriffen anlegen, in das du nach und nach alle neuen Wörter einträgst.

**Zu jedem Thema werden die Lehren der einzelnen Religionen – Christentum, Judentum und Islam – behandelt.**

Im ganzen Buch verteilt findest du **Zitate** aus den heiligen Schriften und anderen Quellen. Diese Zitate sind sehr wichtig. Sie sind von großer Bedeutung für die Anhänger der verschiedenen Religionen. Sie helfen dir aber auch zu verstehen, warum Menschen an etwas Bestimmtes glauben. Versuche, die Zitate beim Beantworten der Fragen mit einzubeziehen.

Zum Ende eines Themas gibt es immer eine **Zusammenfassung**. Darin findest du die wichtigsten Punkte aufgelistet. Die Zusammenfassungen rufen dir das Gelernte noch einmal ins Gedächtnis, bevor du mit dem nächsten Thema beginnst. Sie dienen dir auch als Wiederholung, wenn du zum Beispiel für einen Test lernst.

Neben der Zusammenfassung findest du zu jedem Thema auch **Aufgabenstellungen**. Sie helfen dir, die Lehren der Weltreligionen auf ganz konkrete soziale, moralische und persönliche Angelegenheiten zu übertragen. Die Aufgaben wurden so ausgewählt, dass du dich auf die wichtigsten Informationen, die du durchgenommen hast, konzentrieren kannst. Wenn du sie bearbeitest, werden sie dich zu den Punkten führen, auf die du dich konzentrieren solltest. Sie fordern dich auf, über etwas, das du gelesen hast, nachzudenken. Man kann ein Thema sehr schnell durchgehen, ohne sich Zeit zu nehmen, über das Gelernte nachzudenken. Denke daran – du sollst nicht nur etwas über Religionen, sondern auch von ihnen lernen.

Am Ende des Buches gibt es ein umfassendes **Glossar** mit Begriffen, die du kennen solltest. Dort findest du auch zusätzliche Zitate über alle Religionen und Themen, die die Zitate aus den Texten ergänzen.

# kapitel 1
# glauben

# Erziehung zum Glauben

*Die jüdischen Schriften in der Öffentlichkeit lesen zu dürfen bedeutet, dass man als Erwachsener anerkannt wird.*

Es gibt viele verschiedene Wege zum religiösen Glauben: Manche Kinder werden in einem religiösen Umfeld aufgezogen und stellen ihren Glauben nie in Frage. In anderen Elternhäusern werden die Kinder zwar auch religiös erzogen, verlieren aber ihren Glauben, wenn sie älter werden. Einige dieser Kinder finden in einer späteren Phase ihres Lebens wieder zum Glauben zurück. Manche Menschen finden erst durch ein einschneidendes Erlebnis zum Glauben. Dies wird oft „Bekehrungserlebnis" genannt.

Es gibt auch Menschen, die sich zu keiner Religion bekennen:
**Atheisten** glauben nicht an die Existenz eines Gottes. Sie sind davon überzeugt, dass es keinen Gott gibt.
**Agnostiker** sind Menschen, die sich unsicher sind, ob es einen Gott gibt oder nicht. Sie glauben, dass man über seine Existenz nichts weiß oder nichts wissen kann. Manche Menschen stellen sich während ihres ganzen Lebens nie ernsthaft die Frage, ob sie an Gott glauben oder nicht.

Christentum und Islam versuchen aktiv, andere Menschen zum Glauben zu bekehren. Sie sind missionarische Religionen. Auf das Judentum trifft dies dagegen gar nicht zu. Egal ob sie nun einer missionarischen Religion angehören oder nicht, hoffen jedoch alle Gläubigen, dass sich ihre Kinder für den gleichen Glauben entscheiden werden wie sie selbst. Dabei hat jede Religion ihre eigenen Mittel, die Kinder zum Glauben zu erziehen.

## ☐ Christentum

Das erste religiöse Ereignis im Leben vieler christlicher Kinder ist die Taufe. Sie findet statt, wenn die Kinder wenige Monate alt sind. Katholische Kinder bereiten sich meist im 3. Schuljahr auf ihre Erstkommunion vor. Bei der Firmung oder Konfirmation können Jugendliche ihre Taufe bestätigen und ihren Glauben zum ersten Mal selbst öffentlich bekennen. Manche Eltern legen Wert darauf, dass ihre Kinder beten und die Bibel lesen lernen. Sie schicken ihre Kinder in die Sonntagsschule, damit sie mehr über ihren Glauben erfahren. Manchmal nehmen Eltern ihre Kinder auch mit zum Gottesdienst. Sie sollen so Teil einer Gemeinschaft werden, deren Mitglieder einander helfen und unterstützen.

## ☐ Judentum

Die Jungen werden am achten Tag ihres Lebens beschnitten. Dies ist eine bleibende körperliche Erinnerung an ihre jüdische Religion. Kurz nach ihrem dreizehnten Geburtstag feiern jüdische Jungen den Bar Mizwa, bei dem sie die religiöse Verantwortung eines erwachsenen Juden übernehmen. In einigen Synagogen gibt es eine ähnliche Zeremonie für Mädchen, die Bat Mizwa, die nach dem zwölften Geburtstag stattfindet. Beide Feiern geben jungen Juden die Gelegenheit, ihren Glauben öffentlich zu zeigen.
Jeder Sabbat beginnt damit, dass die Familie zusammenkommt und gemeinsam eine besondere Mahlzeit einnimmt. Dieses „Beieinandersein" wird auch bei vielen jüdischen Festen zum Ausdruck gebracht, die teils in der Synagoge, teils zu Hause stattfinden. Schon früh lernen jüdische Jungen, hebräische Schriften zu lesen. Man erklärt ihnen die Bedeutung verschiedener Gegenstände, die wichtig für die jüdische Lebensweise sind: zum Beispiel Tefillin (Gebetsriemen) und Tallit (Gebetsschal).

## ☐ Islam

Sofort nach der Geburt flüstern muslimische Väter ihrem Kind den Adhan, den muslimischen Gebetsruf,

# kapitel 1
## glauben

ins Ohr. Das erste Wort, das ein Baby auf der Welt hört, ist also der Name **Allahs**. Muslimische Jungen werden entweder in ihrer frühen Kindheit, auf jeden Fall aber vor der Pubertät beschnitten. Ein muslimisches Kind wird von klein auf ermutigt, bei den fünf täglichen Gebeten dabei zu sein. Die religiöse Erziehung der Kinder beginnt, wenn sie zur Madrasah mitgenommen werden. Dies ist eine der Moschee angeschlossene Schule. Hier werden die wichtigen religiösen Traditionen des Islam gelehrt. Dazu gehören zum Beispiel das Wudu (die rituelle Waschung) und bestimmte Gebetsrituale. Muslimische Kinder lernen auch Arabisch, um ihr heiliges Buch, den Koran, lesen zu können.

*Eine Mutter lehrt ihre Kinder, den Koran zu lesen.*

### Wichtige Begriffe

**Agnostiker** → Mensch, der glaubt, dass es nicht genügend Beweise gibt, um entscheiden zu können, ob es einen Gott gibt oder nicht.

**Allah** → Der Name des höchsten Wesens, das von den Muslimen verehrt wird.

**Atheist** → Mensch, der nicht glaubt, dass es einen Gott gibt.

## Zusammenfassung

▸▸ Taufe, Erstkommunion, Konfirmation und Firmung sind wichtige Ereignisse im Leben vieler junger Christen. Auch das Lesen der Bibel und das Lernen von Gebeten gehören oft zur Erziehung zum Glauben.

▸▸ Beschneidung und Bar Mizwa sind wichtige Ereignisse für jüdische Jungen. Auch das Feiern des Sabbats und anderer religiöser Feste ist wichtig im Leben junger Juden.

▸▸ Das erste Wort, das ein muslimisches Kind hört, ist der Name Gottes. Später lernt das Kind, den Koran zu lesen. Richtig beten zu lernen ist wichtiger Bestandteil einer muslimischen Erziehung.

(?) **Wie werden Kinder zum Glauben erzogen? Arbeite Gemeinsamkeiten und Unterschiede zwischen den drei Religionen heraus.**

(?) **Warum ist die Erziehung zum Glauben für einige Eltern wichtig?**

(?) **Berichte von deinen eigenen Erfahrungen. Wurdest du zum Glauben erzogen? Wenn ja, wie? Stelle diese Frage auch deinen Freunden und deinen Eltern.**

(?) „Wenn du willst, dass deine Kinder deinen religiösen Glauben teilen, solltest du ihnen von ihrer Geburt an dabei helfen."
**Stimmst du dem zu?**
**Begründe deine Meinung.**

# Religiöse Erfahrungen

Religiöse Erfahrungen, das Erleben von Gott, sind ein wichtiger Bestandteil der Zugehörigkeit zu einer Religion. Aber nicht jeder, der religiöse Erfahrungen gemacht hat, gehört einer Religion an. Menschen können diese Erfahrungen auf unterschiedliche – und manchmal unerwartete – Weise machen. Religiöse Erfahrungen sind manchmal einschneidend (wie Bekehrungserlebnisse), manchmal undramatisch und alltäglich (wie der Besuch eines Gottesdienstes). Sie können so vielgestaltig wie religiöse Bauwerke sein:

## ■ Gottesdienst

Anderen Menschen an einem Ort des Gottesdienstes zu begegnen – sei es in einer Kirche, einer Synagoge oder einer Moschee – ist für viele Menschen eine religiöse Erfahrung. Gebäude, in denen sich die Gläubigen zum Gottesdienst treffen, beeindrucken uns oft schon allein durch ihre Architektur. Auch der Gesang, die Gebete, die Lesungen aus der heiligen Schrift oder die Predigt können ergreifend wirken.
All dies sind wichtige Bestandteile des Gottesdienstes. Ein Hauptziel des Gottesdienstes ist es nämlich, eine Atmosphäre zu schaffen, die religiöse Erfahrungen ermöglicht. Wer regelmäßig zum Gottesdienst geht, kann dies Woche für Woche erleben.

## ■ Alleinsein

Gläubigen ist es manchmal wichtig, mit Gott allein zu sein, sei es in einem religiösen Bauwerk, an einem schönen Ort in der Natur oder in vertrauter Umgebung zu Hause. Stille, Alleinsein und innere Ruhe sind oft Voraussetzungen für religiöse Erfahrungen. Die Quäker sind zum Beispiel eine christliche Gruppe, deren Gottesdienste zum größten Teil aus stillem Warten auf die „Stimme Gottes" bestehen. Bei der Meditation sollen Herz und Sinne still werden, um aufnahmefähig zu werden für religiöse Gefühle. Selbst Gebete enthalten nicht immer Worte. Besonders Nonnen und Mönche glauben oft, dass sie ihre tiefsten Gotteserfahrungen im Warten und in der Stille gefunden haben.

## ■ Bekehrung

In der religiösen Literatur gibt es zahlreiche Beispiele von Menschen, die zu einem religiösen Glauben „bekehrt" wurden. Von den drei Religionen, die in diesem Buch behandelt werden, ist dies am ehesten im Christentum und im Islam möglich. Beides sind Religionen, in denen Menschen aktiv zum Glauben geführt werden sollen.

Im christlichen Kulturraum gibt es evangelistische Großveranstaltungen (in Deutschland z.B. *ProChrist* oder die *Zeltmission*), bei denen zur Bekehrung aufgerufen wird. Diese Veranstaltungen finden oft in großen Hallen, Stadien oder auch im Fernsehen statt, unter der Anleitung von Predigern wie Billy Graham, einem international tätigen amerikanischen Baptisten.
Den Evangelisten ist es wichtig, dass sich aus dem Bekehrungserlebnis eine alltägliche Teilnahme am christlichen Leben entwickelt. Daher stehen für die Bekehrten in ihren Gemeinden Seelsorger bereit. Muslime glauben, dass der Prophet Mohammed durch seine Begegnungen mit Allah bekehrt wurde. Im Koran werden diese Erfahrungen als überwältigend beschrieben und als Grundlage seiner Offenbarungen dargestellt.

Auch weniger einschneidende Erlebnisse können ein religiöses Element enthalten. Im alltäglichen Leben ist dies manchmal der Fall, wenn man zum ersten Mal ein beeindruckendes Gebäude betritt oder wenn man unerwartet auf eine schöne Aussicht stößt. Man ist ganz einfach überwältigt von dem, was man sieht. Manche Menschen setzen ein solches Gefühl mit dem Erleben von Gott gleich. Für andere ist es eine Erfahrung, für die sie einfach keine Worte finden.

Der Theologe und Philosoph *Rudolf Otto* (1869–1937) bezeichnete religiöse Erfahrungen als Erfahrungen des „Numinosen" (des Überweltlichen). Solche Erfahrungen seien, so sagte er, „mysterium, tremendum et fascinans" (geheimnisvoll, überwältigend und faszinierend).

---

### Wichtige Begriffe

**Bekehrung** → Umkehr, Änderung der religiösen Bindung.

**Wunder** → Ein Ereignis oder eine Handlung, die die Naturgesetze bricht.

**Das Numinose** → Etwas, das mit Gott in Verbindung steht, eine Erfahrung, die tiefe religiöse Gefühle weckt.

**Gebet** → Zwiegespräch mit Gott; der Ausdruck tiefer religiöser Gefühle Gott gegenüber.

# kapitel 1
## glauben

## Wunder

Ein Wunder ist ein Ereignis, das alle bekannten Naturgesetze zu brechen scheint und für das es keine natürliche Erklärung gibt. Auch in der heutigen Zeit ist der Glaube an Wunder noch weit verbreitet, obwohl nur wenige Menschen behaupten, selbst schon Wunder erlebt zu haben.

Die heiligen Schriften berichten von zahlreichen Wundern. Von Jesus wird zum Beispiel erzählt, dass er Kranke heilte und Naturgesetze veränderte. Er soll auf dem Wasser gegangen sein, einen Sturm zum Stillstand gebracht, einen Wahnsinnigen geheilt und Wasser in Wein verwandelt haben. Im Christentum gilt die Auferstehung Christi von den Toten als das größte aller Wunder.

Doch nicht von allen Wundern liest man in den alten religiösen Schriften. Es gibt beispielsweise in der katholischen Kirche auch zahlreiche neuere Überlieferungen. Sie berichten vom Erscheinen der Jungfrau Maria, Jesu Mutter. Die bekanntesten davon werden mit Lourdes in Frankreich in Verbindung gebracht. In letzter Zeit scheinen manche christlichen Kirchen das geistliche Amt der Heilung wiederentdeckt zu haben. Regelmäßig werden zum Beispiel in freikirchlichen Pfingstgemeinden Heilungsgottesdienste abgehalten. In unserem wissenschaftlichen Zeitalter wird meist bezweifelt, dass die Berichte über Heilungen durch Gott wahr sind. Manche Gläubige bestärkt aber der Gedanke, dass Gott Wunder vollbringen kann, in ihrem Glauben.

*Gläubige suchen Gott im Gebet oder beim Lesen der heiligen Schriften.*

### Fakt

*1858 berichtete die 14-jährige Bernadette Soubirous aus Lourdes, an 18 Tagen der Jungfrau Maria begegnet zu sein. Diese Marienerscheinungen wurden 1862 von der katholischen Kirche offiziell anerkannt. Lourdes ist heute der am meisten besuchte Wallfahrtsort der katholischen Kirche. Zahlreiche Gläubige behaupten, dass ihre Krankheiten durch das Quellwasser von Lourdes geheilt wurden. Die Kirche hat bisher über 70 dieser Heilungen anerkannt.*

Quelle: www.lourdes-france.com

- **?** Welche Funktion hat der Gottesdienst?

- **?** Was bedeutet es, zu einem religiösen Glauben „bekehrt" zu werden?

- **?** Beschreibe eine Erfahrung, die du im Nachhinein als „religiös" bezeichnen würdest.

- **?** Kennst du Wunder, die Jesus vollbracht haben soll?

- **?** „Religiöse Erfahrungen beweisen, dass es Gott gibt." Wie denkst du darüber?

### Zusammenfassung

▸▸ *Für viele Gläubige sind religiöse Erfahrungen Bestandteil des Gottesdienstes. Der Gottesdienst schafft die Atmosphäre, in der solche Erlebnisse stattfinden können.*

▸▸ *Auch in der Stille erfahren viele Gläubige Gott. Mönche und Nonnen nutzen Stille und Alleinsein oft, um zu hören, wie Gott zu ihnen spricht.*

▸▸ *Manche Menschen haben ein einschneidendes Bekehrungserlebnis, das die Richtung ihres gesamten Lebens verändert.*

# Warum glauben Menschen?

*Manche Menschen finden in der Schönheit der Natur die Gegenwart Gottes.*

Glauben lässt sich nicht logisch begründen. Man kann nicht beweisen, ob es einen Gott gibt oder nicht. Trotzdem haben mehrere bedeutende Denker und Philosophen versucht, für die Existenz Gottes eine rationale Begründung zu finden. Dabei entstanden unter anderem die folgenden drei Argumentationen, die die Existenz Gottes beweisen sollen:

## ■ Das Kausalprinzip

Der italienische Philosoph und Theologe *Thomas von Aquin* (1225–1274) stellte mehrere Beweise für die Existenz Gottes auf. Einer davon beruht auf dem Kausalprinzip. Dabei geht *Thomas von Aquin* davon aus, dass alles in der Welt die Folge von etwas anderem (einer Ursache) ist.

*Ein Beispiel:* Ich habe ein blaues Auge (die Folge), also muss mich jemand geschlagen haben oder ich bin gegen eine Tür gerannt (die Ursache).
*Ein zweites Beispiel:* Ich bin eine Folge, aber wodurch wurde ich verursacht? Dadurch, dass meine Mutter und mein Vater miteinander geschlafen haben.
Es gibt nichts, das keine unmittelbare Ursache hat. Das Universum ist eine Folge, doch was – oder wer – hat es verursacht? Das kann, nach dieser Theorie, nur die erste aller Ursachen gewesen sein: Gott. Nur die erste Ursache wurde von keiner anderen Ursache hervorgerufen. Nichts geschieht zufällig. Es gibt für alles, was im Universum existiert, eine Erklärung. Die Naturwissenschaften beruhen auf diesem Prinzip. Sie gehen davon aus, dass man letztendlich alles erklären kann. Das Einzige, das man auf diese Weise nicht erklären kann, ist Gott. Diese Argumentation nennt man den **„kosmologischen Beweis"** für die Existenz Gottes oder das Kausalprinzip.

> „Die Toren sagen in ihrem Herzen: ‚Es gibt keinen Gott.' Sie handeln verwerflich und schnöde; da ist keiner, der Gutes tut."
> *Bibel, Psalm 14,1*

*Wer Hinweise auf die planmäßige Schöpfung sucht, findet sie oft in der Natur.*

# kapitel 1

glauben

## Das Argument der planmäßigen Erschaffung der Welt

Auch der englische Philosoph *William Paley* (1743–1805) suchte nach Beweisen für die Existenz Gottes. Seiner Meinung nach wurde die Welt sorgfältig nach einem genauen Plan entworfen. Das muss jedem auffallen, der sich die Welt aufmerksam anschaut, egal ob er das Universum durch ein Teleskop oder den kleinsten Organismus durch ein Mikroskop betrachtet.

Zur Veranschaulichung bat *Paley* seine Leser, sich eine Uhr vorzustellen, die sie zufällig in einer unbewohnten Gegend finden. Öffnen sie die Uhr, um sich den komplizierten Mechanismus von Zahn-, Antriebsrädern und Federn anzuschauen, werden sie sicher nicht denken, dass all dies zufällig geschaffen wurde. Sie werden vielmehr glauben, dass da ein geschickter Uhrmacher am Werk war. Das Universum ist natürlich noch viel komplizierter aufgebaut als diese Uhr. Könnte es durch reinen Zufall entstanden sein? Oder war dafür ein „Designer" nötig?

Die Schlussfolgerung ist klar: Etwas so kompliziertes wie das Universum erfordert einen Planer, der es entworfen hat. Dies nennt man den **„teleologischen Beweis"** für die Existenz Gottes – das Argument der planmäßigen Erschaffung der Welt.

## Das moralische Argument

Im Gegensatz zu den ersten beiden Argumenten, die von der Betrachtung der Außenwelt ausgehen, richtet die dritte Argumentation den Blick nach innen auf das, was *Immanuel Kant* (1724–1804) den **„kategorischen Imperativ"** nannte. *Kant* ging davon aus, dass jeder Mensch immer und überall weiß, was moralisch richtig oder falsch ist (auch wenn er dann nicht immer danach handelt).

Wie oft sagen wir uns, dass wir etwas tun „sollten"? Es ist wie eine Art innerer Drang und wir bezeichnen ihn oft als unser Gewissen. Woher kommt dieser kategorische Imperativ? Zu wissen, was richtig und falsch ist, kann nur einen Ursprung haben: Gott – so die Antwort der Weltreligionen auf diese Frage.

## Der Sinn des Lebens

Die Weltreligionen lehren, dass das Leben einen Sinn haben muss, weil Gott ihm diesen Sinn gibt. Anhänger unterschiedlicher Religionen würden dem Verfasser der Psalmen Recht geben, der sagt, dass nur Toren nicht an Gott glauben (siehe Zitat S. 14). Trotzdem glauben zahlreiche Menschen nicht an Gott. Atheisten glauben nicht an die Existenz Gottes, während Agnostiker sagen, dass der Beweis noch aussteht. Man hat ihrer Ansicht nach nicht genügend Hinweise, um eine Entscheidung zu fällen (s. S. 10/11).

### Wichtige Begriffe

**Kausalität** → Das Prinzip von Ursache und Wirkung.

**Schöpfung** → Etwas planen und ausführen, etwas erschaffen, das einen ganz bestimmten Sinn hat.

---

❓ Welcher der oben aufgeführten Gottesbeweise überzeugt dich am meisten? Warum?

❓ Gibt es Argumente, die den einen oder anderen Beweis entkräften?

❓ Im Laufe der Geschichte hat man auch noch auf andere Weise versucht, die Existenz Gottes zu beweisen. Suche Informationen zu diesem Thema.

❓ Warum suchen Menschen deiner Meinung nach einen Beweis für die Existenz Gottes?

❓ „Es gibt einige gute Gründe, nicht an Gott zu glauben."
**Wie denkst du darüber?**

## Zusammenfassung

▸▸ Man hat mehrfach versucht, die Existenz Gottes zu beweisen. Das erste Argument geht davon aus, dass jede Folge eine Ursache hat. Das Universum ist eine Folge – doch wer hat es verursacht? Die Verfechter dieses „kosmologischen Beweises" sagen, dass dafür nur Gott in Frage kommt.

▸▸ Das zweite Argument macht darauf aufmerksam, dass alles in der Welt auf einem Plan beruht und einen Zweck erfüllt (Paleys „Uhr"). Für die Vertreter dieses „teleologischen Beweises" ist Gott der einzig mögliche „Planer" des Universums.

▸▸ Das dritte Argument bezieht sich auf unser Gewissen. Wir wissen alle, dass wir manche Dinge tun „sollten". Warum haben wir dieses Gefühl? Verfechter des „moralischen Beweises" sagen, dass dieser „kategorische Imperativ" nur von Gott kommen kann.

# Glaube und Leid

*"Jede Krankheit kann uns den Tod erahnen lassen."*

Katechismus der katholischen Kirche, 1993

Die Existenz von Leid und Bösem in der Welt ist eines der schwierigsten Probleme, mit denen sich Gläubige auseinander setzen müssen. Leid scheint die Lehren der Weltreligionen zu widerlegen, die behaupten, dass Gott allmächtig, allgütig und allwissend ist. Für Atheisten und Agnostiker spricht der offensichtliche Schmerz, den Menschen überall erleiden, gegen die Existenz Gottes. Und selbst Theologen haben Schwierigkeiten mit der Frage, wie das Leid und das Böse in der Welt mit Gottes Allmacht und Allgüte vereinbar ist.

*Rettungsaktion bei einer Überschwemmung in Ecuador im April 2002. Starker Regen verursacht in Ecuador immer wieder Erdrutsche und Überflutungen.*

*"Nackt kam ich hervor aus dem Schoß meiner Mutter; nackt kehre ich dahin zurück. Der Herr hat gegeben, der Herr hat genommen; gelobt sei der Name des Herrn."*

Tanach, Ijob 1,21

## ■ Beispiele von Leid

Leid kann Gläubige und Nichtgläubige treffen. Für Gläubige beinhaltet Leid aber immer auch ein zusätzliches Problem: Es lässt Gottes Handlungen fragwürdig erscheinen. In vielen Situationen stellen sie dann die Frage: *„Wie konnte Gott so etwas zulassen?"*

- **Naturkatastrophen**, wie zum Beispiel Überschwemmungen, Erdbeben oder Vulkanausbrüche, fordern viele Menschenleben. Die Menschheit hat wenig oder gar keinen Einfluss darauf. Oft sind gerade die Bevölkerungen von Naturkatastrophen betroffen, die sowieso schon unter Armut oder Bürgerkriegen leiden.
- Jedes Jahr sterben 20 Millionen Menschen, darunter 5 Millionen Kinder, an **Hunger und Unterernährung** – nur weil sie das Pech hatten, am falschen Ort geboren worden zu sein.
- Kinder werden mit einer **unheilbaren Krankheit** oder einer **schweren Behinderung** geboren, obwohl weder sie noch ihre Eltern etwas dafür können. Menschen verlieren nahe Angehörige durch Krankheiten oder Unfälle.

Um die Ursache für Leid zu erklären, unterscheiden manche Theologen zwischen dem *„natürlichen Bösen"* und dem *„moralischen Bösen"*.

- Das **„moralische Böse"** steckt in den Menschen: Sie rufen durch moralisch falsches Handeln (z.B. Hass, Neid oder Habgier) manche Formen von Leid selbst hervor.

- Das **„natürliche Böse"** ist der Grund für Naturkatastrophen, Seuchen oder Krankheiten, an denen Menschen keine Schuld tragen.

# kapitel 1
## glauben

Leid wird oft als „ungerecht" empfunden. Während manche Menschen fast ihr ganzes Leben lang nicht mit Leid in Berührung kommen, haben andere nie einen längeren Zeitraum ohne Leid und Schmerz erlebt. Unvermeidlich stellen sich dann die Fragen: *„Warum ist das so?"* und *„Steckt hinter dem Leid ein verborgener Sinn?"*

Diesen Fragen kann sich kein Mensch entziehen. Sie laufen für Gläubige letztendlich auf ein ganz einfaches Dilemma hinaus: **Entweder** will Gott alles Leid beseitigen und kann es nicht – dann ist er nicht allmächtig. **Oder:** Gott kann das Leid beseitigen und tut es nicht – dann ist er nicht gütig.

### Wichtige Begriffe

**Allgüte** → Gott zugesprochene Eigenschaft: Er sorgt für alle, liebt alle und ist zu allen gut.

**Allmacht** → Gott zugesprochene Eigenschaft: Nichts steht außerhalb seiner Macht.

**Das moralische Böse** → Das Leid, für das Menschen aufgrund ihrer Handlungen verantwortlich gemacht werden können.

**Das natürliche Böse** → Leid, das ohne menschliches Verschulden durch Naturkatastrophen oder Seuchen verursacht wird.

## Religion und Leid

Die Religionen, die in diesem Buch vorgestellt werden, bieten auf die Frage nach dem Sinn des Leidens verschiedene Antworten:

**Leid ist die unmittelbare Folge menschlicher Sünde.** Dies könnte in vielen Situationen zutreffen. Jemand, der an Lungenkrebs leidet, kann sich die Krankheit durch übermäßiges Rauchen zugezogen haben. Doch was kann man einem Kind vorwerfen, das von seiner Mutter mit AIDS angesteckt wurde?

**Leid kommt von einer bösen Macht, die der Güte Gottes entgegen steht.** Diese Erklärung findet sowohl im Christen- und Judentum als auch im Islam Anklang. Christen und Juden nennen diese böse Macht Satan, während sie im Islam Iblis heißt. Erkennt man aber diese böse Macht an, steht man sofort vor neuen Fragen: Wer erschuf diese böse Macht?
Wenn es Gott war, warum hat er das getan? Wenn es nicht Gott war, wer war es dann?

Gott allein kennt den Sinn des Leidens. Das bekannteste Buch über das Leiden ist das Buch Hiob im Alten Testament. Hiob wird als gerechter Mann beschrieben, dessen Glaube von Gott auf die Probe gestellt wurde. Gott erlaubte dem Teufel, Hiob alles wegzunehmen: seine Gesundheit, seine Familie und seinen Besitz. Hiob kommt am Ende zu dem Schluss, dass ihm sein Leiden unerklärlich bleiben wird. Für ihn ist es ein Mangel an Glauben, wenn man Gott deswegen in Frage stellt.

**Allwissenheit** → Gott zugesprochene Eigenschaft: Gott weiß alles, was passiert ist, gerade passiert und passieren wird.

❓ **Warum stellt Leid für Gläubige eine Herausforderung dar?**
a. **Welche drei Erklärungen für Leid gibt es in den verschiedenen Weltreligionen?**
b. **Glaubst du, dass diese Erklärungen Gläubigen helfen, einen Sinn im Leiden zu sehen?**

❓ *„Leid macht den Glauben an Gott unmöglich."*
**Wie denkst du darüber?**

## Zusammenfassung

▸▸ *Es gibt viele Arten von Leid, die für Gläubige eine besondere Herausforderung darstellen. Dass es Leid überhaupt gibt, ist genauso schwer nachzuvollziehen wie die damit verbundene Ungerechtigkeit.*

▸▸ *Religionen können die Frage nach dem Sinn des Leidens nicht völlig zufriedenstellend beantworten. Theologen liefern folgende Erklärungen:*
*__1.__ Die Menschen sind selbst für ihr Leid verantwortlich. __2.__ Leid wird von einer bösen Macht verursacht. __3.__ Nur Gott allein kennt den Sinn des Leidens.*

# Das Leid

## ☐ Christentum

Im Christentum gibt es unterschiedliche Erklärungen für den Sinn des Leidens:

> „Nur weil es das Kreuz gibt, kann ich noch an Gott glauben. Wir können das Böse nicht wegerklären, Gott rechtfertigen, ihn für das Schlamassel, das er angerichtet hat, entschuldigen. [...] Doch Jesus erlebte eine viel schlimmere Verlassenheit und Verzweiflung als ich."
>
> Mutter eines schwer behinderten Sohnes

### Die naturwissenschaftliche Sichtweise

Viele Christen teilen die Überzeugung der Naturwissenschaftler, dass das ganze Universum, einschließlich der Menschheit, Teil eines sich entwickelnden Prozesses ist. Dieser begann in frühester Urzeit und dauert heute noch an. Bei der Evolution der Menschheit spielt das Leiden eine sehr wichtige Rolle. Es trägt dazu bei, dass die Gattung sich weiterentwickelt.

### Die traditionelle christliche Sichtweise

Diese hat ihre Wurzeln in der Schöpfungsgeschichte im Alten Testament. Sie erzählt, dass Gott eine vollkommene Welt schuf, in die aber schon bald die Sünde Einzug hielt. Gott bestraft die Menschen für ihre Sünden, indem er sie leiden lässt.

### Die vom Neuen Testament geprägte Sichtweise

Im Neuen Testament ist von einem liebenden Gott die Rede, der seinen Sohn, Jesus, auf die Erde schickte. Weil Jesus wie ein Mensch lebte, litt und schließlich am Kreuz starb, glauben viele Christen, dass Gott sie in ihrem Leid nicht allein gelassen hat. Sie glauben, dass Gott in der Gestalt Jesu ihr Leid teilte und auch heute noch mit ihnen leidet.

Das Kreuz, das Symbol für dieses Leid, wurde zum zentralen Symbol des christlichen Glaubens.

## ■ Neubeginn durch Leid

Das Kreuz steht im Mittelpunkt der Geschichte Jesu, doch es ist nicht das Ende der Geschichte. Das Neue Testament erzählt weiter, dass Jesus nach drei Tagen von den Toten auferstand und 40 Tage später zu seinem Vater im Himmel zurückkehrte. Die Auferstehung Jesu ist das wichtigste Element des christlichen Glaubens. Sie hat weitreichende Folgen für alle Gläubigen. Sie glauben nämlich, dass auch sie vom Tod erweckt werden und die Ewigkeit bei Gott im Himmel verbringen.

So beendet der Tod nicht ihre Beziehung zu Gott. Auch wenn ihr irdisches Leben von Leid geprägt war, wird der Schmerz bedeutungslos im Angesicht dessen, was sie jenseits des Grabes erwartet. Dies ist der Kernpunkt des christlichen Verständnisses von Leid. Es gibt manchen Christen Kraft, sich mit allem, was in ihrem Leben passiert, abzufinden.

## ■ Der Sinn des Leidens

Viele Christen versuchen, im Leid einen Sinn zu finden. Manchen gelingt dies wenigstens ansatzweise. Der britische Schriftsteller *C.S. Lewis* vertritt zum Beispiel die Ansicht, dass Gott die Menschen erst durch Schmerz zu dem macht, was sie sind (siehe Zitat S. 19). Auch wenn es nicht allen Christen gelingt, einen Sinn in ihrem Leid zu sehen, ist im Christentum der Gedanke sehr wichtig, dass man sich um die Leidenden kümmern sollte.

Im Gottesdienst werden Fürbitten für die Leidenden gesprochen. Christliche Organisationen versuchen, Leidenden in Krankenhäusern und Hospizen Trost und Beistand zu gewähren.
In der katholischen Kirche gibt es das Sakrament der Krankensalbung. Sie soll der Stärkung und Ermutigung der Kranken dienen.

*In manchen Kirchen werden Heilungsgottesdienste (spezielle Gottesdienste vor allem in freikirchlichen Gemeinden) gehalten.*

> „Der Tod wird nicht mehr sein, keine Trauer, keine Klage, keine Mühsal. Denn was früher war, ist vergangen."
>
> Bibel, Offenbarung 21,4

# kapitel 1
glauben

*Dornenkrone und Kelch sollen an das Leiden Jesu erinnern.*

„Schmerz ist Gottes Megafon, mit dem er die taube Welt aufrüttelt. Wir sind wie Blöcke aus Stein, denen der Bildhauer mühsam menschliche Formen gibt. Die Schläge seines Meißels, die uns so sehr schmerzen, sind es, was uns vollkommen macht."

C.S. Lewis (1898–1963), britischer Schriftsteller

- **?** Vergleiche die Erklärungen von Leid im Alten und im Neuen Testament miteinander.

- **?** Suche Informationen über die Evolutionstheorie. Wie trägt „Leiden" zur Weiterentwicklung der Arten bei?

- **?** Lies das Zitat von *C. S. Lewis*. Womit vergleicht er Leid? Kannst du dir vorstellen, was er damit meinte?

- **?** „Ein gütiger Gott würde Leid in der Welt nicht zulassen." **Stimmst du dem zu?**

- **?** „Nur weil es das Kreuz gibt, kann ich noch an Gott glauben." **Wie verstehst du dieses Zitat?**

## Zusammenfassung

▸▸ Christen haben unterschiedliche Erklärungen für die Existenz von Leid. Viele stimmen den Naturwissenschaftlern zu, die sagen, dass die Evolution der Arten ohne Leid gar nicht zustande gekommen wäre. Im Alten Testament wurde Leid als Gottes Strafe für die Sünden von Adam und Eva dargestellt.

▸▸ Im Mittelpunkt des christlichen Glaubens steht das Leiden Jesu am Kreuz. Das Kreuz ist Symbol dafür, dass Gott das Leid der Menschen teilt.

▸▸ Vielen Christen hilft ihr Glaube, über ihr Leid hinauszuschauen. Sie hoffen, dass Leiden und Schmerz im Himmel ein Ende haben werden.

# Das Leid

## ☐ Judentum

Juden stellen sich die gleichen Fragen über Glauben und Leid wie die Angehörigen anderer Religionen, doch für sie gibt es eine zusätzliche, sehr wichtige Frage: *„Wie konnte Gott zulassen, dass während des Zweiten Weltkrieges sechs Millionen Juden in deutschen Konzentrationslagern starben?"*

> *„Innig geliebt sind die Leiden! Wie nämlich die Opfer Wohlgefallen erregen, so erregen Leiden Wohlgefallen. [...] Darüber hinaus erregen die Leiden mehr Wohlgefallen als die Opfer. Weshalb? Weil die Opfer mit Geld abgeleistet werden, die Leiden aber mit dem Körper."*
>
> Rabbi Nechemja (um 160 n. Chr.)

> *„Wer Leid nie erlebt hat, ist kein wahrer Mensch."*
>
> Jüdischer Midrasch

Der **Holocaust** setzte Leid in eine ganz neue Perspektive. Manche Juden verloren ihren Glauben, weil sie Gott für das verantwortlich machten, was ihren Glaubensbrüdern zugestoßen war. Ihrer Meinung nach hatte Gott sich als unfähig erwiesen, sein auserwähltes Volk zu retten. Andere kamen zu dem Schluss, dass sie bestenfalls einen Gott mit eingeschränkter Macht verehrten.

Die jüdischen Schriften enthalten viele Geschichten über leidende Menschen. All diesen Geschichten liegt der Glaube zugrunde, dass sich Leiden letztendlich positiv auf den Menschen auswirkt. Leiden ist Bestandteil des Lebens. Es kommt von Gott und muss daher auch sein Gutes haben. Um Leid zu überwinden, müssen Menschen „über sich hinauswachsen". Dabei entdecken sie manchmal, dass sie eine innere Kraft besitzen, von der sie vorher gar nichts wussten. Dies hat zur Folge, dass sie gestärkt aus der schwierigen Situation hervorgehen.

*Die Holocaust-Gedenkstätte in Jerusalem (Yad Vashem) stellt gekrümmte Körper dar, die an einen Stacheldrahtzaun erinnern.*

# kapitel 1
## glauben

## ☐ Islam

Muslime glauben, dass alles, was ihnen passiert, von Allah so gewollt ist. Nichts geschieht, wenn es nicht dem Plan Allahs entspricht. Leid und Schmerz sind Teil dieses göttlichen Plans. Durch Leid stellt Allah die Menschen auf die Probe.

> „Wahrlich, wir wollen euch auf die Probe stellen: durch Furcht, Hunger und Schaden, den ihr an Vermögen, Leib und Feldfrüchten erleiden werdet. Aber Heil verkünde den fromm Duldenden, denen, welche im Unglück sprechen: ‚Wir gehören Allah an, wir kehren (einst) zu ihm zurück.'"
> 
> *Koran 2,156–176*

Der muslimische Glaube besagt, dass Gott, als er die Welt erschuf, Adam zu seinem Stellvertreter berief. Menschen waren den Engeln überlegen, denn sie erhielten die wertvolle Gabe des freien Willens.
Die Engel sollten sich vor den Menschen verbeugen und ihre Überlegenheit anerkennen, doch einer der Engel, Iblis, weigerte sich, dies zu tun. Daraufhin wurde Iblis Herrscher über das Königreich der Hölle. Er bekam die Aufgabe, den Glauben der Menschen an Allah auf die Probe zu stellen. Dabei sind das Böse und das Leid seine Mittel.

Das Thema Leid gehört mit zu den wichtigsten Fragen islamischer Theologie. Die Deutung des Leids im Koran ist der Versuch, menschliches Leid nicht zu verdrängen, sondern ihm, entgegen aller augenscheinlichen Sinnlosigkeit, einen Sinn abzugewinnen. Nach islamischer Auffassung hat das Leiden einen zweifachen Sinn:
**Verdiente Strafe für die Sündhaftigkeit der Menschen und eine von Gott auferlegte Prüfung.**
In der Hinwendung zu Gott durch Umkehr und Buße wird es möglich, das Leid zu bewältigen.

> „Wir haben euch erschaffen, dann euch gestaltet und darauf zu den Engeln gesagt: ‚Verehrt den Adam'; und sie taten also, mit Ausnahme des Iblis, des Satans, der nicht mit den Verehrenden sein wollte. Allah sprach zu ihm: ‚[…] Hinab mit dir, von hier (aus dem Paradiese) hinweg, […] fortan gehörst du zu den Verachteten.' […] Darauf sagte der Satan: ‚Weil du mich in die Irre gejagt hast, darum will ich den Menschen auf dem richtigen Weg auflauern und sie überfallen von vorn und von hinten, von der rechten und von der linken Seite, dass du den größten Teil der Menschen undankbar finden sollst.'"
> 
> *Koran 7,12–18*

### Fakt

*Im Koran hat Allah 99 unterschiedliche Namen. Einer davon ist „der Barmherzige".*
*Muslime glauben, dass auch sie barmherzig handeln und Mitleid mit Leidenden haben sollten.*

---

❓ **Welche Auswirkungen hatte der Holocaust auf den Glauben vieler Juden? Warum?**

❓ **Wie kann man Leid erklären? Vergleiche die Antworten der Weltreligionen miteinander und arbeite Unterschiede und Gemeinsamkeiten heraus.**

❓ **Suche in deinem Bekanntenkreis oder in den Medien nach positiven und negativen Beispielen für den Umgang mit Leid. Welches dieser Beispiele findest du am besten? Warum?**

❓ **„Leid kann man nur erklären, wenn man eine böse Macht dafür verantwortlich macht." Wie denkst du darüber?**

### Zusammenfassung

▶▶ *Die Vernichtung von 6 Millionen Juden im Holocaust ist ein Schlüsselereignis jüdischer Geschichte. Viele Juden verloren damals ihren Glauben an Gott. Leid wird jedoch von Juden als Bestandteil des Lebens gesehen.*

▶▶ *Muslime glauben, dass nichts gegen den Willen Allahs geschieht. Iblis stellt den Glauben der Anhänger Allahs auf die Probe, indem er ihnen Leid zufügt.*

# Empfehlenswerte Literatur und Links

## ☐ Literatur

*Christa Dommel:*
**Religionen kennen lernen:**
**Christentum.**
Verlag an der Ruhr 2001.
ISBN 3-86072-610-2

*Monika Grübel:*
**Judentum.**
DuMont Literatur und Kunst Verlag 2000.
ISBN 3-83213-496-4

*Elaine McCreery:*
**Religionen kennen lernen:**
**Judentum.**
Verlag an der Ruhr 1998.
ISBN 3-86072-339-1

*Christoph Menn-Hilger:*
**Die 10 Gebote heute.**
**Infos, Materialien, Provokationen.**
Verlag an der Ruhr 2003.
ISBN 3-86072-774-5

*Christine Moorcroft:*
**Religionen kennen lernen:**
**Islam.**
Verlag an der Ruhr 1998.
ISBN 3-86072-338-3

*Monika und Udo Towruschka:*
**Islam-Lexikon.**
Patmos 2002.
ISBN 3-49170-349-2

*Mary Tucker:*
**Die Bibel enträtseln.**
**75 Aufgaben und Entdeckungsreisen.**
Verlag an der Ruhr 2005.
ISBN 3-86072-979-9

## ☐ Links

- **www.intratext.com/X/DEU0018.htm**
  Der Koran (mit Suchfunktion).

- **www.islam.de**
  Deutsch-islamisches Informationsportal. Informationen zum Koran und zu islamischen Organisationen; Publikationen des Zentralrats der Muslime in Deutschland zu zahlreichen Themen.

- **www.islam-guide.com/de/**
  Illustrierter Wegweiser, um den Islam zu verstehen. Ist für Nichtmuslime gedacht, die den Islam, Muslime (Moslems) und den Heiligen Quran (Koran) verstehen möchten.

- **www.hagalil.com/**
  Informationen über die jüdische Religion, Israel, Antisemitismus.

- **http://alt.bibelwerk.de/bibel/**
  Einheitsübersetzung der Bibel.

- **www.ekd.de/**
  Internetseite der Evangelischen Kirche Deutschland (EKD) mit Texten zu Themen wie Abtreibung, Bioethik, Sterbehilfe, Ehe usw.

- **www.intratext.com/X/DEU0035.htm**
  Katechismus der katholischen Kirche (mit Suchfunktion).

# kapitel 2
# leben und tod

# Die Unantastbarkeit des Lebens

*„Denn du hast mein Inneres geschaffen, mich gewoben im Schoß meiner Mutter."*
*Tanach, Psalm 139,13*

## ■ Religion und die Unantastbarkeit des Lebens

Allen religiösen Lehren liegt der Glaube zugrunde, dass das Leben, vor allem das menschliche Leben, heilig und unantastbar ist. Wenn das Leben ein Geschenk Gottes ist, muss es geschützt und wertgeschätzt werden.

## ☐ Christentum und Judentum

In den jüdischen und christlichen Schriften steht Gott im Mittelpunkt allen Lebens. Er schuf das Leben und jedes neue Leben ist ein Geschenk von ihm. Die Christen glauben, dass Jesus Mensch wurde, um ihnen zu zeigen, wie Gott sich das menschliche Leben vorstellte und wünschte. Dieses Ereignis, die Geburt und das Leben Jesu, wird als „Fleischwerdung" Gottes bezeichnet.

Juden und Christen stimmen meist darin überein, dass alle Entscheidungen, die Leben und Tod betreffen, Gott allein vorbehalten sind. Sie sollten also nicht von Menschen getroffen werden. Denkt man diesen Gedanken konsequent zu Ende, dann dürften Menschen auch nicht über Abtreibung oder Sterbehilfe entscheiden. Denn es geht dabei um die Frage, ob ein ungeborenes Baby ein Recht auf Leben hat oder ob ein Mensch sein Leben vorzeitig beenden darf. Solche Entscheidungen waren beiden Religionen zufolge immer Gott vorbehalten und dürfen nicht von Menschen getroffen werden.

Christen, Muslime und Juden glauben an einen Gott, der am Anfang das Leben erschaffen hat und heute noch am Leben der Menschen teilhat. **Jedes Leben ist für sie darum ein Geschenk Gottes.** Es ist ein grundsätzlicher religiöser Glaube, dass Leben heilig und unantastbar ist. Ihm liegt folgender Gedanke zugrunde: Gott schuf nach seinem Zeitplan alles Leben, also wird er es auch nach seinem Zeitplan wieder beenden. Gegen diesen Willen Gottes darf man nur in ganz wenigen Ausnahmefällen verstoßen. Jede Beendigung von Leben muss wohl begründet sein und darf dem Schutz des Lebens allgemein nicht widersprechen.

Alle in diesem Buch vorgestellten Religionen lehren, dass die Menschen frei sind in ihrer Entscheidung, an Gott zu glauben oder nicht. Gott gab den Menschen einen freien Willen. Dies ist eines seiner wertvollsten Geschenke, denn erst der freie Wille unterscheidet die Menschen von allen anderen Lebewesen. Freie Entscheidungen treffen zu können, ist jedoch auch mit großer Verantwortung verbunden. Dies gilt vor allem dann, wenn es bei einer Entscheidung buchstäblich um Leben oder Tod geht. Kein Mensch sollte eine solche Entscheidung – z.B. wenn es um Abtreibung oder Sterbehilfe geht – leichtherzig fällen.

## ☐ Islam

Der Koran ist die heilige Schrift der Muslime. Er lehrt, dass Allah bei der Empfängnis Leben in jedes neue menschliche Wesen einhaucht. Er lehrt auch, dass nur Allah entscheiden darf, wann jemand sterben wird. Menschen ist es nicht erlaubt, Allah diese Verantwortung abzunehmen.

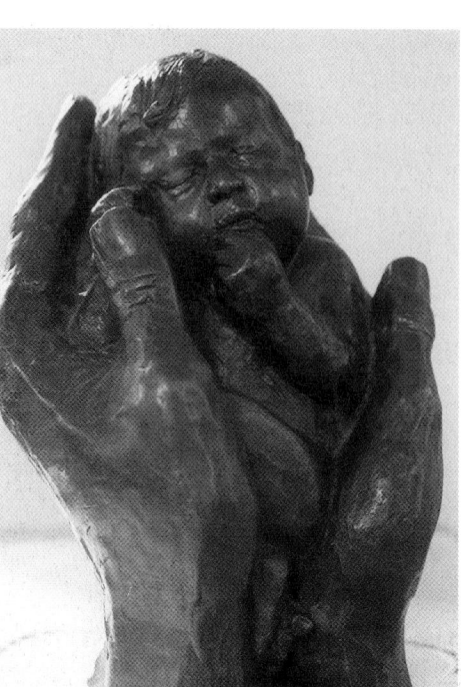

*„Was in den Himmeln und auf Erden ist, preist Allah. […] Ihm gehört das Reich der Himmel und der Erde, er belebt und tötet und ist aller Dinge mächtig."*
*Koran 57,2–3*

*Diese Skulptur soll den Glauben ausdrücken, dass alles Leben heilig ist und in Gottes Hand liegt.*

# kapitel 2
## leben und tod

### Die Unantastbarkeit des Lebens in unserer Gesellschaft

Die Lehre der Religionen, dass das Leben heilig ist, stellt gläubige Christen, Juden und Muslime vor die Frage, wie sie persönlich mit Themen wie Sterbehilfe oder Abtreibung umgehen sollen. Ist Sterbehilfe und Abtreibung mit ihrem Glauben vereinbar? Können sie die Entscheidung über Leben und Tod eines Menschen verantworten? Eine Antwort auf diese Fragen hängt für viele Menschen von der Lehre der religiösen Oberhäupter und nicht zuletzt auch von der Rechtslage ab. Darauf wird in den folgenden Kapiteln näher eingegangen.

*„Wahrhaft ethisch ist der Mensch nur, wenn er der Nötigung gehorcht, allem Leben, dem er beistehen kann, zu helfen, und sich scheut, irgendetwas Lebendigem Schaden zu tun. [...] Das Leben als solches ist ihm heilig. Er reißt kein Blatt vom Baume ab, bricht keine Blume und hat Acht, dass er kein Insekt zertritt."*
Albert Schweitzer (1875–1965), deutscher Arzt und Theologe

#### Wichtiger Begriff

**Unantastbarkeit des Lebens**
→ Der Glaube, dass menschliches Leben heilig ist und daher mit Ehrfurcht behandelt werden sollte.

- ❓ Warum ist das Leben für Juden, Christen und Muslime heilig? Gibt es noch andere Gründe als die im Text genannten?
- ❓ Kennst du Fälle, in denen die Beendigung von Leben gerechtfertigt sein könnte?
- ❓ Albert Schweitzer prägte den Begriff *„Ehrfurcht vor dem Leben"*. Was hat er damit wohl gemeint (siehe Zitat)? Suche weitere Informationen über Albert Schweitzer. Was war das Besondere an seiner Sichtweise?
- ❓ *„Menschliches Leben ist wertvoller als jede andere Form von Leben."* Stimmst du dem zu?

### Zusammenfassung

▸▸ Alle Religionen teilen den Glauben, dass Leben heilig ist.

▸▸ Gläubige sehen das Leben als ein Geschenk Gottes. Für sie hat niemand außer Gott das Recht, Leben zu geben und zu nehmen.

*Jüdische ältere Menschen beim Tanzen. Die Religionen lehren, dass jeder Mensch – egal ob jung oder alt – für Gott gleich wichtig ist.*

# Das Leben nach dem Tod

## ☐ Christentum

*„Denn Gott hat die Welt so sehr geliebt, dass er seinen einzigen Sohn hingab, damit jeder, der an ihn glaubt, nicht zugrunde geht, sondern das ewige Leben hat. Denn Gott hat seinen Sohn nicht in die Welt gesandt, damit er die Welt richtet, sondern damit die Welt durch ihn gerettet wird."*
*Bibel, Johannes 3,16–17*

## ■ Der Auferstehungsglaube im Urchristentum

Die Botschaft Jesu wurde nach dessen Tod von den ersten Christen weitergegeben. Paulus machte diesen Christen klar, dass ihre Botschaft nur einen Sinn habe in Verbindung mit dem Glauben an die Auferstehung von den Toten:

*„Wenn es keine Auferstehung von den Toten gibt, ist auch Christus nicht auferweckt worden. Ist aber Christus nicht auferweckt worden, dann ist unsere Verkündigung leer und euer Glaube sinnlos."* (1 Korinther 15,13–14)

Nur weil die ersten Christen glaubten, dass Jesus auferstanden war, waren sie auch davon überzeugt, dass sie selbst ewig leben würden. Beide Gedanken waren für sie untrennbar miteinander verbunden.

## ■ Die Lehre Jesu

In der Bibel wird erzählt, dass Jesus, Gottes Sohn, als Mensch geboren wurde, litt, starb und wieder auferstand. Dann kehrte er in den Himmel, in sein Reich zurück. Während seines Lebens auf der Erde versprach er allen Menschen, die an ihn glauben, das ewige Leben. Er verglich sein Leben und seinen Tod mit dem eines Weizenkorns, das auf die Erde fällt und stirbt (siehe Zitat unten). Erst der Tod dieses Samenkorns ermöglicht das Leben neuer Weizenkörner. Jesus entspricht also einem Weizenkorn, aus dem neue Frucht hervorgeht: die ersten Christen und alle späteren Anhänger Jesu. Das ewige Leben, das allen diesen Gläubigen geschenkt werden soll, wurde erst möglich durch Jesu Tod am Kreuz und seine Auferstehung von den Toten.

*„Amen, amen, ich sage euch: Wenn das Weizenkorn nicht in die Erde fällt und stirbt, bleibt es allein; wenn es aber stirbt, bringt es reiche Frucht."*
*Bibel, Johannes 12,24*

## ■ Himmel und Hölle

Das Buch der Offenbarung in der Bibel behauptet, eine Vision des Heiligen Geistes zu sein. Darin wird Johannes, einem Jünger Jesu, der Himmel beschrieben. Im Himmel, so der Text, werden die Christen bei Gott sein. Er wird ihre Tränen trocknen, denn es wird dort weder Tod noch Trauer geben. Schmerz und Weinen werden, wie alle anderen Aspekte irdischen Lebens, nicht mehr existieren. Christen hoffen, dass ihnen das vollkommene neue Leben zuteil wird, das die Bibel ihnen verspricht.

**Was nach dem Tod passieren wird, ist jedoch eine Streitfrage, die das Christentum in zwei Lager spaltet.**

### Die protestantische Sichtweise

Nach dem Tod wird über jeden Menschen gerichtet: Gute Menschen kommen in den Himmel, zu Gott, böse Menschen kommen in die Hölle. Wie die Katholiken glauben die Protestanten an die „Unsterblichkeit der Seele".
Im Neuen Testament wird an mehreren Stellen vom „Tag des Jüngsten Gerichts" erzählt. An diesem Tag, der gleichzeitig das Ende der Welt ist, wird die Seele wieder mit ihrem früheren Leib vereinigt. Der Körper, den Gott auferstehen lässt, ist vollkommen: unverweslich, ohne Krankheiten oder Wunden und jung (in dem Alter, in welchem Jesus auferstand). Über den Zeitpunkt der Auferstehung gibt es keine eindeutigen Vorstellungen.

### Die katholische Sichtweise

Die katholische Kirche kennt nicht nur Himmel und Hölle, sondern noch einen dritten Ort: das Fegefeuer. Dorthin kommen Menschen, die keine Todsünden, sondern nur leichte Sünden begangen haben. Im Fegefeuer büßt die Seele für diese Sünden und bereitet sich auf das ewige Leben im Himmel vor.
Dabei können die noch auf der Erde lebenden Angehörigen des Toten beeinflussen, wie lange die Seele im Fegefeuer bleibt, indem sie für die Seele des Verstorbenen beten oder eine Messe für ihn lesen lassen.

# kapitel 2
## leben und tod

*Christen glauben, dass Jesus gekreuzigt und drei Tage später von Gott ins Leben zurückgerufen wurde.*

- ❓ Warum meinte Paulus wohl, dass der christliche Glaube nur in Verbindung mit dem Glauben an die Auferstehung einen Sinn hat?

- ❓ Was verbindet das Christentum mit dem Begriff „Himmel"?
  a. Was verbindest du mit dem Begriff „Himmel"?
  b. Wo überschneiden sich beide Antworten, wo gibt es Unterschiede?

- ❓ Versuche herauszufinden, ob heute noch viele Christen an Himmel und Hölle oder an das Fegefeuer glauben.

- ❓ Glaubst du an ein Leben nach dem Tod?

> „… und sie werden aus seinem Reich alle zusammenholen, die andere verführt und Gottes Gesetz übertreten haben, und sie werden sie in den Ofen werfen, in dem das Feuer brennt. Dort werden sie heulen und mit den Zähnen knirschen. Dann werden die Gerechten im Reich ihres Vaters wie die Sonne leuchten."
>
> *Bibel, Matthäus 13,41–43*

## ■ Der Glaube an das ewige Leben

Obwohl immer weniger Christen tatsächlich an ein Leben nach dem Tod glauben, ist dies immer noch ein wichtiger Bestandteil des christlichen Glaubens. Erst durch diesen Glauben finden sie einen Sinn in der Ungerechtigkeit des Lebens auf der Erde. Auch gibt es denen, die einen nahe stehenden Menschen verloren haben, die Hoffnung, ihn „wiederzusehen". Außerdem bekommt das alltägliche Leben für Menschen, die an das ewige Leben glauben, eine sinnvolle Richtung. Sie geben sich mehr Mühe, ein „gutes" Leben zu führen, da sie davon ausgehen, dass Gott sie am „**Tag des Jüngsten Gerichts**" zur Rechenschaft ziehen wird.

### Wichtige Begriffe

**Unsterblichkeit der Seele** → Das Christentum lehrt, dass die Seele nicht stirbt, sondern ewig lebt.

**Auferstehung** → Auferstehung heißt im Christentum, dass der Geist des Menschen nach dem Tod einen neuen, vollkommenen Körper erhält und so am ewigen Leben Jesu teilhat.

## Zusammenfassung

▸▸ *Jesus lehrte, dass es ein Leben nach dem Tod gibt.*

▸▸ *Christen glauben, dass Jesus starb, damit ihre Sünden vergeben werden und sie von Gott ewiges Leben geschenkt bekommen.*

▸▸ *Katholiken glauben, dass die Seele nach dem Tod ein gewisse Zeit im Fegefeuer bleibt, um für ihre Sünden zu büßen. Prostestanten glauben, dass am „Jüngsten Tag" über alle Menschen gerichtet wird und ihre Seele entweder in den Himmel oder in die Hölle kommt.*

# Das Leben nach dem Tod

## ☐ Judentum

*„Ich glaube mit voller Überzeugung, dass einst zu seiner Zeit, wenn es dem Schöpfer, gepriesen sei sein Name und erhoben sein Gedenken immer und ewig, wohl gefällt, die Toten auferstehen werden."*

Maimonides (1135–1204),
jüdischer Philosoph und Rechtsgelehrter

*Nach dem Tod eines geliebten Menschen errichten Juden ihm zu Ehren oft eine bleibende oder vorläufige Gedenkstätte.*

Im Judentum wird der Tod vor allem als Bestandteil des Lebens gesehen: Man muss immer für ihn bereit sein und sich bewusst auf ihn vorbereiten. Obwohl Juden an ein Leben nach dem Tod glauben, gibt es in der jüdischen Lehre wenige konkrete Vorstellungen über Auferstehung und ewiges Leben. Ein wichtiges Element des jüdischen Glaubens ist die **Erwartung des Messias**. Der Messias wird die Zeit des Heils einleiten und das Volk Israel von seinen Leiden erlösen. Zu Beginn dieser „Endzeit" werden, manchen Lehrmeinungen zufolge, auch die Toten auferstehen.

Das Judentum lehrt aber vor allem, dass die Seele des Menschen im Gedächtnis seiner Angehörigen weiterlebt, weil dort weder die guten Taten eines Menschen noch die Erinnerung an ihn je ausgelöscht werden. Die Juden gehen zwar davon aus, dass das Gute belohnt und das Böse bestraft werden wird, darüber hinaus halten sie es aber für unzulässig, Vermutungen über das Leben nach dem Tod anzustellen. Seine Einzelheiten müssen ein Geheimnis bleiben, das Gott allein kennt.

Das Abschiednehmen von Verstorbenen vollzieht sich in mehreren Phasen. Nach der Grablegung beginnt eine siebentägige Trauerzeit, an die sich ein Trauermonat und ein Trauerjahr anschließt.

Jährlich kommen die Angehörigen dann anlässlich des Todestages eines Verstorbenen zusammen. Beim Besuch des Grabes legt man kleine Steinchen als Zeichen der Treue auf dem Grabstein nieder.

# kapitel 2
## leben und tod

## ☐ Islam

Im muslimischen Glauben bringt der **Engel des Todes** die Seele des Verstorbenen ins Grab. Dort wartet sie auf den Tag des Jüngsten Gerichts. Gute Menschen blicken während dieser Zeit nach dem Paradies, böse müssen Qualen erleiden. Eine Sonderstellung nehmen Propheten, Märtyrer und Glaubenskämpfer ein: Sie gehen nach dem Tod sofort in die himmlischen Gärten des Paradieses ein.

> „Wir gehören Allah an, wir kehren (einst) zu ihm zurück."
> *Koran 2,157*

> „Wie wollt ihr Allah leugnen? Ihr wart ja ohne Leben, er hat euch Leben gegeben; er wird euch sterben lassen und er wird euch dereinst wieder zum Leben rufen – dann werdet ihr zu ihm zurückkehren."
> *Koran 2,29*

Alle anderen warten auf das Ende der Welt, das sich dadurch ankündigt, dass Berge versetzt werden und Meere über die Ufer treten. Darauf folgt das Jüngste Gericht: Jeder Mensch muss vor Allah treten und erhält ein Buch, in dem seine guten und bösen Taten aufgezeichnet wurden. Wer im irdischen Leben Allahs Regeln befolgte, wird mit dem ewigen Leben im Himmel belohnt. Wer das von Mohammed gebrachte „Licht Gottes" nicht annehmen wollte, kommt in die Hölle.

> „Die Gläubigen aber, und die Gutes getan haben, kommen in bewässerte Gärten und mit dem Willen ihres Herrn werden sie ewig darin bleiben und ihre Begrüßung dort wird heißen: ‚Friede!'"
> *Koran 14,24*

**Himmel und Hölle werden im Koran sehr plastisch beschrieben:**

- Der Himmel ist ein wundervoller Garten mit Flüssen, in denen Milch und Honig fließen – ein Ort von unübertrefflicher Schönheit und großem Überfluss. Er ist ein Paradies, in dem die Gläubigen mit Allah eins sind.

- Die Hölle ist ein Furcht einflößender, sehr heißer Ort voller Qualen. Die Menschen müssen dort der Wahrheit über ihre schlechten Taten auf der Erde ins Auge sehen. Sie haben nun die ganze Ewigkeit lang Zeit zu bereuen, dass sie nicht auf Mohammed, den Propheten Gottes, gehört hatten.

❓ **Finde Gemeinsamkeiten und Unterschiede in der christlichen, jüdischen und muslimischen Sicht vom Leben nach dem Tod.**

❓ **Welche Vorstellung haben islamische Selbstmordattentäter von der Zeit nach ihrem Tod?**

❓ **Kennst du Religionen, die eine ganz andere Vorstellung vom Leben nach dem Tod haben?**

❓ **Gibt es ein Leben nach dem Tod? Sammle Argumente, die dafür und dagegen sprechen.**

❓ **Die jüdische Bezeichnung für Friedhof ist „Bet ha-Hayyim". Dies bedeutet „Haus des Lebens".
Warum finden viele gläubige Juden diese Bezeichnung wohl so passend?**

## Zusammenfassung

▶▶ *Obwohl es unterschiedliche Vorstellungen davon gibt, was genau nach dem Tod passiert, lehren doch alle Weltreligionen, dass der Tod nicht das Ende ist. Sie alle vermitteln den Glauben an eine Form von Weiterleben nach dem Tod.*

▶▶ *Sowohl Islam als auch Judentum lehren, dass es ein Leben nach dem Tod gibt. Muslime glauben an ein Gericht, das entscheidet, ob man nach dem Tod in den Himmel oder in die Hölle kommt.*

▶▶ *Im Judentum spielen Vorstellungen über das Leben nach dem Tod eine eher untergeordnete Rolle. Im Islam dagegen werden Himmel und Hölle sehr plastisch beschrieben.*

# Abtreibung

*Dem Gesetz nach haben Väter kein Mitspracherecht bei der Entscheidung für oder gegen Abtreibung.*

## ■ Abtreibung – die Rechtslage

**In Deutschland ist Schwangerschaftsabbruch laut § 218 des Strafgesetzbuches strafbar. Abtreibung wird nicht bestraft:**

- wenn Gefahr für das Leben der Mutter besteht oder die Schwangerschaft zu einer schwer wiegenden körperlichen Beeinträchtigung der Mutter führen würde (medizinische Indikation),
- wenn die Schwangerschaft nach einer Vergewaltigung eingetreten ist (kriminologische Indikation).

In allen anderen Fällen ist Abtreibung bis zur 12. Schwangerschaftswoche straffrei (aber nicht legal), wenn die Schwangere an einer gesetzlich vorgeschriebenen Beratung teilgenommen hat. Die Beratung soll die Frau zur Fortsetzung der Schwangerschaft ermutigen. Die endgültige Entscheidung trifft aber die Schwangere selbst. Am Ende einer solchen „Schwangerschaftskonfliktberatung" wird immer eine Bescheinigung ausgestellt.

In der DDR war Abtreibung in den ersten 12 Schwangerschaftswochen völlig legal. Demzufolge gab es dort sehr viele Schwangerschaftsabbrüche. Auch nach der Wiedervereinigung blieb die Zahl der Abtreibungen in Ostdeutschland höher als in Westdeutschland: Auf 1000 geborene Kinder kamen im Jahr 2000 in Westdeutschland 151, in Ostdeutschland 255 Abtreibungen. In Berlin waren es sogar 400 Abtreibungen auf 1000 Geburten.

*Quelle: www.bib-demographie.de, Bundesinstitut für Bevölkerungsforschung*

## ■ Wann beginnt menschliches Leben?

In der Diskussion über Abtreibung stellt sich v.a. die Frage, wann genau das menschliche Leben beginnt. Darauf gibt es drei mögliche Antworten.

1. Menschliches Leben beginnt genau zu dem Zeitpunkt, an dem Eizelle und Samenzelle miteinander verschmelzen. Dieser Standpunkt wird von vielen Abtreibungsgegnern vertreten. Sie glauben, dass das Leben mit der Empfängnis beginnt, obwohl zu diesem Zeitpunkt die Entwicklung der Organe noch nicht begonnen hat.
2. Menschliches Leben beginnt zu einem bestimmten Zeitpunkt während der Schwangerschaft. Stellen in den heiligen Schriften des Judentums oder des Islam werden z.B. so ausgelegt, dass Gott dem Fötus am 41. Tag der Schwangerschaft eine Seele „einhaucht" und ihn damit zum Menschen macht (s. S. 30).
3. Menschliches Leben beginnt dann, wenn ein Baby außerhalb des Körpers seiner Mutter lebensfähig ist oder bei der Geburt.

> „Die embryologische Forschung hat zu dem eindeutigen Ergebnis geführt, dass von der Verschmelzung von Eizelle und Samenzelle an ein Lebewesen vorliegt, das, wenn es sich entwickelt, gar nichts anderes werden kann als ein Mensch, (und dass) dieses menschliche Lebewesen von Anfang an individuelles Leben ist …"
>
> *Gemeinsame Erklärung des Rates der Evangelischen Kirche Deutschlands und der Deutschen Bischofskonferenz, 1989*

### Wichtiger Begriff

**Abtreibung** → Medizinische Entfernung eines Embryos oder Fötus aus der Gebärmutter.

> „… dass das Kind wegen seiner mangelnden körperlichen und geistigen Reife besonderen Schutzes und besonderer Fürsorge, insbesondere eines angemessenen rechtlichen Schutzes vor und nach der Geburt, bedarf."
>
> *Präambel der UNO-Kinderrechtskonvention*

# kapitel 2
## leben und tod

### Abtreibung – die Fakten

- Weltweit werden laut Schätzungen der Weltgesundheitsorganisation mehr als ein Viertel aller Schwangerschaften abgebrochen. Jährlich werden etwa 46 Millionen Abtreibungen vorgenommen.
- Etwa 20 Millionen Abtreibungen, die meisten davon in Entwicklungsländern, werden weltweit illegal und unter schlechten hygienischen Bedingungen ausgeführt. Dabei sterben jedes Jahr ca. 78 000 Frauen.
- Die Abtreibungsquote (Anzahl der Abtreibungen pro 1000 Frauen) beträgt in Deutschland 7,6. Zum Vergleich: die Quote liegt in Frankreich bei 16,2, in Großbritannien bei 16,6, in Russland bei 54,2.

Quelle: www.who.int, Weltgesundheitsorganisation

## Streitpunkte

Die meisten Religionen vertreten die Auffassung, dass Abtreibung auch dann moralisch falsch ist, wenn sie gesetzlich straffrei bleibt. In der Diskussion über Abtreibung gibt es folgende Argumente:

### Argumente für Abtreibung

- Jede Frau hat das Recht, selbst über ihren Körper zu entscheiden.
- Man kann nicht mit Sicherheit sagen, wann genau das menschliche Leben beginnt.
- Es gibt kein absolut sicheres Verhütungsmittel, also können „Unfälle" nicht immer vermieden werden.
- Wäre Abtreibung gesetzlich verboten, würden sich Frauen der Gefahr riskanter illegaler Abtreibungen aussetzen.
- Ein Kind sollte nicht ungewollt zur Welt kommen müssen.

### Argumente gegen Abtreibung

- Ein ungeborenes Kind ist vom Augenblick seiner Empfängnis an ein Mensch. Töten verstößt gegen jede Moral.
- Abtreibung ist ein zu einfacher Ausweg aus einer schwierigen oder ungelegenen Situation.
- Ein Fötus hat die gleichen Rechte wie jeder andere Mensch – also auch das Recht auf Leben. Abtreibung ist Mord.
- Auch Menschen mit schweren körperlichen oder geistigen Behinderungen können ein langes und glückliches Leben haben.

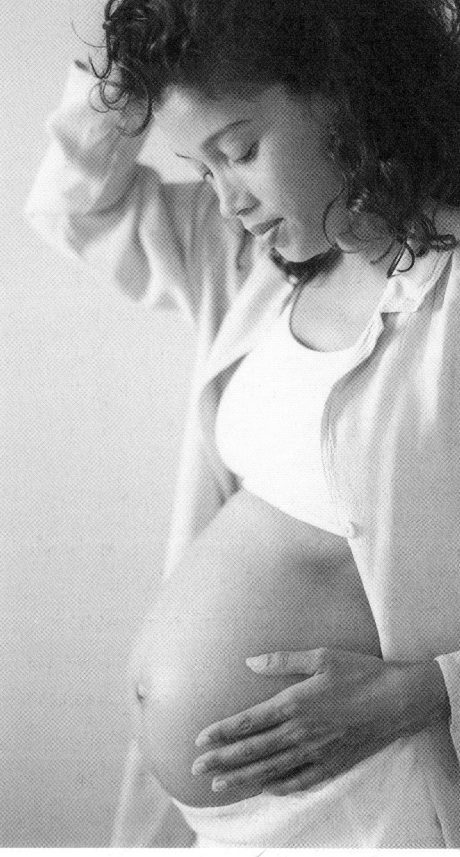

*Die Entscheidung für oder gegen Abtreibung muss die Schwangere selbst fällen.*

### Zusammenfassung

▸▸ Abtreibung ist in Deutschland bis zur 12. Schwangerschaftswoche straffrei, wenn Gefahr für Leben und Gesundheit der Mutter besteht, wenn die Frau vergewaltigt wurde oder wenn die Schwangere die Bescheinigung einer anerkannten Beratungsstelle erhalten hat.

▸▸ Es gibt keine Übereinstimmung in der Frage, wann genau das menschliche Leben beginnt. Dies macht ein Urteil über Abtreibung sehr schwierig. Befürworter sagen, dass jede Frau das Recht hat, frei über ihren Körper zu entscheiden. Abtreibungsgegner behaupten, dass ein Baby vom Zeitpunkt der Empfängnis an ein Mensch ist. Für sie ist Abtreibung Mord.

(?) **Macht ein Brainstorming in der Klasse zu folgenden Fragen:**
   a. **Was ist der Sinn des Lebens? Warum sind wir hier?**
   b. **Wann ist Abtreibung legitim und wann nicht?**
   **Gehen die Meinungen in eurer Klasse weit auseinander?**

(?) **Bist du für oder gegen Abtreibung? Warum?**

(?) **Laut der UNO hat unsere Gesellschaft eine besondere Verantwortung für ihre schwächsten Mitglieder. Stimmst du dem zu? Welche Gruppen fallen in diese Kategorie? Was bedeutet das für die Abtreibungsdiskussion?**

# Abtreibung

## ☐ Christentum

*„Nichts bedroht den Weltfrieden heutzutage mehr als Abtreibung. Wenn eine Mutter ihr eigenes Kind töten darf, wer hindert dich und mich dann noch daran, uns gegenseitig zu töten? Der Einzige, der das Recht hat, Leben zu nehmen, ist der, der es schuf."*

*Mutter Teresa (1910–1997), katholische Nonne und Friedensnobelpreisträgerin*

## ■ Die Bibel und Abtreibung

Es gibt nur wenige Bibelstellen, anhand derer Christen sich eine Meinung über Abtreibung bilden könnten.
Die Bibel lehrt aber, dass der Mensch „als Abbild Gottes" geschaffen wurde (Genesis 1,26) und dass man nicht töten soll (sechstes der Zehn Gebote, Exodus 20,13). Daraus folgern viele Christen, dass Abtreibung Mord ist. Andere widersprechen dieser Auffassung, weil man ihrer Meinung nach nicht eindeutig bestimmen kann, wann genau menschliches Leben beginnt.

Eine andere Bibelstelle könnte so ausgelegt werden, dass Gott jeden Menschen schon lange vor seiner Geburt kennt: Als Gott Jeremia zum Propheten ernannte, sagte er zu ihm:
*„Noch ehe ich dich im Mutterleib formte, habe ich dich ausersehen, noch ehe du aus dem Mutterschoß hervorkamst, habe ich dich geheiligt, zum Propheten für die Völker habe ich dich bestimmt."* (Jeremia 1,5)
Daraus könnte man schließen, dass das menschliche Leben schon lange vor der Geburt beginnt.

## ■ Zwei Kirchen – zwei unterschiedliche Auffassungen

Die christlichen Kirchen haben eine sehr unterschiedliche Haltung zur Abtreibung. Abtreibung war einer ihrer Hauptstreitpunkte im 20. Jahrhundert. Die beiden folgenden Beispiele zeigen, wie weit die Meinungen auseinander gehen:

### Die katholische Kirche

Diese Kirche lehrt, dass es grundsätzlich eine Sünde ist, menschliches Leben zu nehmen. **Sie lehnt Verhütung, Abtreibung und Sterbehilfe ab.**
Mutter Teresas Aussage verdeutlicht diese Sichtweise (siehe Zitat). Die katholische Kirche stimmt einer Abtreibung selbst dann nicht zu, wenn die Mutter vergewaltigt wurde oder ein schwer behindertes Kind erwartet. Sind das Leben von Mutter und Kind in Gefahr, dann hat der Kirche zufolge das Leben des Babys Vorrang vor dem der Mutter. Abtreibung ist für die Kirche Mord und Mord ist grundsätzlich falsch. Man kann ihn in keiner Situation rechtfertigen. Dies bezeichnet man als **„absolutistische Sichtweise"**. Gottes Gesetz ist demnach „absolut" und darf in keiner Lebenslage missachtet werden.

### Die protestantische Kirche

Diese Kirche glaubt nicht, **dass Abtreibung grundsätzlich falsch ist. Jeder Fall ist einzigartig und muss individuell entschieden werden.**
Die protestantische Kirche macht geltend, dass Abtreibung in gewissen Situationen moralisch gerechtfertigt ist oder dass man sie wenigstens ernsthaft in Betracht ziehen sollte. Dies bezeichnet man als **„situationsabhängige Sichtweise"**. Jeder Fall muss gemäß der jeweiligen Situation beurteilt werden. Eine verantwortungsvolle Entscheidung ist nur dann möglich, wenn alle wichtigen Tatsachen berücksichtigt wurden.

In Deutschland haben die evangelische und die katholische Kirche 1989 jedoch eine gemeinsame Erklärung veröffentlicht. Darin wird deutlich, dass die Standpunkte der beiden Kirchen grundlegende Gemeinsamkeiten aufweisen. Beide Kirchen bekräftigen noch einmal die Geltung des Tötungsverbotes. Sie räumen aber auch ein, dass Frauen durch eine ungewollte Schwangerschaft in einen Gewissenskonflikt geraten können, weil sie dem Tötungsverbot zwar zustimmen, in ihrer Situation aber keinen Weg sehen, das Kind auszutragen. Außerdem betonen sie, dass jeder Mensch das Recht auf Selbstbestimmung hat, dass Selbstbestimmung aber ihre Grenze am Lebensrecht des anderen findet.

*„Wenn in ganz besonderen und mit anderen Situationen nicht ohne weiteres vergleichbaren Fällen das Leben der Mutter gegen das Leben des Kindes steht und ein Schwangerschaftsabbruch aus medizinischen Gründen angezeigt ist, muss unausweichlich eine Entscheidung getroffen werden, die so oder so das Gewissen belastet."*

*Gemeinsame Erklärung des Rates der Evangelischen Kirche in Deutschland und der Deutschen Bischofskonferenz, 1989*

## kapitel 2
### leben und tod

*Viele Christen denken, dass Abtreibung nicht mit ihrem Glauben vereinbar ist.*

## ▪ Schwangerschaftskonfliktberatung – ein Streitthema

Alle Kirchen sind sich darüber einig, dass Schwangere, die sich in einer Konfliktsituation befinden, beraten und unterstützt werden sollten. In Deutschland ist eine solche Beratung gesetzlich vorgeschrieben und wird auch von katholischen Stellen angeboten. Dies hat zu einem Streit zwischen den deutschen Bischöfen und dem Papst geführt. Der Papst forderte, dass bei den Schwangerschaftskonfliktberatungen keine Bescheinigungen mehr ausgestellt werden, die eine Abtreibung straffrei stellen. Eine Beratung, bei der grundsätzlich keine Bescheinigung ausgestellt wird, ist für die meisten Schwangeren aber uninteressant. Die meisten deutschen Bischöfe kämpften deshalb dafür, dass die katholische Kirche weiter Beratungen anbieten darf.

### Zusammenfassung

▸▸ Abtreibung ist für viele Christen ein sehr ernstes Thema, über das die Meinungen stark auseinander gehen. Einige lehnen Abtreibung grundsätzlich ab, andere räumen ein, dass in ganz bestimmten Situationen eine Abtreibung gerechtfertigt werden kann.

▸▸ Dem Selbstbestimmungsrecht der Schwangeren steht der Schutz des ungeborenen Lebens gegenüber.

❓ „Selbstbestimmung findet ihre Grenze am Lebensrecht der anderen." **Wie verstehst du diese Aussage?**

❓ **Kannst du dir vorstellen, warum sich manche schwangeren Frauen in einem Gewissenskonflikt befinden? Wie könnte man den Konflikt lösen?**

❓ **Warum haben sich viele deutsche Bischöfe wohl für die Fortsetzung der Schwangerschaftskonfliktberatung eingesetzt?**

❓ „Ich verstehe nicht, wie man als Christ für eine Abtreibung sein könnte." **Wie denkst du darüber?**

❓ **Warum erregt das Thema Abtreibung so sehr die Gemüter? Welche Gefahren stecken in solchen Debatten?**

# Abtreibung

> „Ich bin es, nur ich, und kein Gott tritt mir entgegen. Ich bin es, der tötet und der lebendig macht. […] Niemand kann retten, wonach meine Hand gegriffen hat."
>
> Tora, Deuteronomium 32,39

## ☐ Judentum

Für Juden ist Abtreibung viel anstößiger als Verhütung. **Sie steht Gottes Willen entgegen, da sie mögliches menschliches Leben zerstört.** Dennoch wird einem Fötus aus jüdischer Sicht weniger Bedeutung beigemessen als dem Leben einer schwangeren Frau. Abtreibung kommt in Frage, wenn die Schwangerschaft eine Gefahr für die Frau darstellt oder darstellen könnte. Dies gilt auch, wenn die Frau durch eine Schwangerschaft einem starken psychischen Druck (z.B. großen Ängsten) ausgesetzt wäre. Einige Rabbiner erlauben eine Abtreibung auch, wenn das ungeborene Kind so stark körperlich oder geistig behindert zur Welt kommen würde, dass ihm ein „normales" Leben unmöglich wäre.

Je früher eine Abtreibung vorgenommen wird, desto eher ist sie für Juden vertretbar. Der **Talmud**, ein wichtiges heiliges Buch der Juden, lehrt an einer Stelle, dass der Fötus am 41. Tag der Schwangerschaft zum Mensch wird. An diesem Tag pflanzt Gott die Seele in den Körper ein. Andere Stellen im Talmud werden so ausgelegt, dass aus dem Fötus erst bei der Geburt menschliches Leben wird. Daraus folgt dann, dass bis zur Geburt das Leben der Mutter wertvoller ist als das Leben des ungeborenen Kindes. Erst ab der Geburt sind beide Leben gleichwertig.

> „Wenn die Frau Schwierigkeiten bei der Niederkunft hat, zerschneide man den Fötus in ihrem Inneren und ziehe ihn Teil für Teil heraus, denn ihr Leben gilt mehr als seines. Wenn der größere Teil geboren ist, berühre man ihn nicht, denn ein Leben darf nicht um des anderen Willen beseitigt werden."
>
> Talmud, Oh. 7:6

*Eltern mit neugeborenem Baby in einer Klinik in Bahrain.*

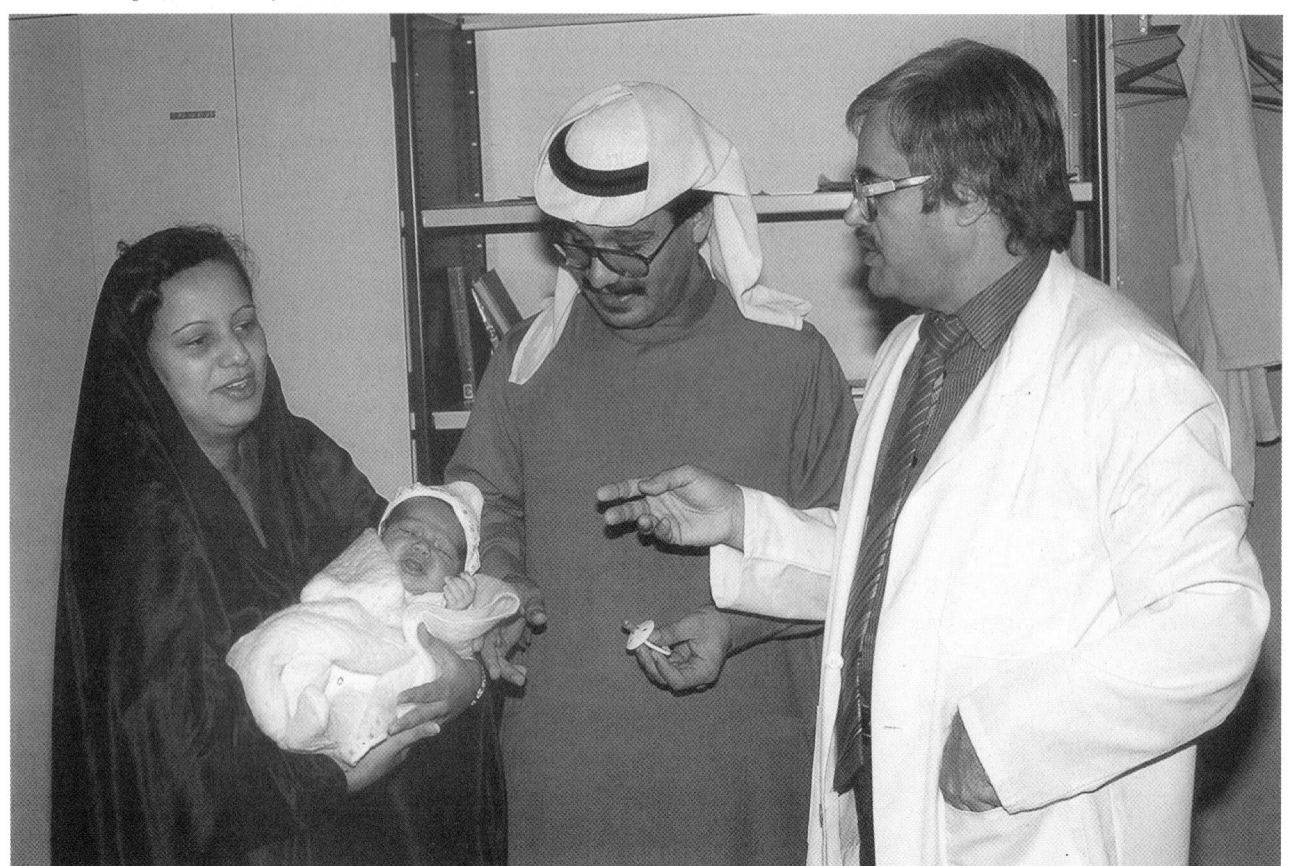

## kapitel 2
### leben und tod

## ☐ Islam

Der Islam lehrt, dass Abtreibung eine **Sünde gegen Allah und daher verboten** ist. Dennoch gibt es aber auch Muslime, die glauben, dass eine Abtreibung legitim ist, wenn das Leben der Mutter in Gefahr ist. Denn die Mutter lebt und trägt Verantwortung für ihre Familie, der Fötus dagegen hat noch keine menschliche Persönlichkeit. In dieser Situation ist eine Abtreibung zwar nicht wünschenswert, aber sie ist das kleinere Übel.

Im Allgemeinen betrachten Muslime die Abtreibung als moralisch verwerflich, jedoch nicht als wirklichen Mord oder Totschlag. Doch einige zeitgenössische Stimmen wenden sich strikt gegen die Abtreibung mit dem Argument, dass dem Islam durch eine Vielzahl an Kindern Stärke verliehen werde. Hier ist aber vor allem an Söhne gedacht. Abtreibung setzen diese Rechtsgelehrten mit Mord gleich.
Andere wiederum sehen die Abtreibung als eine legitime Geburtenkontrolle an, die bereits die Prophetengefährten mit der Billigung Mohammeds durchgeführt hätten.

> „Allah schuf euch zuerst aus Staub, dann aus einem Samentropfen und schied euch in zweierlei Geschlechter. Kein Weib empfängt oder gebiert ohne sein Wissen. Nichts wird dem Leben eines lange Lebenden hinzugefügt und nichts von seinem Leben hinweggenommen, wenn es nicht in dem Buche der göttlichen Ratschlüsse aufgezeichnet ist. Dies alles ist für Allah ein leichtes."
> *Koran 35,12*

Für Muslime ist das Leben ein Geschenk Allahs. Niemand hat einen Anspruch auf Leben. Es ist eine Leihgabe und muss, wie alles Geliehene, wieder zurückgegeben werden. Allah kann sein Geschenk zurückfordern, wann immer er will. Der Koran weist Frauen darauf hin, dass abgetriebene Kinder am Tag des Gerichts ihre Mütter fragen werden, warum sie getötet wurden.

Auch im Islam gibt es unterschiedliche Auffassungen darüber, bis zu welchem Zeitpunkt eine Abtreibung möglich ist.

> „Tötet euere Kinder nicht aus Furcht vor Armut; wir wollen schon für sie und für euch sorgen. Denn sie deshalb töten zu wollen, wäre eine große Sünde."
> *Koran 17,32*

Strenge islamische Rechtsschulen verbieten eine Abtreibung ab dem ersten Tag der Schwangerschaft. Andere erlauben die Abtreibung in einer Notlage bis zu dem Zeitpunkt, an dem Allah dem ungeborenen Kind eine Seele einhaucht. Dies geschieht, je nach dem wie man den Koran auslegt, nach 40 bzw. 120 Tagen.

---

❓ **Vergleiche die Ansichten von Christen, Juden und Muslimen über Abtreibung. Arbeite Gemeinsamkeiten und Unterschiede heraus.**

❓ **a. Welche Kriterien werden von jeder dieser Religionen berücksichtigt, wenn über Abtreibung entschieden wird?**
**b. Welche Bedeutung hat jedes dieser Kriterien für die Anhänger der einzelnen Religionen?**
**c. Welche Kriterien sind für dich persönlich am wichtigsten, welche am unwichtigsten?**

❓ **Warum ist es so wichtig, eine Abtreibung in einem möglichst frühen Stadium der Schwangerschaft vorzunehmen?**

❓ **„Abtreibung ist Mord." Wie denkst du darüber?**

❓ **Die meisten Religionen halten eine Abtreibung für gerechtfertigt, wenn das Leben der Mutter in Gefahr ist. Stimmst du dem zu?**

## Zusammenfassung

▸▸ *Im Judentum ist Abtreibung erlaubt, wenn das Leben oder die Gesundheit der Mutter in Gefahr ist. Die alten jüdischen Schriften lehren, dass der Fötus erst ab dem 41. Tag der Schwangerschaft oder gar erst bei der Geburt zum menschlichen Leben wird.*

▸▸ *Im Islam ist Abtreibung eine Sünde. In einer Notlage ist sie aber erlaubt, weil das Leben der Mutter wertvoller ist als das ungeborene Leben. Die Abtreibung muss aber in einem möglichst frühen Stadium der Schwangerschaft vorgenommen werden.*

# Alter und Krankheit

In Deutschland erreichen immer mehr Menschen ein hohes Alter. Diese Entwicklung wird deutlich, wenn man sich folgende Statistiken anschaut:

- Die Lebenserwartung liegt in Deutschland bei 75 Jahren für Männer und bei 81 Jahren für Frauen. Dagegen haben afrikanische Männer nur eine durchschnittliche Lebenserwartung von 51, Frauen von 54 Jahren.
  *Quelle: www.weltbevoelkerung.de*

- Bis 2050 wird der Anteil der älteren Menschen (über 60 Jahre) an der Gesamtbevölkerung von 22 % auf 37 % steigen.
  *Quelle: Bundesministerium für Familie, Senioren, Frauen und Jugend, www.bmfsfj.de*

  Zum Vergleich:
  In Afrika sind heute nur 6 % der Menschen über 65 Jahre alt.

Unsere Gesellschaft wird also immer älter und der Anteil der Rentner steigt stark an. Diese Entwicklung wird schon bald zu großen Problemen führen, da der Anteil der Erwerbsfähigen zurückgeht. Durch deren Versicherungsbeiträge werden aber die Renten der älteren Generation finanziert.
In Zukunft werden immer weniger Erwerbstätige für immer mehr Rentner aufkommen müssen.

## Das Älterwerden

**Folgende Probleme sind mit dem Älterwerden verbunden:**

### Nachlassende Gesundheit
Ältere Menschen neigen häufiger zu chronischen Krankheiten wie Arthritis und Rheuma. Je älter man wird, desto wahrscheinlicher werden lebensbedrohliche Krankheiten wie Krebs, Herzinfarkt und Schlaganfall. Hinzu kommen außerdem Demenzkrankheiten. Insgesamt verursacht ein über 65-Jähriger etwa achtmal mehr Krankheitskosten als ein junger Mensch.
*Quelle: www.quarks.de/dyn/8364.phtml*

### Einsamkeit
Viele ältere Menschen leben alleine. Dabei handelt es sich häufig um Frauen, da Männer oft älter als ihre Frauen sind und eine niedrigere Lebenserwartung haben. Das Gefühl der Einsamkeit nach dem Verlust des Partners verstärkt sich noch, wenn der ältere Mensch nicht mehr aus dem Haus gehen und sich nicht mehr selbst versorgen kann.

**Das Älterwerden hat heutzutage aber auch positive Seiten:**

### Zeit für neue Interessen
Die immer besser werdende medizinische Versorgung hat zur Folge, dass alte Menschen länger gesund und leistungsfähig bleiben. Ihnen steht mehr Zeit zur Verfügung und sie können neue Hobbys und Interessen entdecken.

### Gute finanzielle Versorgung
Viele Rentner sind heute finanziell gut abgesichert. Sie verfügen durchschnittlich über ein größeres Vermögen als die Gesamtbevölkerung. 94 % der Rentner kommen, laut Bundesministerium für Familie, Senioren, Frauen und Jugend, mit dem Geld im Ruhestand aus.
*Quelle: www.bmfsfj.de*
*Quelle: www.quarks.de/dyn/8364.phtml*

---

*Komm du nun, sanfter Schlummer! zu viel begehrt
Das Herz; doch endlich, Jugend! verglühst du ja,
Du ruhelose, träumerische!
Friedlich und heiter ist dann das Alter.*

Friedrich Hölderlin (1770–1843), deutscher Dichter

Ältere Menschen bleiben heute länger gesund und leistungsfähig.

# kapitel 2
## leben und tod

*Viele soziale Einrichtungen bieten Seniorentreffen an.*

### Fakt

*Nach Angaben des Deutschen Instituts für Wirtschaftsforschung benötigen die Pflegenden im Durchschnitt 46 Stunden fürs Waschen, Anziehen, Einkaufen, Füttern und Betten. Nur 16% können neben der Pflege noch ihrem Beruf nachgehen, 20% arbeiten Teilzeit, 64% bleiben ganz zu Hause.*

Quelle: www.sozialpolitik.com

## ■ Die Pflege älterer Menschen

Früher lebten mehrere Generationen unter einem Dach. Ältere Menschen wurden von ihren Angehörigen betreut. Solche „**Großfamilien**" sind in vielen Gesellschaften immer noch üblich. In Asien wird es z.B. als Ehre betrachtet, sich um seine älteren Verwandten zu kümmern.

Heutzutage ziehen die Kinder oft aus dem Elternhaus aus, um Studium oder Beruf nachzugehen. In den meisten Familien leben nur noch zwei Generationen, die „**Kernfamilie**", unter einem Dach. Trotzdem wird auch in Deutschland die Mehrheit der alten Menschen noch von ihren Angehörigen gepflegt. Diese Pflege ist für die Angehörigen oft mit großen psychischen und finanziellen Belastungen verbunden.

Viele ältere Menschen möchten, solange es geht, zu Hause wohnen bleiben. Essen auf Rädern und ambulante Pflegedienste sind dabei, zusammen mit regelmäßigen Besuchen von Angehörigen, eine große Hilfe.
Eine Alternative dazu ist das betreute Wohnen. Ist die Versorgung älterer Menschen zu Hause nicht mehr möglich, gibt es Senioren- und Pflegeheime. Ein Aufenthalt im Pflegeheim ist aber mit hohen Kosten verbunden und kann oft nur durch den Bezug von Sozialhilfe finanziert werden.
In Deutschland wurde daher 1995 die Pflegeversicherung eingeführt. Ihr Ziel ist es, die Pflege alter und kranker Menschen zu Hause oder im Heim finanziell zu unterstützen.

### Wichtige Begriffe

**Kernfamilie** → Modernes Familiengefüge, in dem nur Eltern und Kinder miteinander unter einem Dach leben.

**Sozialstaat** → Staat, der arbeitslose, kranke und alte Menschen finanziell unterstützt.

❓ **Die Menschen in Deutschland werden immer älter. Welche Folgen hat das?**

❓ **Warum ist die Pflege alter oder kranker Menschen für die Angehörigen häufig eine Belastung?**

❓ **Kennst du ältere, pflegebedürftige Menschen? Wer versorgt sie?**

❓ *„Man sollte alles tun, um die Selbstständigkeit alter Menschen zu fördern."* **Was könnte man tun?**

### Zusammenfassung

▸▸ *Die Menschen werden immer älter. Der Anteil der Rentner an der Gesamtbevölkerung steigt.*

▸▸ *Aufgrund der immer besseren medizinischen Versorgung sind viele Menschen auch im Alter noch gesund und aktiv.*

▸▸ *Pflegebedürftige Menschen werden von ihren Familienangehörigen oder in Heimen versorgt. Einen Teil der Kosten, die dabei entstehen, trägt die Pflegeversicherung.*

# Die Hospizbewegung

> „Sie sind wichtig, weil Sie eben Sie sind. Sie sind bis zum letzten Augenblick Ihres Lebens wichtig und wir werden alles tun, damit Sie nicht nur in Frieden sterben, sondern bis zuletzt leben können."
>
> Cicely Saunders (geb. 1918),
> Gründerin der Hospizbewegung

Seit dem Mittelalter war **Hospiz** ein Begriff für ein Gebäude, das der Aufnahme von Gästen galt, zu denen immer häufiger auch Kranke gehörten. Es entstanden die ersten Hospitäler. Im Mittelalter waren Hospize kleinere Einrichtungen, in denen man sich um Alte und Kranke kümmerte. Außerdem wurden dort Menschen aufgenommen, die sich auf der Durchreise befanden. Hospize waren Orte der körperlichen und geistigen Erholung. Die meisten von ihnen hatten einen christlichen Hintergrund und wurden von Mönchen oder Nonnen geleitet, denn die geistliche Betreuung der Kranken und Sterbenden war lange Zeit ein Hauptanliegen der Kirche.

## Die moderne Hospizbewegung

Die moderne Hospizbewegung entstand, als gegen Ende des 19. Jahrhunderts irische Nonnen, die Schwestern der Barmherzigkeit, in Dublin ein Heim für Sterbende gründeten.

1900 kamen fünf Nonnen des Ordens nach England, mit dem Ziel, ein Heim für Todkranke in London zu errichten. Wenige Jahre später wurde das St. Joseph's Hospice eröffnet.

Dort arbeitet fast 60 Jahre später *Cicely Saunders*, die Gründerin der modernen Hospizbewegung in Europa, als Krankenschwester. Sie gründete 1967 ebenfalls in London das St. Christopher's Hospice. Mittlerweile gibt es mehr als 100 Hospize in England, die zu jeder Zeit 2 000 todkranken Patienten Pflege und Unterstützung bieten.

*Gerade für unheilbar Kranke ist menschliche Nähe wichtig.*

## kapitel 2
### leben und tod

Das erste amerikanische Hospiz wurde 1974 eröffnet. In den USA gibt es heute etwa 2000 Hospize mit Platz für 300 000 Patienten. 1985 gründete *Pater Iblacker* den **Christopherus Hospizverein, die älteste Hospizvereinigung Deutschlands.**
Heute gibt es in Deutschland 112 stationäre Hospize und 1310 ambulante Hospizdienste. Der Bedarf an hospizlichen Angeboten ist in Deutschland aber bei weitem noch nicht gedeckt. Heute kommen auf 1 Million Einwohner in Deutschland erst 17 Palliativ- und Hospizbetten.

*Quelle: www.hospiz.net*

In allen Ländern können die vorhandenen Betten die Nachfrage nicht decken. Hospize werden durch Stiftungen, Spenden und ehrenamtliche Arbeit finanziert.

### Wie helfen Hospize?

Da die Anzahl der Betten begrenzt ist, können die meisten Hospize nur eine kurzzeitige stationäre Betreuung gewährleisten. Am Anfang bleiben die Patienten nur 1–2 Wochen. Wenn sich ihr Zustand verschlimmert, können sie auch länger bleiben. Sie entscheiden jedoch selbst, ob sie im Hospiz oder zu Hause sterben wollen. Möchten sie zu Hause, in ihrer vertrauten Umgebung sterben, können sie die Hilfe von Sterbebegleitern in Anspruch nehmen. Diese besuchen sie zu Hause, um ihnen vorzulesen, um mit ihnen zu reden und vor allem um ihnen zuzuhören.

### Die Ziele der Hospizbewegung

Unabhängig von ihrem religiösen Hintergrund verfolgen alle Hospize das gleiche Ziel: **Sie wollen den Patienten und ihren Angehörigen in der schwierigsten Zeit ihres Lebens Fürsorge und Unterstützung bieten.** Innerhalb dieses Hauptzieles haben Hospize drei Anliegen.

1. Linderung von Schmerzen. Hospize haben sich auf Schmerzlinderung spezialisiert. Ärzte und Krankenschwestern, die in Hospizen arbeiten, spielen eine wichtige Rolle bei der Weiterentwicklung der Palliativmedizin (Schmerzkontrolle).

2. Unterstützung der Sterbenden und ihrer Angehörigen im Angesicht des Todes. Es ist wichtig, dass sich Menschen mit dem Tod und ihrer Angst vor dem Sterben auseinander setzen. Obwohl die meisten Hospize einen christlichen Hintergrund haben, wird nicht versucht, Patienten zum christlichen Glauben zu bekehren. Hospize stehen Menschen aller Glaubensrichtungen und auch Menschen ohne Glauben offen.

3. Geistige und emotionale Hilfe für die Angehörigen. Hospize helfen Menschen vor und nach dem Verlust eines Angehörigen. Seelsorge und psychologische Unterstützung sind wichtiger Bestandteil ihrer Arbeit.

*„Alles, was den Kranken andeutet, dass sie ihrer Familie zur Last fallen, ist unakzeptabel. Was wäre das für eine Gesellschaft, die ihre Alten sterben lässt, weil sie „im Weg sind"?"*

*Cicely Saunders (geb. 1918), Gründerin der Hospizbewegung*

- ❓ **Wie helfen Hospize den Todkranken und ihren Angehörigen? Warum ist die Schmerzlinderung dabei so wichtig?**

- ❓ **Suche Informationen zu Hospizen in deiner Umgebung.**

- ❓ **Warum unterstützen deiner Meinung nach auch viele nicht-religiöse Menschen die Hospizbewegung?**

- ❓ **Häufig verbringen Todkranke die letzte Zeit ihres Lebens im Krankenhaus, zu Hause oder in einem Hospiz. Welche Vor- und Nachteile hat jede dieser Möglichkeiten?**

- ❓ *„Hospize sind für die Unterstützung der Sterbenden so wichtig, dass ihre Arbeit vom Staat finanziell gefördert werden sollte."* **Stimmst du dem zu?**

### Zusammenfassung

▸▸ *Die moderne Hospizbewegung entstand zu Beginn des 20. Jahrhunderts und wurde später vor allem durch die britische Krankenschwester und Ärztin Cicely Saunders vorangetrieben.*

▸▸ *Hospize helfen durch Schmerzlinderung (Palliativmedizin). Sie unterstützen Patienten und Angehörige im Angesicht des Todes und bieten Trauernden psychologische Hilfe.*

▸▸ *Die meisten Hospize bieten sowohl stationäre Betreuung als auch eine Sterbebegleitung zu Hause an.*

# Sterbehilfe

Kann es in bestimmten Fällen erlaubt sein, ein Leben durch medizinische Maßnahmen zu beenden? Zählt die Qualität eines menschlichen Lebens mehr als seine Dauer?

Ein anderes Wort für Sterbehilfe ist **Euthanasie**. Dieser Begriff kommt aus dem Griechischen (euthanasia) und bedeutet „guter" oder „sanfter" Tod. In der gegenwärtigen Debatte heißt er so viel wie „Gnadentod", ein friedliches, aber vorzeitiges Beenden des Sterbeprozesses. Es gibt verschiedene Arten von Sterbehilfe.

„Der Arzt muss alles tun, was er kann, um einen Menschen zu heilen, er muss aber nicht alles tun, was er kann, um den vom Krankheitsprozess unaufhaltsam vorgegebenen Tod hinauszuzögern."
Franz Böckle (1921–1991), katholischer Moraltheologe

*Patienten können in einer Patientenverfügung festlegen, ob sie eine passive Sterbehilfe wünschen.*

## Aktive Sterbehilfe

Man spricht von aktiver Sterbehilfe, wenn ein Arzt oder Angehöriger auf Wunsch des Patienten dessen Leben beendet. Diese **Tötung auf Verlangen** unterscheidet sich von der Beihilfe zum Selbstmord, bei dem der Patient selbst in der Lage ist, sich selbst das Leben zu nehmen. Aktive Sterbehilfe ist in Deutschland strafbar, Selbstmord und Beihilfe zum Selbstmord dagegen nicht. In den Niederlanden und in Belgien ist aktive Sterbehilfe seit einigen Jahren unter strengen Auflagen erlaubt.

## Passive Sterbehilfe

Man spricht von passiver Sterbehilfe, wenn der Arzt lebensverlängernde Maßnahmen abbricht oder nicht einleitet. Beispiele hierfür sind:
- das Abschalten von Geräten, die einen Patienten künstlich am Leben erhalten,
- das Nichtbehandeln von Komplikationen (wie z.B. Lungenentzündung) bei einem bereits sehr schlechten Allgemeinzustand eines Patienten,
- der Abbruch künstlicher Ernährung bei einem Hirntoten oder bei einem Patienten, der im Koma liegt.

Passive Sterbehilfe ist nur zulässig, wenn der Patient ausdrücklich in einer **„Patientenverfügung"** oder mündlich den Wunsch geäußert hat, in einer solchen Situation nicht behandelt zu werden. Nicht eindeutig ist die Rechtslage, wenn der Wille des Patienten nicht klar ermittelt werden kann, weil dieser z.B. bewusstlos ist und keine schriftliche Äußerung hinterlassen hat.

## Indirekte Sterbehilfe

Man spricht von indirekter Sterbehilfe, wenn **das Leben eines Patienten unbeabsichtigt verkürzt** wurde. Das kann z.B. der Fall sein, wenn der Tod des Patienten durch die Gabe von Schmerzmitteln beschleunigt wird. Die Hospizbewegung vertritt die Auffassung, dass heutzutage niemand mehr unter großen Schmerzen sterben muss. Akuter Schmerz kann durch Medikamente gelindert werden. Sie zieht daraus den Schluss, dass Sterbehilfe sowohl unnötig als auch sozial nicht wünschenswert ist. Obwohl die meisten Hospize aus der Fürsorge der christlichen Kirche für Kranke und Sterbende hervorgegangen

*Was Weltreligionen zu Alltagsthemen sagen*

# kapitel 2
## leben und tod

*Die 43-jährige Britin Diane Pretty ging zusammen mit ihrem Mann vor Gericht.*

sind, werden sie auch von Humanisten unterstützt. Sie denken, dass das Leben bis zu seinem natürlichen Ende gelebt werden sollte. Dennoch sprechen sich einige Christen für eine Legalisierung der aktiven Sterbehilfe unter strenger Kontrolle aus.

2002 ging die 43-jährige Britin Diane Pretty vor Gericht. Sie litt unter einer tödlichen, immer schlimmer werdenden Nervenkrankheit und konnte sich nicht mehr bewegen. Sie wollte, dass ihrem Mann erlaubt wird, ihr beim Sterben zu helfen. Nachdem das britische Rechtssystem ihre Klage abgewiesen hatte, brachte Diane Pretty den Fall vor den Europäischen Gerichtshof für Menschenrechte. Wiederum entschieden die Richter, dass Diane nicht dabei unterstützt werden dürfe, sich das Leben zu nehmen. Drei Tage nachdem sie ihren Prozess verloren hatte, bekam Diane Atemnot. Zehn Tage später starb sie.

### Wichtige Begriffe

**Aktive Sterbehilfe** → Das Leben eines Patienten wird aktiv beendet, und zwar nicht von ihm selbst, sondern von einem Arzt oder Angehörigen.

**Passive Sterbehilfe** → Abbruch oder Nichteinleiten von lebensverlängernden Maßnahmen.

### Fakt

*In einer von der Deutschen Gesellschaft für Humanes Sterben in Auftrag gegebenen Umfrage wurde folgende Frage gestellt: „Genügt es, die Schmerzen im Sterbeprozess zu lindern und den Sterbeprozess zu begleiten, oder sollten weitergehende Möglichkeiten der Sterbehilfe angestrebt werden?"*
*Dabei sprachen sich 74% der Befragten für „weitergehende Möglichkeiten der Sterbehilfe" aus. 20% der Befragten hielten eine Schmerzlinderung und Sterbebegleitung für ausreichend.*

Quelle: www.dghs.de/hintergr/umfrage.htm

---

? **Erkläre den Unterschied zwischen aktiver und passiver Sterbehilfe.**

? **a. Was ist der Unterschied zwischen aktiver Sterbehilfe und Beihilfe zum Selbstmord?**
**b. Warum ist Beihilfe zum Selbstmord wohl erlaubt, aktive Sterbehilfe aber verboten?**

? **Vor einigen Jahren wurde in den Niederlanden und in Belgien die aktive Sterbehilfe unter strengen Auflagen legalisiert.**
**Wie wurde diese Entscheidung in Deutschland aufgenommen? Suche Informationen zum Thema.**

? **Was hältst du von den Ergebnissen der Meinungsumfragen? Was verstehen die Befragten wohl unter „weitergehenden Möglichkeiten der Sterbehilfe"?**

### Zusammenfassung

▸▸ *Es gibt verschiedene Arten von Sterbehilfe: aktive, passive und indirekte Sterbehilfe. Zahlreiche Menschen sprechen sich für eine Legalisierung der aktiven Sterbehilfe aus.*

▸▸ *Patienten können in einer Patientenverfügung festlegen, wann und unter welchen Bedingungen sie für sich selbst passive Sterbehilfe wünschen.*

# Sterbehilfe

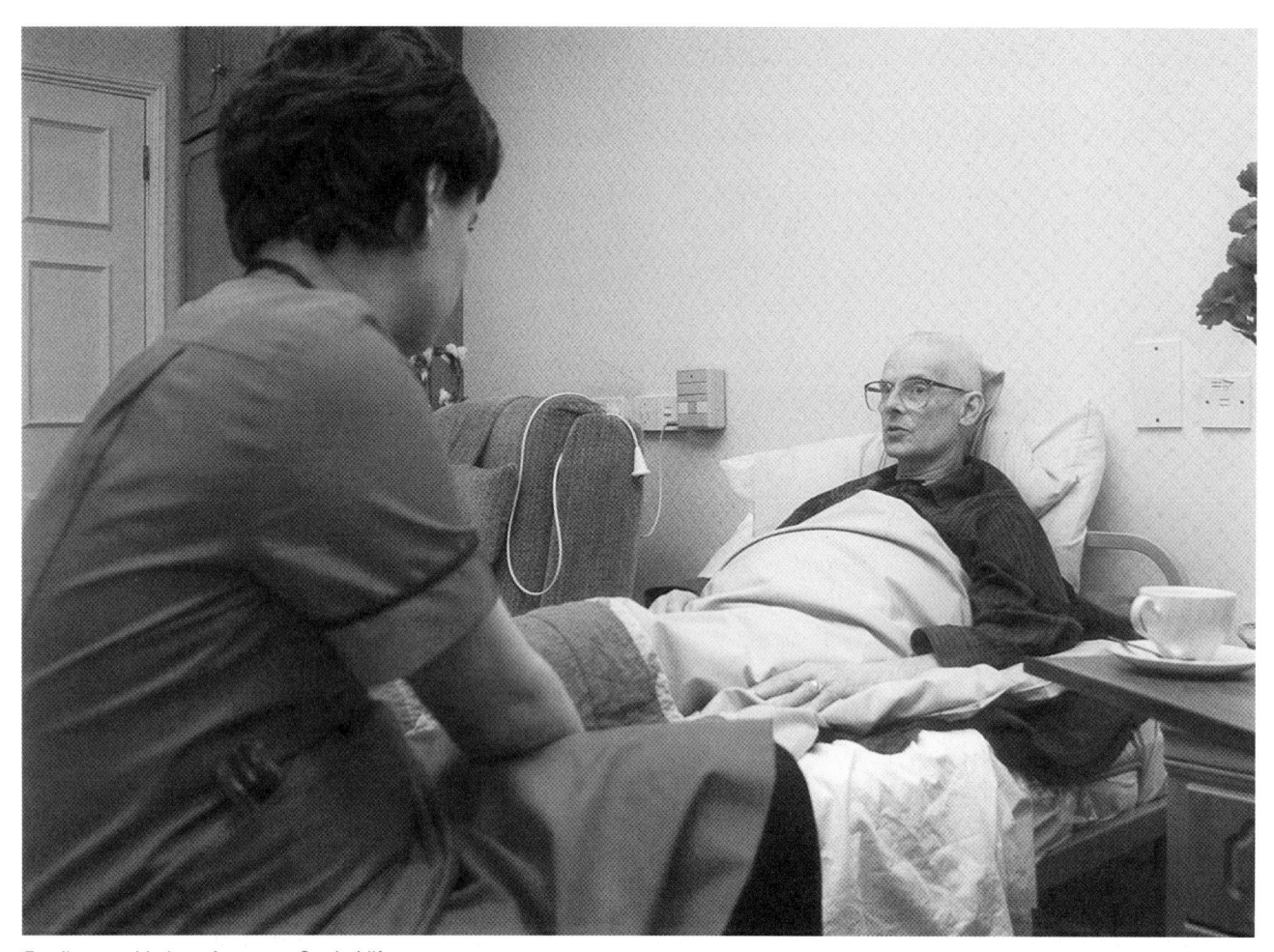

*Es gibt verschiedene Arten von Sterbehilfe:
die aktive, die passive und die indirekte Sterbehilfe.*

## ■ Ein umstrittenes Thema

Ermöglicht Sterbehilfe einen menschenwürdigeren Tod? Oder bereitet sie einer Gesellschaft den Weg, in der ein Mensch, besonders wenn er alt ist, nichts mehr wert ist? Die Legalisierung der aktiven Sterbehilfe ist ein sehr umstrittenes Thema.

Organisationen wie die **Deutsche Gesellschaft für Humanes Sterben (DGHS)** fordern, dass Sterbehilfe im Strafgesetzbuch neu geregelt wird, damit bestehende Grauzonen und Unklarheiten beseitigt werden.
Die DGHS tritt für das Recht jedes Menschen ein, **selbst über sein Leben und Sterben zu verfügen** und dabei auch die **Hilfe Dritter** in Anspruch zu nehmen. Willensäußerungen und Verfügungen eines Patienten sollen grundsätzlich berücksichtigt werden.

Die **Deutsche Hospiz Stiftung** spricht sich deutlich **gegen die aktive Sterbehilfe** aus. Sie kritisiert, dass Schmerztherapie und Hospizarbeit in der Gesellschaft – und selbst unter Ärzten – nicht ausreichend bekannt sind. Ihrer Meinung nach sprechen sich nur deshalb so viele für die aktive Sterbehilfe aus.

### Fakt

*Auch die Deutsche Hospiz Stiftung gab eine Umfrage zum Thema Sterbehilfe in Auftrag. Dabei sprachen sich 35,4 % der Befragten für aktive Sterbehilfe aus. 56,6 % gaben dem Einsatz von Palliativmedizin und Hospizarbeit den Vorzug.*

Quelle: www.hospize.de/texte/emnid2000.htm

„*Ziel der Palliativmedizin (Schmerzkontrolle) ist es, dem Patienten und seiner Familie die bestmögliche Lebensqualität zu gewährleisten.*"

*Weltgesundheitsorganisation (WHO), 1990 (www.who.int)*

# kapitel 2
## leben und tod

### Argumente für Sterbehilfe

- Jeder Mensch sollte frei entscheiden dürfen, ob und wann sein Leben enden soll. Dies ist ein grundlegendes Menschenrecht.

- Jeder Mensch hat das Recht auf einen würdevollen Tod. Vor dem Verlust ihrer Würde fürchten sich Menschen oft genauso wie vor Schmerzen.

- Wenn es keine Hoffnung mehr auf Heilung gibt, verschlechtert sich automatisch auch die Lebensqualität. Die Qualität des Lebens ist wichtiger als seine Dauer.

- Ein Tier wird eingeschläfert, bevor es unnötig leiden muss. Warum kann das nicht auch für Menschen gelten?

- Sterbehilfe erspart den Angehörigen unnötige Sorge und Belastung.

*„Meine Verordnungen werde ich zum Nutzen der Kranken treffen nach meinem besten Vermögen und Urteil, vor Schädigung und Unrecht aber werde ich sie bewahren. Ich werde niemandem ein tödlich wirkendes Gift verabreichen, auch nicht, wenn man mich darum bittet, auch werde ich keinen Rat dazu erteilen. Ebenso werde ich keiner Frau ein abtreibendes Mittel geben. Rein und heilig werde ich mein Leben und meine Kunst bewahren."*

*Hippokratischer Eid*

### Argumente gegen Sterbehilfe

- Hoffnung auf unerwartete Heilung besteht immer.

- Da es immer mehr Hospize und immer bessere Medikamente gibt, muss niemand mehr unter akuten Schmerzen sterben.

- Wenn Sterbehilfe erlaubt wäre, würden sich manche alte Menschen unter Druck gesetzt fühlen. Sie würden Sterbehilfe verlangen, um ihren Angehörigen nicht zur Last zu fallen.

- Nur Gott hat das Recht zu entscheiden, wann jemand sterben soll. Alle Religionen sprechen sich aus diesem Grund gegen Sterbehilfe aus.

- Sterbehilfe ist Mord.

- Sterbehilfe würde Ärzte dazu zwingen, den hippokratischen Eid zu brechen. Dieser Eid verpflichtet sie nämlich, für ihre Patienten die bestmöglichen medizinischen Mittel einzusetzen *(siehe Zitat)*.

### Zusammenfassung

▸▸ Befürworter der Sterbehilfe berufen sich auf das Recht des Menschen, selbst zu entscheiden, wann er sterben will, und auf das Recht auf einen menschenwürdigen Tod. Sie denken auch, dass der Patient und seine Angehörigen nicht zu unnötigem Leiden gezwungen werden sollten.

---

a. **Unter welchen Umständen sollte deiner Meinung nach eine lebenserhaltende Maschine abgeschaltet werden?**
b. **Wäre das deiner Ansicht nach dann schon Sterbehilfe?**
c. **Wer sollte diese letzte Entscheidung treffen: ein Gericht, die Angehörigen oder die Ärzte?**

**Kannst du dir eine Situation vorstellen, in der dir das Leben sinnlos und nicht mehr lebenswert erscheinen würde? Beschreibe diese Situation.**

**Was ist eine Patientenverfügung? Suche Informationen zu diesem Thema.**

**Vergleiche die Umfrage der Deutschen Gesellschaft für Humanes Sterben mit der Umfrage der Deutschen Hospiz Stiftung. Wie erklärst du dir, dass die Ergebnisse so unterschiedlich ausgefallen sind?**

**Kannst du dir Situationen vorstellen, in denen es schwierig wäre, einem Patienten aktive Sterbehilfe zu verweigern?**

▸▸ Eine Grundlage der Argumente gegen Sterbehilfe ist der Glaube, dass nur Gott entscheiden darf, wann jemand sterben soll. Von zentraler Bedeutung ist auch der hippokratische Eid, der Ärzte dazu verpflichtet, Leben zu retten. Gegner der Sterbehilfe fordern, dass Hospizarbeit und Schmerztherapie gefördert und besser bekannt gemacht werden.

# Selbstmord

## ▮ Fakten über Selbstmord

- Nahezu 1 Million Menschen auf der Welt begehen jährlich Selbstmord. Laut der Weltgesundheitsorganisation (WHO) findet alle 40 Sekunden irgendwo auf der Welt ein Selbstmord statt.
- Männer begehen häufiger Selbstmord als Frauen.
- Die meisten Selbstmörder sind Erwachsene zwischen 20 und 45 Jahren. In letzter Zeit begehen jedoch auch immer mehr Jugendliche Selbstmord. Gründe dafür sind Probleme mit den Eltern, Gewalt in der Schule oder schlechte Noten.
- Mehr als 10% der Betroffenen gelingt der Selbstmord erst beim zweiten Versuch. Wenn jemand einmal gerettet wurde, heißt das also nicht, dass er es nicht noch einmal versuchen wird – es sei denn, man schafft den Grund für seinen Selbstmordversuch aus der Welt.

*Quelle: www. who.net*

---

*„Seelsorger dürfen sich nicht dazu hinreißen lassen, bei ganz schlimmen Fällen materielle Hilfe leisten zu wollen. [...] Sie müssen sich damit abfinden, dass ein Anrufer verspricht, sich am nächsten Tag wieder zu melden, dann aber nie wieder von sich hören lässt. [...] Sie müssen wissen, dass sie sich manchmal wochen- oder monatelang mit jemandem beschäftigen werden, ohne je ein Dankeschön zu erhalten. [...] Jeder Seelsorger wird die Erfahrung machen, dass er manchmal genauso sein wird wie seine Anrufer: ohne Gesicht, anonym, nur eine Stimme und ein Ohr am anderen Ende der Leitung."*

*Telefonseelsorger*

*Oft sind Telefonseelsorger die einzigen Ansprechpartner für Menschen, die in eine Lebenskrise geraten sind.*

# kapitel 2
## leben und tod

*„In seiner Hand ruht die Seele allen Lebens und jeden Menschenleibes Geist."*
Bibel, Ijob 12,10

## Gründe für Selbstmord

Selbstmord ist immer eine extreme Handlung. Nur sehr schwer wiegende Gründe können einen Menschen in den Selbstmord treiben.
Dazu gehören zum Beispiel:
- private oder geschäftliche Geldsorgen,
- Einsamkeit oder der Tod eines nahen Angehörigen (etwa wenn ältere Menschen ihren Lebenspartner verloren haben),
- Langzeitarbeitslosigkeit ohne Aussicht auf eine neue Beschäftigung,
- Scheidung, der Verlust der Familie, das Scheitern einer Beziehung, Streitigkeiten über das Sorgerecht,
- Altern, der Verlust der körperlichen und geistigen Fähigkeiten,
- Depression, Krankheit, Alkohol- und Drogenabhängigkeit.

**Selbstmord ist oft ein Hilfeschrei.**
Viele, die einen Selbstmordversuch unternehmen, hoffen eigentlich entdeckt und am Selbstmord gehindert zu werden. Oft haben sie vorher versucht, mit jemandem über ihr Problem zu reden und wurden nicht ernst genommen. Selbstmord ist oft eine verzweifelter Versuch, auf sich aufmerksam zu machen.
Ganz besonders wichtig ist eine ärztliche Behandlung, wenn ein Mensch Selbstmordgedanken entwickelt. Das können stark ausgeprägte Todeswünsche sein oder gelegentliche Gedankenspiele. Solche Gedanken und Wünsche sind sehr oft Bestandteil von Depressionen, die unbedingt ernst genommen werden müssen.
Der Begriff **„präsuizidales Syndrom"** wird für eine Symptomatik verwendet, die einem Selbstmordversuch vorausgeht. Dazu gehören z.B. die Einengung des Denkens auf Todeswünsche, eine Aggressionshemmung und später eine Aggressionsumkehr (Suizid), die Ankündigung des Suizids bzw. konkrete Selbstmordfantasien. Alle diese Symptome verschwinden häufig direkt vor dem Selbstmordversuch.

## Telefonseelsorge

Die Telefonseelsorge sieht sich als Ansprechpartner für Menschen, die in eine Lebenskrise geraten sind. Telefonseelsorge-Stellen sind rund um die Uhr kostenfrei erreichbar. Die Anrufer bleiben anonym und die Mitarbeiter unterliegen der Schweigepflicht.
Schon Ende des 19. Jahrhunderts wurde versucht, Selbstmordgefährdeten eine telefonische Hilfe zu bieten. 1896 rief der Baptistenpfarrer *Harry Warren* in New York so etwas wie eine Telefonseelsorge ins Leben. Sein Versuch scheiterte jedoch, weil es zu der Zeit noch nicht viele Telefone gab. In Deutschland gründete 1956 der Berliner Arzt und Pfarrer *Klaus Thomas* unter seiner privaten Telefonnummer die „Ärztliche Lebensmüdenbetreuung". Schon wenig später wurden ähnliche Stellen in anderen Städten eröffnet. Mittlerweile gibt es in Deutschland über 100 Telefonseelsorgestellen. Jährlich gehen dort mehr als 2 Millionen Anrufe ein.
*Quelle: www.telefonseelsorge.de*

Die Telefonseelsorgestellen sind in evangelischer, katholischer oder ökumenischer Trägerschaft. Die mehr als 7000 ehrenamtlichen Mitarbeiter werden für die Arbeit besonders ausgebildet. Sie dürfen auf die Anrufer weder religiösen noch ideologischen Duck ausüben.
*Quelle: www.telefonseelsorge.de*

### Wichtige Begriffe

**Selbstmord** → Sich absichtlich, ohne fremde Hilfe, das Leben nehmen.

**Telefonseelsorge** → Kirchliche Stellen, die Menschen in Krisensituationen telefonisch unterstützen.

? Welche Gründe gibt es für Selbstmord?

? Hat deiner Meinung nach jeder Mensch das Recht, sein Leben selbst zu beenden?

? Informiere dich über Telefonseelsorgestellen in deiner Umgebung.

? Wie würdest du einem Freund helfen, der im Gespräch mit dir Selbstmordabsichten äußert?

### Zusammenfassung

▸▸ *Zahlreiche junge und alte Menschen nehmen sich das Leben.*

▸▸ *Es gibt viele mögliche Gründe für Selbstmord: Geldsorgen, Einsamkeit, Scheidung, das Altern oder Schulprobleme. Selbstmord ist oft ein Hilfeschrei.*

▸▸ *Die Telefonseelsorge hilft Menschen in Krisensituationen. Über 2 Millionen anonyme Anrufe erreichen jährlich die etwa 100 kirchlichen Stellen.*

# Der Tod

☐ Christentum

## ■ Sterbehilfe

Alle wichtigen christlichen Kirchen sprechen sich **gegen Sterbehilfe** aus, obwohl einzelne Christen durchaus anderer Meinung sind. Auch Selbstmord wird von den Kirchen verurteilt. Er wird von den meisten Kirchen aber nicht mehr – wie das noch bis zum Ende der 1950er Jahre der Fall war – als schwere Sünde angesehen.

> *„Aktive Sterbehilfe ist und bleibt eine ethisch nicht vertretbare, gezielte Tötung eines Menschen in seiner letzten Lebensphase, auch wenn sie auf seinen ausdrücklichen Wunsch hin erfolgt. [...] Wo wir die Tötung eines Menschen als „Lösung" der zugegebenermaßen schwierigen Situation von Krankheit und Sterben akzeptieren, ist dies eine Bankrotterklärung an die Menschlichkeit."*
>
> *Gemeinsame Erklärung der Evangelischen Kirche Deutschlands und der Deutschen Bischofskonferenz, Januar 2003*

Die christlichen Kirchen sehen ihre Aufgabe darin, nach Jesu Vorbild allen Notleidenden zu helfen. Dazu gehören auch die Alten und Kranken. Ihrem Leid soll nicht durch Tötung, sondern durch Zuwendung und Fürsorge begegnet werden. Sterbehilfe beendet das Leben von Menschen, die sich in der schwächsten Phase ihres Lebens befinden. Dabei sind es gerade die Schwachen und Verletzlichen, die Schutz und Hilfe am nötigsten haben. Nach Auffassung der Kirchen sollte diese Hilfe in Form von Schmerztherapie, Seelsorge und menschlicher Zuwendung geleistet werden.

**Die Kirche ist aus folgenden Gründen gegen Sterbehilfe:**

- Sterbehilfe ist respektlos Gott gegenüber, da er das Leben schuf und nur er es wieder nehmen kann.
- Gott schuf die Menschen als sein Abbild, daher nehmen sie in der Schöpfung eine Sonderstellung ein. Einen Menschen einfach wie ein Tier zu töten, ist eine schwere Sünde.
- Das Leben ist unantastbar. Sterbehilfe ist Mord und verstößt damit gegen eins der zehn Gebote *(Exodus 20,13)*.

Die christlichen Kirchen sprechen sich aber für ein Sterben in Würde aus. Sie halten es daher für zulässig, wenn Ärzte den Tod eines Patienten unbeabsichtigt beschleunigen, indem sie ihm starke Schmerzmittel geben. Nach dem „Prinzip der Doppelwirkung" wird in diesen Fällen der Tod des Patienten in Kauf genommen, obwohl das eigentliche Ziel die Linderung seiner Schmerzen ist. Auch soll das Sterben nicht unnötig hinausgezögert werden. Daher ist auch das Abschalten der Maschinen erlaubt, die einen Hirntoten am Leben erhalten. In allen anderen Fällen sollen die Patienten bis zu ihrem Tod gepflegt werden. Dabei muss man sich um ihre religiösen Bedürfnisse ebenso kümmern wie um ihre körperlichen und emotionalen Bedürfnisse: **Niemand soll im Augenblick des Todes allein gelassen werden.**

## ■ Selbstmord

In der Vergangenheit verurteilte die christliche Kirche Selbstmord genauso vehement wie Mord. Gemäß dem Glauben, dass alles Leben, besonders menschliches Leben, ein Geschenk Gottes ist, wurde **Selbstmord als schwere Sünde** angesehen. In der katholischen Kirche galt er früher sogar als Todsünde, die es einem Menschen unmöglich machte, in den Himmel zu kommen. Katholiken, die sich das Leben genommen hatten, erhielten keine kirchliche Bestattung und durften nicht in geweihter Erde begraben werden.

Heute schlagen alle Kirchen jedoch gemäßigtere Töne an, da ihnen bewusst ist, dass Menschen nur in schweren Notlagen und unter großem Druck Selbstmord begehen. Sie nehmen sich das Leben nicht aus Sündhaftigkeit, sondern aus Verzweiflung. Manche Christen versuchen Selbstmorde zu verhindern, indem sie sich zum Beispiel als Telefonseelsorger engagieren.

*Christen glauben, dass Gott den leidenden Jesus an die Seite aller Leidenden gestellt hat.*

# kapitel 2
## leben und tod

*Christen glauben an ein Leben nach dem Tod, ohne Leid und in der Nähe Gottes.*

„Deine Augen sahen, wie ich entstand, in deinem Buch war schon alles verzeichnet ..."
Bibel, Psalm 139,16

### Wichtiger Begriff

**Prinzip der Doppelwirkung**
→ Zulassen einer negativen Wirkung, obwohl man eine positive Wirkung beabsichtigt hatte (hier der Tod nach der Gabe von Medikamenten, die eigentlich die Schmerzen des Todkranken lindern sollten).

❓ Warum ist die christliche Kirche gegen aktive Sterbehilfe?

❓ Was versteht man unter dem „Prinzip der Doppelwirkung"?

❓ Nicht alle Christen sind gegen aktive Sterbehilfe. Kannst du dir vorstellen, warum?

❓ Katholische Selbstmörder durften früher nicht in geweihter Erde begraben werden. Suche Informationen darüber.

## Zusammenfassung

▸▸ Alle christlichen Kirchen sind gegen aktive Sterbehilfe. Sie glauben, dass nur Gott Leben geben und nehmen darf. Das Leben von Todkranken darf daher weder vorzeitig beendet noch künstlich verlängert werden.

▸▸ Den Kirchen zufolge soll Todkranken in der schwersten Phase ihres Lebens durch Schmerztherapie und menschliche Zuwendung geholfen werden.

▸▸ Früher verurteilte die Kirche Selbstmord aufs schärfste, heute dagegen nimmt sie eine gemäßigtere Haltung ein. Sie räumt ein, dass Menschen nur in einer für sie unerträglichen Situation Selbstmord begehen.

# Der Tod

## ☐ Judentum

*"Alles hat seine Stunde. Für jedes Geschehen unter dem Himmel gibt es eine bestimmte Zeit: eine Zeit zum Gebären und eine Zeit zum Sterben …"*
Tanach, Kohelet 3,1–2

### Die Betreuung alter Menschen

Die jüdischen Schriften fordern, dass alte Menschen respektvoll behandelt werden. Wenn möglich, sollen Juden ihre alten Angehörigen zu Hause pflegen. Es gibt jedoch auch Pflegeheime für die, die nicht zu Hause versorgt werden können. Außerdem kümmern sich viele Dienstleister um die Belange älterer Menschen.

### Sterbehilfe

**Jüdische Schriften sprechen sich gegen Sterbehilfe aus.** Das Leben ist ein so großer Segen Gottes, dass man alles tun muss, um es zu erhalten.
In der Tora werden 613 Gesetze aufgelistet. Abgesehen von drei Ausnahmen (Gesetze, die Mord, Inzest und Götzendienst verbieten) dürfen alle diese Gesetze gebrochen werden, wenn dadurch Leben gerettet werden kann.
Die jüdischen Schriften drücken sich klar aus: **Gott allein entscheidet, wann wir geboren werden und wann wir sterben.** Ein altes jüdisches Sprichwort sagt, dass drei Personen an der Zeugung jedes Kindes beteiligt sind – die Mutter, der Vater und Gott. So wie Gott den Anfang des Lebens bestimmt, bestimmt er auch das Ende. Wer Sterbehilfe leistet, spielt Gott.
Das Judentum erlaubt in hoffnungslosen Fällen jedoch das Abschalten der medizinischen Geräte, denn Menschen künstlich am Leben zu erhalten, widerspricht auch dem Willen Gottes.

### Selbstmord

Das Judentum besagt, dass Gott der Schöpfer des Lebens ist. Es besagt aber auch, dass Gott den Menschen die Freiheit gab, eigene Entscheidungen zu treffen. Obwohl im Judentum Selbstmord nicht befürwortet wird, zeigen einzelne Juden Verständnis dafür.
Die jüdische Religion erlaubt es jedoch nicht, dass Selbstmördern die normalen Bestattungsrituale gewährt werden. Sie dürfen auch nicht in der Nähe anderer Menschen begraben werden.

## ☐ Islam

*"Kein Mensch kann sterben ohne den Willen Allahs, wie es geschrieben steht in dem Buche, das die Zeitbestimmung aller Dinge enthält."*
Koran 3,146

### Die Betreuung alter Menschen

Muslimische Familien fühlen sich für ihre älteren Verwandten verantwortlich. Außer dem Gebet gibt es für sie keine wichtigere religiöse Pflicht. Muslimische Eltern erwarten von ihren Kindern, bis zum Tod gepflegt zu werden.

### Sterbehilfe

Der muslimische Glaube besagt, dass jede Seele von Allah geschaffen wurde. Wer lang anhaltenden Schmerz ertragen muss, weiß, dass dies eine Prüfung für den Tag des Gerichts ist. Der Islam kennt keine Situation, in der ein Leben nicht mehr lebenswert wäre. Für Muslime ist alles, was passiert, von Allah gewollt. Einer der 99 Namen Allahs ist „der Mitleidende". Daraus leitet der Islam ab, dass Allah also genau weiß, welche Prüfungen und Schwierigkeiten die Gläubigen ertragen müssen. Muslime müssen dies akzeptieren und dürfen nicht nach einem einfachen Ausweg suchen. Sterbehilfe wäre ein solcher einfacher Ausweg.

*"Es war einmal ein Mann … Er hatte ein Leiden, das seine Geduld strapazierte. Also nahm er ein Messer, schnitt sich die Kehle durch und verblutete. Daraufhin sagte Gott: "Mein Untertan hat sein Ende vorschnell herbeigeführt. Ich verweigere ihm das Paradies.""*
Hadith, Überlieferung des Propheten Mohammed

# kapitel 2
## leben und tod

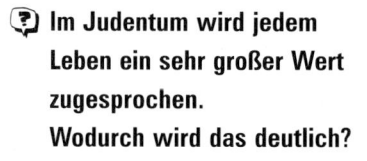

❓ Im Judentum wird jedem Leben ein sehr großer Wert zugesprochen. Wodurch wird das deutlich?

❓ Warum lehnt der Islam Sterbehilfe strikt ab?

❓ Vergleiche die Stellung alter oder todkranker Menschen in christlich, jüdisch oder muslimisch geprägten Gesellschaften. Wer kümmert sich um sie, wie werden sie behandelt?

❓ Suche Informationen über muslimische Selbstmordattentäter und über den Dschihad.

❓ Sowohl Juden als auch Muslime glauben an einen barmherzigen Gott. Wie können sie dies deiner Meinung nach mit der Tatsache vereinbaren, dass viele Menschen ihr Leben unter Leid und Schmerzen beenden?

## Zusammenfassung

▸▸ Judentum und Islam lehren beide, dass Kinder sich um ihre Eltern kümmern müssen, wenn diese pflegebedürftig sind. Das Judentum räumt ein, dass dies nicht immer möglich ist. Dann müssen andere diese Aufgabe übernehmen. Für Muslime ist es Pflicht, für die Alten zu sorgen.

▸▸ Sowohl das Judentum als auch der Islam sind strikt gegen Sterbehilfe. Sie widerspricht dem Willen Gottes. Viele Juden zeigen jedoch Verständnis für Selbstmörder. Im Islam wird Selbstmord kategorisch verurteilt.

*Die Terroristen, die den Anschlag auf das World Trade Center verübten, behaupteten, im Namen des Islam gehandelt zu haben. Die Scharia jedoch verbietet Selbstmord.*

## ■ Selbstmord

Im muslimischen Gesetz *(Scharia)* werden die Situationen genau aufgelistet, in denen Leben beendet werden darf. Sterbehilfe und Selbstmord gehören nicht dazu.
Die Ereignisse des 11. September 2002 haben gezeigt, dass muslimische Extremisten das vorsätzliche Beenden des Lebens nicht als Selbstmord ansehen, wenn es Teil des **Dschihad** (des heiligen Krieges) ist. Sie sind jedoch eine Minderheit. Die meisten Muslime halten sich an das Wort Mohammeds. Dieser soll gesagt haben, dass ein Selbstmörder am Tag des Jüngsten Gerichts keine Gnade erwarten darf.

> **Wichtiger Begriff**
> 
> **Scharia** → Alle Gesetze Gottes im Koran, die menschliche Handlungen betreffen.

# Empfehlenswerte Literatur und Links

## ☐ Literatur

*Uta Brumann, Hans Joachim Knopff, Wilfried Stascheit:*
**Projekt Tod. Materialien und Projektideen.**
Verlag an der Ruhr 1998.
ISBN 3-86072-285-9

*Ida Lamp:*
**Hospiz-Arbeit konkret.**
Gütersloher Verlagshaus 2001.
ISBN 3-57900-939-7

*Katarina Mazetti:*
**Es ist Schluss zwischen Gott und mir.**
Beltz 1999.
ISBN 3-40778-820-7

*Wolfgang Schell:*
**Sterbebegleitung und Sterbehilfe.**
Schlütersche 2002.
ISBN 3-87706-729-8

## ☐ Links

- **www.hospiz.org/**
Informationen zur Hospizbewegung in den deutschsprachigen Ländern (mit Links zu örtlichen Hospizvereinen und Adressen zahlreicher Hospize) und zu Themen wie Sterbebegleitung und Schmerztherapie.

- **www.hospiz.net**
Bundesweite Interessenvertretung der Hospizbewegung in Deutschland.

- **www.hospize.de/texte/adressenliste/AUSWAHL.HTM**
Wichtigste Themen und Partner der Deutschen Hospiz Stiftung sowie deutschlandweite Adressen.

- **www.dghs.de**
Informationen der Deutschen Gesellschaft für Humanes Sterben.

- **www.patiententestament.com**
Informationen zu Sterbehilfe, aktueller Rechtslage und Patientenverfügungen.

- **www.m-ww.de/kontrovers/sterbehilfe.html**
Sterbehilfe (Euthanasie), Beihilfe zum Selbstmord, Töten auf Verlangen. Rechtliche Aspekte zum Thema Sterbehilfe, Selbstmord, Euthanasie.

- **www.ruhen-und-tun.de/tod-sterbehilfe.htm**
Infos und Links zum Thema Sterbehilfe.

- **www.selbstmord.de**
Adressen, Telefonnummern, Literaturübersicht, Foren, Chat.

- **www.nur-ruhe.de**
Portal über Selbstmord, Suizid aus Sicht der Wissenschaft, Infos, Links, Adressen, Diskussions-Forum, Erfahrungsberichte.

- **www.telefonseelsorge.de**
Beratungsangebote, Informationen und Adressen der deutschen Telefonseelsorge.

- **www.kinderundjugendtelefon.de/kinderundjugend.html**
„Nummer gegen Kummer"; Beratungsangebot für Kinder und Jugendliche in Notlagen.

- **www.enfal.de/famplan.htm**
Stellungnahme des Zentralrates der Muslime in Deutschland zum Thema Abtreibung und Familienplanung.

- **www.hagalil.com/kovar/frauen/abtreibung.htm**
Artikel über Abtreibung aus jüdischer Sicht.

- **www.stjosef.at/dokumente/humanae_vitae.htm**
„Enzyklika Humanae Vitae" von Papst Paul VI.

- **www.profamilia.de/article/show/3675.html**
Informationen über die Schwangerschaftskonfliktberatung.

# kapitel 3
# ehe und familie

# Heirat und Scheidung

> „Wie kann man jemanden heiraten, mit dem man nie zusammen gelebt hat? Woher soll man denn dann wissen, ob man den Rest seines Lebens mit ihm verbringen will?"
>
> *17-jährige Jugendliche*

ganz anders aus: nur 23% der Ostdeutschen und 12% der Westdeutschen lebten vor der Ehe mit ihrem Partner zusammen.

*Quelle: Statistisches Bundesamt, Datenreport 2002*

## ■ Wandel der Lebensformen

In Deutschland werden immer weniger Ehen geschlossen. 2003 wurden in Deutschland 382 911 Ehen geschlossen. Demgegenüber steigt die Anzahl der Alleinlebenden stark an. Die Zahl der Einpersonenhaushalte liegt derzeit bei über 140 000. In geringerem Maße wächst auch die Zahl der Paare, die ohne Trauschein zusammenleben.

*Quelle: www.destatis.de*

Die Deutschen heiraten immer später: Männer sind bei ihrer Hochzeit durchschnittlich 32, Frauen 29 Jahre alt. Waren in den 1980er Jahren bereits 70% der 30-Jährigen verheiratet, sind es jetzt nur noch 44%. Dies hängt auch mit der zunehmenden Kinderlosigkeit in Deutschland zusammen: Kinder sind immer noch der Hauptgrund für eine Heirat.

Doch auch die Zahl der unverheirateten Mütter steigt. 1970 wurden nur 5,5% aller Kinder von ledigen Müttern zur Welt gebracht, 2003 waren es schon 27%. Ledige Mütter sind teils Alleinerziehende, teils Frauen, die in nichtehelicher Gemeinschaft mit ihrem Partner zusammenleben.

Immer mehr Paare leben vor der Ehe schon zusammen. Bei den 18- bis 30-jährigen Ostdeutschen sind es 68%, bei den Westdeutschen 51%. Bei den heute über 60-Jährigen sah das noch

## Mögliche Gründe für den Wandel

Für diese Entwicklung gibt es verschiedene Gründe:

- Viele Frauen sind nicht in der Lage Beruf und Kindererziehung miteinander zu vereinbaren. Oftmals gründen sie erst spät eine Familie oder bleiben kinderlos.
- Die meisten Paare leben schon vor der Heirat zusammen.
- Viele Paare halten Heirat und Familie heutzutage nicht mehr für nötig, um glücklich zu sein.
- Viele Männer und auch Frauen möchten zwar Kinder miteinander haben, sie lehnen es aber ab, eine formelle Bindung vor dem Gesetz einzugehen.

*Eheringe symbolisieren ewige Liebe.*

# kapitel 3
## ehe und familie

## ■ Scheidung

In Deutschland gibt es immer mehr Scheidungen: Mittlerweile wird ein Drittel aller Ehen geschieden, die meisten davon in den ersten Jahren. Besonders stark stieg die Scheidungsrate nach dem Ende des Zweiten Weltkrieges: Da viele Männer jahrelang in Kriegsgefangenschaft waren, waren immer mehr Frauen berufstätig und damit unabhängiger geworden. Der stetige Anstieg der Scheidungsrate wurde 1977 und zu Beginn der 1990er Jahre kurzzeitig unterbrochen. Der Grund dafür waren Veränderungen im Scheidungsrecht.

### Scheidungsgesetze

- Bis 1977 musste bei jeder Ehescheidung festgestellt werden, welcher Partner für das Scheitern der Ehe verantwortlich war (Schuldprinzip).
- Nach der Reform des Scheidungsrechts 1977 konnten Ehen auch ohne Schuldbestimmung geschieden werden. Es reichte aus, die Ehe für gescheitert zu erklären (Zerrüttungsprinzip). Gleichzeitig wurde aber das Trennungsjahr eingeführt. Dies hatte einen kurzfristigen Rückgang der Scheidungsrate zur Folge.
- In der DDR gab es ein liberales Scheidungsrecht und daher viel mehr Ehescheidungen als in der BRD. Nach der Wiedervereinigung wurde 1990 auch in Ostdeutschland das strengere westdeutsche Gesetz und das Trennungsjahr gültig. Daher ging die Scheidungsrate zu Beginn der 1990er Jahre noch einmal zurück. Auch dieses Mal war der Rückgang aber nur vorübergehend.

### Gründe für den Anstieg der Scheidungsrate

Paare, die gemeinsame Kinder und gemeinsames Eigentum haben, und Paare mit religiöser Bindung haben ein geringes Scheidungsrisiko. Häufig geschieden werden dagegen Paare, die sehr jung geheiratet haben oder die vor der Heirat gar nicht oder nur kurz zusammengelebt haben. Auch Paare mit einem großen Altersunterschied und Paare, die in einer Großstadt leben, werden statistisch häufiger geschieden. **Für den Anstieg der Scheidungsrate gibt es folgende Gründe:**

- Scheidungen sind „alltäglich" geworden. Es gibt immer weniger religiöse oder moralische Bedenken.
- Immer mehr Frauen sind berufstätig und damit finanziell unabhängig.
- Immer weniger zerrüttete Ehen werden aus Rücksicht auf die Kinder aufrechterhalten.
- Geschiedene und Alleinerziehende werden von der Gesellschaft heute anerkannt.

*Quelle: Bundesinstitut für Bevölkerungsforschung, www.bib-demographie.de*

### Wichtige Begriffe

**Nichteheliche Gemeinschaft** → Zusammenleben eines unverheirateten Paares mit oder ohne Kinder.

**Ehe** → Rechtliche Bindung eines Mannes und einer Frau, die in einer Kirche oder auf dem Standesamt offiziell beschlossen wurde.

**Wiederheirat** → Neue Ehe einer geschiedenen Person.

### Fakt

*Immer weniger Paare lassen sich kirchlich trauen. Innerhalb weniger Jahrzehnte sank der Anteil der kirchlichen Trauungen in Westdeutschland von 85% auf 59%. In Ostdeutschland war er schon immer niedrig. Er fiel im gleichen Zeitraum von 59% auf 11%.*

*Quelle: Statistisches Bundesamt, Datenreport 2002*

❓ **Warum heiraten die Menschen immer später?**

❓ **Suche Gründe dafür, dass in Deutschland so wenige Kinder geboren werden.**

❓ **Heute ist es nicht mehr ungewöhnlich, wenn die Eltern eines Kindes nicht verheiratet sind. Wie war das früher? Suche Informationen darüber.**

❓ **Kannst du dir vorstellen, warum immer mehr Ehen geschieden werden?**

### Zusammenfassung

▸▸ *In Deutschland heiraten die Menschen immer später und bringen immer weniger Kinder zur Welt. Immer mehr Paare leben vor der Ehe ohne Trauschein zusammen. Der Anteil der Alleinstehenden steigt.*

▸▸ *Heute wird ein Drittel aller Ehen geschieden. Die meisten Scheidungen finden in den ersten Ehejahren statt.*

# Die Ehe

## ☐ Christentum

> „Ich (Name) nehme dich (Name) als meinen Mann/meine Frau. Von diesem Tag an will ich dich nach Gottes Gebot lieben und ehren, in guten wie in schlechten Tagen, in Gesundheit und in Krankheit, bis dass der Tod uns scheidet. Dieses gelobe ich feierlich."
>
> *Ehegelübde*

In Deutschland lässt sich ein großer Teil der Paare nur standesamtlich trauen. Viele Paare geben sich aber zusätzlich in einer Kirche das Ja-Wort. Bei der kirchlichen Trauung gibt es je nach Konfession einige Unterschiede. Alle kirchlichen Hochzeitszeremonien beruhen aber auf den gleichen Grundlagen.

*Das Christentum lehrt, dass eine Ehe bei der Trauung Gottes Segen erhält.*

### ▎Die christliche Hochzeit

- Jede christlich geprägte Hochzeit hat sowohl religiöse als auch rechtliche Aspekte.
- Von zentraler Bedeutung ist, dass die Hochzeit „vor Gottes Augen" und im Beisein von Verwandten und Freunden geschlossen wird. Es müssen mindestens zwei Trauzeugen anwesend sein. Christen glauben jedoch, dass der wichtigste Zeuge Gott ist. Dies ist der Hauptunterschied zwischen einer christlichen und einer standesamtlichen Hochzeit.
- Mit der Ehe geht ein Paar, laut Bibel, eine lebenslange Verbindung ein. Das Paar gelobt, einander treu zu sein, „bis dass der Tod es scheidet".
- Das Paar legt ein Ehegelübde ab. Es umfasst alle Lebensumstände, die die Eheleute möglicherweise miteinander durchleben werden: Krankheit und Gesundheit, Armut und Reichtum. Die Partner versprechen, einander in allen Lebenslagen „zu lieben und zu ehren".
- Als sichtbares Zeichen ihres Gelübdes tauschen die Partner Ringe aus. Der Ring soll als vollkommener, unendlicher Kreis die ewige Liebe symbolisieren. Christen glauben, dass eine Ehe, die vor den Augen Gottes geschlossen wurde, ewig währen sollte. Nur ungern akzeptieren die christlichen Kirchen eine Scheidung.

# kapitel 3
## ehe und familie

### Wichtige Begriffe

**Ehebruch** → Sexuelle Beziehungen einer verheirateten Person mit einem anderen als dem Ehepartner.

**Treue** → Verzicht auf außereheliche sexuelle Beziehungen.

**Vorehelicher Geschlechtsverkehr** → Sexuelle Beziehungen vor der Hochzeit.

**Sexuelle Freizügigkeit** → Sexuelle Beziehungen mit wechselnden Partnern, in der Bibel „Unzucht" genannt.

---

**Die Hochzeitszeremonie weist – je nach Konfession – einige Besonderheiten auf:**

Gehen zwei **Katholiken** die Ehe miteinander ein, spenden sich die Brautleute am Ende der Trauung gegenseitig das Sakrament. In der katholischen Kirche ist die Ehe eins der sieben Sakramente („Gnadenmittel" Gottes). Diese dürfen mit Ausnahme von Ehe und Taufe nur von einem Geistlichen gespendet werden.

In der **christlich-orthodoxen Kirche** wird die Trauung als „Krönung" bezeichnet. Braut und Bräutigam wird eine Krone aufgesetzt. Sie soll ihnen die Kraft des Heiligen Geistes geben, der ihnen dabei hilft einander zu lieben. Die Krone symbolisiert sowohl Freude als auch Selbstaufopferung: Für eine erfolgreiche Ehe wird das Paar beides benötigen.

> „Wer seine Frau aus der Ehe entlässt und eine andere heiratet, begeht ihr gegenüber Ehebruch. Auch eine Frau begeht Ehebruch, wenn sie ihren Mann aus der Ehe entlässt und einen anderen heiratet."
> 
> *Bibel, Markus 10,11–12*

## ■ Scheidung

Jesus erinnerte seine Anhänger oft an den Zweck der Ehe und daran, wie eine Ehe in Gottes Augen aussehen sollte. Mehrmals sprach er sich gegen Scheidung aus. Er sagte, dass jeder Mann, der seine Frau verlässt und eine andere Frau heiratet, sich des Ehebruchs schuldig mache. (Frauen durften sich zu jener Zeit in Palästina nicht scheiden lassen.) Heute sieht das gesellschaftliche Umfeld ganz anders als zu Jesu Zeiten aus. Die Kirchen betrachten daher zum Teil auch die Scheidung mit anderen Augen:

- Die **evangelische Kirche** räumt ein, dass eine Ehe scheitern und eine Scheidung dann die beste Lösung sein kann. Obwohl sie einer Wiederheirat Geschiedener kritisch gegenüber steht, lässt sie eine kirchliche Trauung Geschiedener in Einzelfällen zu. Diese Trauung soll dann Ausdruck eines neuen Anfangs sein.
- Die **katholische Kirche** vertritt die Auffassung, dass das Ehegelübde auf keinen Fall gebrochen werden darf. Eine Scheidung ist daher nicht möglich, die Ehe kann aber – nach einem sehr aufwändigen Verfahren – annulliert werden.
- **Freikirchen** ermöglichen Geschiedenen eine Wiederheirat. Sie erlauben den Geistlichen jedoch auch, aus Gewissensgründen eine Trauung Geschiedener abzulehnen. Die meisten Geistlichen sind aber bereit, den Geschiedenen eine zweite Chance zu geben.

---

❓ a. Suche weitere Informationen über standesamtliche und kirchliche Trauzeremonien.
b. Überlege, aus welchen Gründen ein Paar sich für oder gegen eine kirchliche Trauung entscheidet.

❓ Jesus sprach sich in der Bibel gegen Scheidung aus.
Kannst du dir vorstellen, warum heute einige Kirchen trotzdem die Scheidung und eine Wiederheirat Geschiedener zulassen?

❓ Bist du für oder gegen Scheidung?
Findest du, dass Geschiedenen noch einmal eine kirchliche Trauung ermöglicht werden sollte?

## Zusammenfassung

▶▶ *Die christliche Trauung findet „vor den Augen Gottes" statt. Die Ehe soll ewig halten. Im Ehegelübde versprechen die Brautleute einander Treue in allen Lebenslagen.*

▶▶ *Bei der katholischen Trauung spenden sich die Brautleute gegenseitig das Sakrament. Bei der christlich-orthodoxen Trauung tragen die Brautleute Kronen. Diese sollen Freude und Selbstaufopferung symbolisieren. Beides sind Bestandteile einer erfolgreichen Ehe.*

▶▶ *In den Trauzeremonien und in der Bibel wird betont, dass die Ehe ewig halten soll. Einige Kirchen erlauben eine Wiederheirat Geschiedener, andere nicht. Die katholische Kirche verbietet Scheidung, lässt manche Ehen aber annullieren.*

# Die Ehe

## ☐ Judentum

*„Daher verlässt der Mann Vater und Mutter und bindet sich an seine Frau und sie werden ein Fleisch."*
Tora, Genesis 2,24

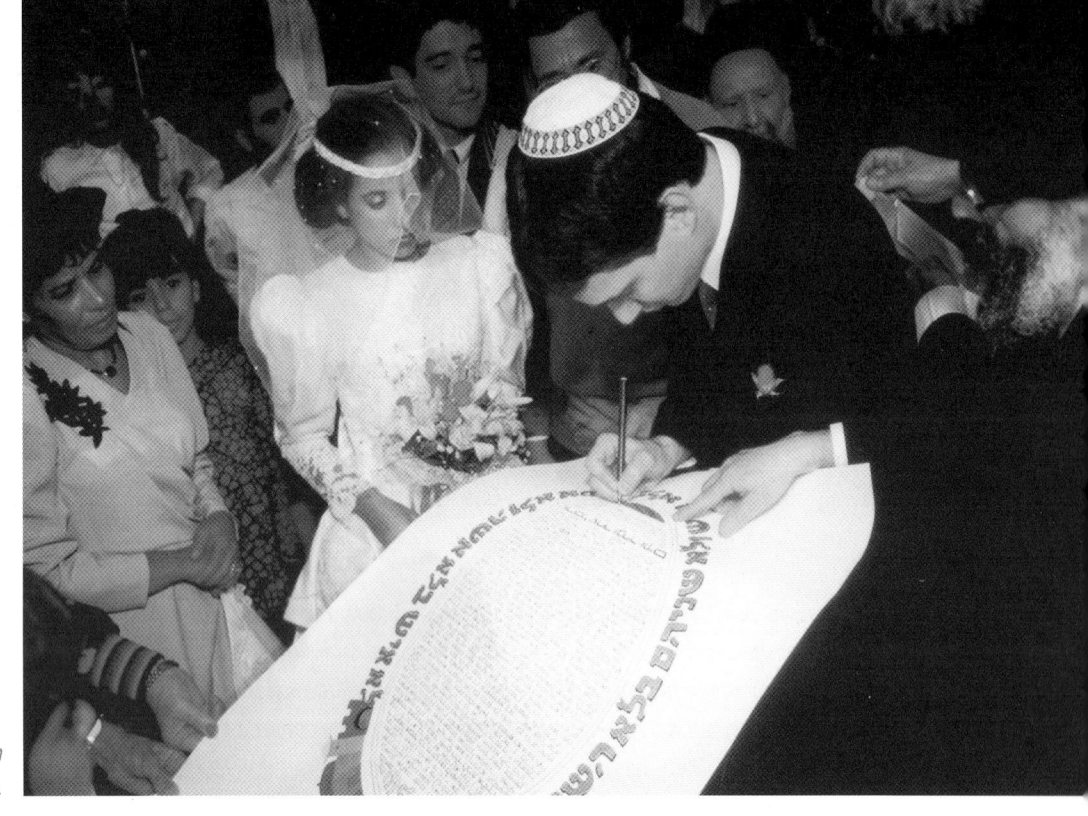

*Ein jüdischer Bräutigam unterzeichnet die Ketubba.*

### ■ Die jüdische Hochzeit

Ehe und Familie haben im Judentum eine zentrale Bedeutung. Laut Talmud ist ein Mensch erst dann vollkommen, wenn er einen Ehepartner hat. Die Hochzeitszeremonie kann in einer Synagoge oder an jedem anderen Ort stattfinden. Die einzige Bedingung ist, dass Braut und Bräutigam unter einer **Chuppa** (einem Traubaldachin) stehen.

Die Chuppa symbolisiert das neue gemeinsame Heim des Paares. Wichtigster Teil der Trauung ist die Unterzeichnung der **Ketubba**, des Ehevertrages. Darin verspricht der Bräutigam, dass er seine Braut ehren und finanziell für sie sorgen wird. Danach gibt er seiner Braut den Ring und sagt: *„Siehe, durch diesen Ring bist du mir angelobt nach dem Gesetz Moses und Israels."*

Während der Zeremonie zertritt der Bräutigam ein Weinglas. Mit diesem Brauch soll – so eine Erklärung – daran erinnert werden, wie zerbrechlich die meisten wertvollen Dinge sind. Man muss gut auf sie aufpassen, damit sie nicht kaputtgehen. Auch die Ehe ist wertvoll und zerbrechlich.

### ■ Scheidung

Juden sind der Ansicht, dass die Ehe ein ganzes Leben lang halten sollte. Sie akzeptieren aber, dass Ehen scheitern können. Orthodoxe (strenggläubige) Juden erlauben einer Geschiedenen die Wiederheirat nur, wenn ihr erster Mann ihr einen Get (eine Scheidungsurkunde) gibt. Für alle Juden ist die Scheidung von einer Schwangeren erst nach einer Wartezeit von drei Monaten möglich.

*„Wenn ein Mann eine Frau geheiratet hat und ihr Ehemann geworden ist, sie ihm dann aber nicht gefällt, weil er an ihr etwas Anstößiges entdeckt, wenn er ihr dann eine Scheidungsurkunde ausstellt, sie ihr übergibt und sie aus seinem Haus fortschickt, wenn sie sein Haus verlässt, hingeht und die Frau eines anderen Mannes wird, wenn auch der andere Mann sie nicht mehr liebt, […] dann darf sie ihr erster Mann, der sie fortgeschickt hat, nicht wieder heiraten …"*
Tora, Deuteronomium 24,1–4

# kapitel 3
## ehe und familie

## ☐ Islam

*„Überlegt gut und nehmt nur eine, zwei, drei, höchstens vier Ehefrauen. Fürchtet ihr auch so noch, ungerecht zu sein, nehmt nur eine Frau oder lebt mit Sklavinnen …"* Koran 4,4

### ■ Die muslimische Hochzeit

Der Bräutigam wie auch die Braut dürfen sich vor der Hochzeit sehen. Dies ist die Auffassung aller islamischen Rechtsschulen. Die Ehe ist sodann vollzogen, wenn beide Seiten ihr Einverständnis bekunden und der Ehevertrag zustande gekommen ist. Der Islam schreibt keine spezifische Form der Hochzeit vor. Auch ist eine Hochzeitszeremonie kein rituelles Muss. Aber die Hochzeiten werden in der islamischen Welt seit jeher mit bunten Feierlichkeiten begangen, wobei der kulturelle Aspekt im Vordergrund steht. Klein und groß, reich und arm kommen zu solchen Anlässen zusammen und feiern das Brautpaar. Bei der sehr einfach gehaltenen muslimischen Hochzeitszeremonie wird erklärt, dass das Paar aus freiem Willen heiratet. Ein Ehevertrag wird unterzeichnet, der die Höhe der Mahr (Morgengabe) bestimmt, die der Bräutigam der Braut zahlen muss. Die Braut braucht bei der Unterzeichnung nicht anwesend zu sein.

Bei einigen muslimischen Hochzeiten widmet das Paar durch ein Gelübde seine Ehe Allah. Manche Ehen werden auch heute noch von den Eltern arrangiert, doch kein Paar kann gegen seinen Willen verheiratet werden. Normalerweise können Muslime nur eine Ehefrau haben. Der Koran gestattet unter bestimmten Umständen jedoch **Polygamie** (Mehrehe).

### ■ Scheidung

Die Ehe ist für Muslime eher ein rechtlicher als ein religiöser Vertrag und kann daher aufgehoben werden. Der Islam erlaubt Scheidung zwar, rät aber davon ab. Ein Mann kann keine sofortige Scheidung verlangen, wenn seine Frau schwanger ist. Während einer dreimonatigen Wartezeit muss sich das Paar um eine Versöhnung

*„Hat eine Frau von ihrem Ehemann Rohheit (Lieblosigkeit und Ehepflichten-Vernachlässigung) zu befürchten, so ist es keine Sünde, dies Missverhältnis zu schlichten; Versöhnung ist besser als Scheidung."*
Koran 4,129

bemühen. Die Ehefrau kann sich aus dem Vertrag befreien, indem sie ihre **Mahr** (Brautgabe) zurückgibt.

Die Ehe ist kein Sakrament bzw. die Scheidung kein Sakrileg. Jedoch ist die Scheidung nach einem Spruch des Propheten unter allen von Gott zugelassenen Handlungen die hassenswerteste.

Um eine missbräuchliche Aneignung der **Morgengabe** (das Brautgeld) durch die Frauen zu unterbinden, muss eine Ehescheidung auf Initiative der Frauen an die Gerichte übertragen werden.

---

❓ **Arbeite Gemeinsamkeiten und Unterschiede der jüdischen, muslimischen und christlichen Hochzeitszeremonien heraus.**

❓ **Warst du schon einmal bei einer religiösen Hochzeitszeremonie dabei? Vergleiche deine Erfahrungen mit denen deiner Mitschüler.**

❓ a. **Aus welchen Gründen ist im Islam und Judentum eine Scheidung erst nach einer mehrmonatigen Wartezeit möglich?**
b. **Hältst du diese Wartezeit oder auch das Trennungsjahr, das im deutschen Scheidungsrecht vorgeschrieben ist, für sinnvoll?**

### Zusammenfassung

▸▸ *Jüdische Paare werden unter der Chuppa getraut. Die Ketubba wird unterzeichnet und der Mann überreicht seiner Braut einen Ring. Bei orthodoxen Juden benötigt eine geschiedene Frau vor der Wiederheirat einen Get.*

▸▸ *Bei einer muslimischen Hochzeit bekommt die Frau als finanzielle Absicherung von ihrem Mann eine Mahr. Oft wird die Ehe durch ein Gelübde Allah gewidmet. Scheidung ist erlaubt. Vorher muss aber eine Versöhnung des Paares versucht werden.*

# Familienmodelle

> „Die Eltern tragen bei der Erziehung ihrer Kinder die Hauptverantwortung, denn sie haben ihnen das Leben geschenkt [...] Es ist ihre Pflicht, in der Familie eine Atmosphäre zu schaffen, die von Liebe und von Zuwendung zu Gott und den Mitmenschen geprägt ist."
>
> Zweites Vatikanisches Konzil der katholischen Kirche

In unserer und fast jeder anderen Gesellschaft ist die Familie die wichtigste Einheit. Familie wird definiert als eine Gruppe von Menschen, meist Erwachsene und ihre Kinder. Die Erwachsenen in diesem Beziehungsgefüge sind durch Heirat oder eheähnliche Gemeinschaft miteinander verbunden.

## Familienmodelle

### Die Großfamilie

Die Großfamilie besteht meist aus mindestens drei Generationen. Großeltern, Eltern und Kinder leben unter einem Dach. In den heiligen Schriften der verschiedenen Religionen wird meist auf diese traditionelle Familienform Bezug genommen. Es gibt sie heute noch in Ländern, in denen sie wirtschaftlich sinnvoll ist und in denen der Staat keine Verantwortung für die Versorgung alter Menschen trägt. In den meisten europäischen Ländern ist die Zahl der Großfamilien in den letzten Jahrzehnten stark zurückgegangen.

### Die Kernfamilie

Dies ist die moderne westliche Familienform. Nur Eltern und Kinder leben unter einem Dach. Der Kontakt zu anderen Familienmitgliedern ist, meist aufgrund geographischer Entfernung, unregelmäßig. Tanten, Onkel, Nichten und Neffen trifft man nur selten.
Ein Grund für diese Entwicklung ist die wachsende Mobilität der Menschen. Sie ziehen immer öfter von ihrem Geburtsort weg. Auch sind sie immer weniger abhängig von der Unterstützung und Hilfe ihrer Familie.

### Die Einelternfamilie

Diese Familie besteht aus einem Elternteil und seinen Kindern. In über 90 % dieser Familien erzieht die Mutter ihre Kinder allein. Die Mehrzahl der Einelternfamilien ist durch eine Scheidung, eine außereheliche Schwangerschaft oder den Tod des Partners zustande gekommen.

### Die Patchworkfamilie

Geschiedene bringen oft Kinder in die neue Ehe mit. Diese Kinder bekommen dann Stief- oder Halbgeschwister. Das Resultat ist eine „Patchworkfamilie". Dieses Familienmodell kommt immer häufiger vor. Grund dafür ist zum einen die steigende Zahl von Scheidungen und Wiederheiraten, zum anderen die steigende Zahl von Menschen, die mit immer wieder neuen Partnern in eheähnlichen Gemeinschaften leben.

In Deutschland lebt etwa ein Drittel der Erwachsenen in einer **Kernfamilie**. Neben Eineltern- und Patchworkfamilien gibt es auch noch andere Formen von Lebensgemeinschaften, die für ihre Mitglieder die Funktionen von Familie übernehmen.
Es gibt Wohngemeinschaften, in denen z.B. ältere oder behinderte Menschen wie in einer Familie zusammenleben. Mönche und Nonnen leben in einer Klosterfamilie. Außerdem gibt es kinderlose Paare, die keine Kinder haben können oder wollen.

## Die Bedeutung von Familie

Für die meisten Menschen ist Familie sehr wichtig. Dafür gibt es folgende Gründe:

- Unsere Familie prägt unsere Persönlichkeit. Dabei spielen äußere Ähnlichkeit, Name und Werte eine Rolle. Adoptierte Kinder erben zwar keine physischen Merkmale, aber zum Beispiel Wertvorstellungen.
- Die Familie ist für unsere „Sozialisation" verantwortlich. Sie lehrt uns, was richtig und falsch ist. Dies bereitet uns auf unsere spätere Rolle im Erwachsenenleben vor.
- In der Familie erleben wir unsere ersten engen Bindungen.
- Die Familie kümmert sich traditionell um die schwächsten Mitglieder der Gesellschaft: die ganz Jungen und die ganz Alten.

### Fakt

Laut dem Bundesinstitut für Bevölkerungsforschung lebte im Jahr 2000 in Deutschland nur noch in 0,8 % aller Haushalte eine Großfamilie. Dagegen lebte in 36,1 % der Haushalte nur eine Person.
Der Anteil der Einelternfamilien betrug 5,8 %, der Anteil der nichtehelichen Lebensgemeinschaften 5 %. In etwa 50 % aller Haushalte lebten verheiratete Paare, etwa die Hälfte davon zusammen mit ihren Kindern.

Quelle: www.bib-demographie.de/info/bib_broschuere2.pdf

# kapitel 3
## ehe und familie

*In vielen Gesellschaften gibt es auch heute noch Großfamilien.*

### Wichtige Begriffe

**Großfamilie** → Drei oder mehr Generationen, die in enger Gemeinschaft miteinander leben.

**Kernfamilie** → Eltern und Kinder leben zusammen.

**Einelternfamilie** → Nur ein Elternteil lebt mit einem oder mehreren Kindern, oft als Folge von Scheidung, Trennung, Tod des Partners oder ungeplanter Schwangerschaft.

**Patchworkfamilie** → Aus zwei Geschwistergruppen wird durch die Heirat ihrer Eltern eine neue Familie.

---

❓ **Warum ist Familie so wichtig?**

❓ **Warum gibt es heute viel weniger Großfamilien, aber dafür mehr Patchworkfamilien und Ein-Personen-Haushalte?**

❓ **Welche der im Text genannten vier Familienmodelle gibt es in deinem Bekanntenkreis?**

❓ **Welche Vor- und Nachteile haben die einzelnen Familienmodelle deiner Meinung nach?**

## Zusammenfassung

▶▶ Familie ist eine sehr wichtige Institution. In der traditionellen Großfamilie unterstützen mehrere Generationen einander. In der modernen Kernfamilie leben nur zwei Generationen in einem Haushalt.

▶▶ Die Einelternfamilie, meist durch ungeplante Schwangerschaft oder Scheidung verursacht, ist – wie die Patchworkfamilie – ein Erscheinungsbild des modernen Lebens. Auch verschiedene Wohngemeinschaften können für ihre Mitglieder die Funktionen einer Familie ersetzen.

▶▶ Familie prägt unsere Persönlichkeit und unsere Verhaltensmuster. Durch sie erfahren wir enge Bindungen und ein Gefühl der Sicherheit.

# Die Familie

## ☐ Christentum

*„Ebenso sollt ihr Frauen euch euren Männern unterordnen. […] Ebenso sollt ihr Männer im Umgang mit euren Frauen rücksichtsvoll sein, denn sie sind der schwächere Teil …"*
Bibel, 1 Petrus 3,1–7

## ■ Verschiedene Meinungen

Es gibt unterschiedliche Meinungen darüber, wie ein christlich geprägtes Familienleben aussehen sollte. Dabei werden vor allem zwei Sichtweisen vertreten.

1. Es gibt Christen, die glauben, dass sie **in allen Lebenslagen der Bibel folgen** müssen. Dies gilt für sie auch, wenn es um die Organisation des Familienlebens und die Rollenverteilung innerhalb der Familie geht. Sie berufen sich auf die Schöpfungsgeschichte, in der Gott zuerst Adam und erst danach Eva erschuf. Der Geschichte zufolge bemerkte Gott nach der Schaffung Adams, dass es für einen Mann nicht gut ist, allein zu sein. Daraufhin erschuf er Eva. Diese Reihenfolge prägte das christliche Rollenmuster: Der Mann sorgt als Familienoberhaupt für die Familie, seine Frau unterstützt ihn dabei.

Manche Christen gehen sogar noch weiter. Sie weisen darauf hin, dass Eva der Versuchung durch die Schlange nicht widerstehen konnte und dann auch Adam zur Sünde verleitete. Daraus folgern sie, dass Frauen schwächer sind als Männer und beschützt werden müssen. Gott teilte Mann und Frau verschiedene Rollen zu, wichtige Entscheidungen darf nur der Mann fällen.

2. Heute ist aber eher eine andere Sichtweise üblich. **Die meisten Menschen halten die traditionelle Rollenverteilung nicht mehr für angemessen.**
Sie argumentieren, dass sowohl Mann als auch Frau als „Abbild Gottes" geschaffen wurden und einander ergänzen. Keiner ist dem anderen überlegen. Beide sollen in der Familie die gleichen Chancen und die gleichen Verantwortungen bekommen. Mutter und Vater sollen sich gleichberechtigt um die Kindererziehung kümmern.

Beide Partner dürfen einen Beruf ausüben. Als Begründung für diese Sichtweise zitieren sie Bibelstellen, die belegen sollen, dass es in Gottes Augen keinen Unterschied zwischen Männern und Frauen gibt.

*„Es gibt nicht mehr […] Mann und Frau; denn ihr seid alle „einer" in Christus Jesus."*
Bibel, Galater 3,28

Während früher die Frau meist als Hausfrau und Mutter für das häusliche Wohl der Kinder und des Ehemanns sorgte, gehen die heutigen Familienmütter häufig arbeiten. Sobald die Kinder in den Kindergarten kommen, suchen sich viele Frauen eine Arbeit, um ihren Beitrag zu den Familienfinanzen zu leisten. Dafür machen mittlerweile auch Väter von ihrem Recht auf Erziehungsurlaub – heute Elternzeit genannt – Gebrauch.

# kapitel 3
## ehe und familie

## Christen und Familienleben

Das Christentum besagt, dass die **Verbindung zwischen Mann und Frau Grundlage jeder Familie** ist. Diese Verbindung kann, wie in der Trauzeremonie deutlich wird, durch Gott gesegnet werden, indem er dem Paar Kinder schenkt. Das Familienbild der christliche Kirche sieht folgendermaßen aus:

- Von Eltern wird erwartet, dass sie ihren Kindern eine sichere und liebevolle Umgebung schaffen. Sie sollen ihre Kinder christlich erziehen und sie auf religiöse Praktiken wie Gebet und Kirchgang vorbereiten.

- Kinder sollen ihren Eltern gehorchen und sich respektvoll verhalten.

- Kinder sollen sich um ihre Eltern kümmern, wenn diese sich nicht mehr selbst versorgen können.

- Für viele Christen ist die Familie das Grundelement der Gesellschaft. Daher betrachten sie moderne Phänomene wie Zusammenleben ohne Trauschein, nichteheliche Geburten und hohe Scheidungsraten oft mit Sorge. Sie befürchten, dass dadurch die Stellung der Familie in der Gesellschaft geschwächt wird.

*„Ihr Kinder, gehorcht euren Eltern, wie es vor dem Herrn recht ist. [...]*
*Ihr Väter, reizt eure Kinder nicht zum Zorn, sondern erzieht sie in der Zucht und Weisung des Herrn."*
*Bibel, Epheser 6,1–4*

*Viele Babys werden durch die Taufe Mitglied der kirchlichen Familie.*

## Kirche und Familie

Im Christentum soll die Kirchengemeinde die Stellung einer „geistlichen" Familie einnehmen. Durch Rituale wie Taufe, Konfirmation oder Firmung werden Kinder Teil dieser Gemeinschaft. Eltern und Mitglieder der Gemeinde sollen die Kinder auf dem Weg zum religiösen Erwachsenwerden begleiten. Familiengottesdienste und christliche Feste wie Weihnachten und Ostern sind Gelegenheiten, bei denen Jung und Alt Religion gemeinsam erleben.

❓ **Wie war früher die Stellung von Mann und Frau in der Gesellschaft? Inwiefern hat die christliche Kirche diese Rollenverteilung geprägt?**

❓ **Wie sieht die Rollenverteilung in deiner Familie aus? Vergleiche die Rechte und Pflichten der weiblichen mit denen der männlichen Familienmitglieder.**

❓ a. **Durch Taufe, Firmung und Konfirmation sollen Kinder zu Mitgliedern der christlichen Gemeinschaft werden. Erfüllen diese Feiern heute noch ihren Zweck?**
b. **Hast du selbst schon an solchen Feiern teilgenommen? Welche Wirkung hatten sie auf dich?**

## Zusammenfassung

▶▶ *Einige Christen denken, dass es die Rolle der Frau ist, ihren Mann zu unterstützen und sich um die Kinder zu kümmern. Andere vertreten die Auffassung, dass die Ehe eine Partnerschaft von Gleichberechtigten sein sollte.*

▶▶ *Eltern sollen laut christlichen Kirchen ihren Kindern eine liebevolle und fürsorgliche Umgebung schaffen. Kinder sollen ihre Eltern achten und ihnen gehorchen. Sie sollen sich um ihre Eltern kümmern, wenn sie alt sind.*

▶▶ *Die Kirche sieht sich als Familie, die bei der geistlichen Entwicklung der Kinder hilft. Dabei spielen Taufe, Konfirmation und Firmung eine wichtige Rolle.*

# Die Familie

## ☐ Judentum

> „Ehre deinen Vater und deine Mutter, damit du lange lebst in dem Land, das der Herr, dein Gott, dir gibt."
> Tora, Exodus 20,12

Die Institution der Ehe gilt im jüdischen Glauben als heilig, wenn sie auch nicht als Sakrament betrachtet wird. Im traditionellen Judentum gehört die Eheschließung zum Gebot der Vermehrung und gilt als geradezu selbstverständlich.

Die Eheschließung bedeutet für **kala** (Braut) und **chatan** (Bräutigam) einen Neubeginn, den Anfang einer Reise.

So hat sich die Tradition herausgebildet, am Hochzeitstag zu fasten, um die Vergebung der begangenen Sünden zu erbitten. Als kleinste Einheit der Gemeinschaft hat die Familie eine zentrale Bedeutung.

Auch im jüdischen Leben spielt die Familie eine wichtige Rolle. Bei der Trauung wird den Brautleuten angekündigt, dass Gott ihre Ehe mit Kindern segnen wird. Es ist ihre Pflicht ein Heim zu gründen, in dem die Lehren und Praktiken des Glaubens befolgt werden.

**Ein jüdisches Heim soll folgendermaßen aussehen:**

- Die Eltern sind den Kindern ein Beispiel. Sie befolgen die jüdischen Speisegesetze (Kaschrut). Sie unterrichten ihre Kinder auf allen Gebieten des Glaubens: Gebete, Schriften und moralische Gesetze. Der Sabbat wird eingehalten. Die Eltern kümmern sich darum, dass ihre Kinder Hebräisch lesen lernen, die Sprache, in der die jüdischen Schriften verfasst wurden. Außerdem bereiten sie ihre Kinder auf den Bar Mizwa bzw. die Bat Mizwa vor.

- Die Kinder lernen, ihre Eltern zu achten und ihnen zu gehorchen (siehe Zitat oben). Sie sollen sich um sie kümmern, wenn sie alt sind.

*Eine muslimische Familie beim gemeinsamen Gebet zu Hause.*

# kapitel 3
## ehe und familie

## ☐ Islam

> „Doch bald darauf gaben wir euch den Sieg über sie und wir machten euch durch Vermögen und Kinder groß und wir machten ein zahlreiches Volk aus euch."
> *Koran 17,7*

Allah macht keinen Wertunterschied zwischen Frau und Mann, also zwischen seinen Geschöpfen. Daher steht die Familienbildung nach dem Koran im Zeichen gegenseitigen Friedens, gegenseitiger Liebe und Barmherzigkeit und der daraus resultierenden Ausgeglichenheit.

**Laut der Lehre des Islam ist es das Ziel der Ehe, dass Mann und Frau Kinder bekommen und sie zu guten Muslimen erziehen.** Kinder werden im Koran mit Vermögen und Reichtum gleichgesetzt, daher wird Kinderreichtum von muslimischen Familien als Segen angesehen.

Grundlagen der Erziehung sind die Liebe und das Vertrauen. Das Kind soll das religiöse Handeln (z.B. das Beten) der Eltern miterleben und sich an ihnen ein Beispiel nehmen, damit es Gott vertraut und sich in allen schwierigen Situationen des Lebens an Gott wendet und somit selbständig wird.

Das Kind soll selbständig sein, aber auch die Hilfe von Gott, den Eltern und Bekannten annehmen, damit es eine feste Bindung mit diesen eingeht. Die Familie soll eine Einheit bilden, d.h. es sollen keine Widersprüche, sondern Einklang, Liebe und Harmonie herrschen. Dadurch werden die Kinder zur Selbständigkeit erzogen.

**Innerhalb ihrer Familie haben Eltern und Kinder bestimmte Pflichten:**

- Die Eltern sind ihren Kindern ein Beispiel, indem sie die Halal-Ernährungsregeln (halal = erlaubt) befolgen. Sie lehren ihre Kinder Gebete und Glaubensansichten. Sie zeigen ihnen, wie man den Koran liest (auf Arabisch) und wie man ein guter Muslim wird. Sie kümmern sich darum, dass die Kinder, ihrem Alter gemäß, die Gebetsrituale (Salat) und das Fasten (Ramadan) einhalten. Muslimischen Kindern werden die Praktiken und Traditionen ihres Glaubens langsam näher gebracht.

- Mann und Frau haben klar definierte Rollen in der muslimischen Familie. Männer müssen arbeiten, um die Familie zu ernähren. Frauen gebären und erziehen die Kinder. Frauen dürfen studieren, Eigentum besitzen und Geschäfte abwickeln, egal ob sie verheiratet sind oder nicht. Die Rollen von Mann und Frau ergänzen sich gegenseitig. Sie stehen nicht in Konkurrenz miteinander. Trotzdem betont der Koran, dass immer der Mann die Entscheidungen in der Familie treffen sollte.

> „Das Paradies liegt zu Füßen deiner Mutter."
> *Hadith, Überlieferung des Propheten Mohammed*

❓ **Beschreibe das jüdische Familienleben.**

❓ **Welche Pflichten haben muslimische Eltern und Kinder?**

❓ **Suche weitere Informationen über das jüdische, muslimische und christliche Familienleben. Was haben alle diese Vorstellungen von Familien gemeinsam?**

❓ *„Die wichtigste religiöse Handlung ist es, sich um seine Familie zu kümmern."* **Stimmst du dem zu?**

## Zusammenfassung

▸▸ *In einer jüdischen Familie sollen die Eltern ihren Kindern die Bedeutung und die Bräuche ihres Glaubens beibringen.*

▸▸ *In der muslimischen Familie haben Eltern und Kinder genau festgelegte Pflichten. Kinder lernen schon früh die Bedeutung der „Fünf Säulen" des Islam.*

# Verhütung

> *„Gott segnete sie und Gott sprach zu ihnen: Seid fruchtbar und vermehrt euch, bevölkert die Erde, unterwerft sie euch ..."*
> Tora, Genesis 1,28

Es gibt viele Arten von Verhütungsmitteln und unterschiedliche Gründe, sie zu benutzen. Es ist wichtig zu unterscheiden zwischen:

- **Verhütung** – jedes natürliche oder künstliche Mittel, das Menschen benutzen, um eine Empfängnis zu verhindern,

- **Geburtenkontrolle** – eine Methode, die angewandt wird, um die Zahl der Babys in einer Familie oder in einer Bevölkerung zu begrenzen,

- **Familienplanung** – Begrenzung oder zeitliche Planung von Geburten, so dass ein Paar entscheiden kann, wann es Kinder haben möchte.

Natürlich benutzt man die gleichen Mittel, egal ob das Ziel nun Verhütung, Geburtenkontrolle oder Familienplanung ist. Unterschiede gibt es jedoch bei den Gründen, sie zu nutzen.

## Verhütung

Folgende Verhütungsmittel stehen heute hauptsächlich zur Verfügung:

### Kondome
Wenn sie richtig verwendet werden, sind sie nicht nur ein wirksames Verhütungsmittel, sondern schützen auch vor sexuell übertragbaren Krankheiten wie AIDS.

### Die Pille
Weltweit nehmen mehr als 50 Millionen Frauen die Pille. Sie beeinflusst den hormonellen Zyklus der Frau so, dass sie für die Dauer der Einnahme unfruchtbar ist. Die Pille hat eine Sicherheit von 99 %.
Manche Frauen können sie jedoch aufgrund von Gesundheitsrisiken oder wegen ihrer Nebenwirkungen nicht einnehmen. Die Pille gibt es seit den 1960er Jahren. Sie veränderte das sexuelle Verhalten von Millionen von Menschen, besonders Frauen, grundlegend.

### Die Spirale
Sie ist aus Plastik und Kupfer und wird in die Gebärmutter der Frau eingesetzt. Dort verhindert sie 3–5 Jahre lang das Einnisten von befruchteten Eizellen. Da eine Verschmelzung von Ei- und Samenzelle also schon stattgefunden hat, lehnen manche Abtreibungsgegner auch die Spirale ab.

### Das Diaphragma
Dies ist ein Gummiring, der auf den Gebärmutterhals der Frau aufgesetzt wird. Er dient als Sperre gegen die Spermien des Mannes.

### Die Sterilisation
Bei Frauen werden die Eileiter, bei Männern die Samenleiter durchtrennt. Beide werden durch diese Operation unfruchtbar.

Zusätzlich zu diesen Mitteln gibt es noch die „Pille danach", die eine befruchtete Eizelle daran hindert, sich in der Gebärmutter einzunisten. Das Implanon-Stäbchen ist seit dem Jahr 2000 auf dem deutschen Markt erhältlich. Dabei wird ein Kunststoffstäbchen unter die Haut eingesetzt und gibt eine gleichmäßige Hormonmenge ab. Seit 2003 gibt es das Verhütungspflaster, das Hormone enthält und einfach auf den Arm geklebt werden kann. Eine Pille für Männer ist noch in der Entwicklung.

> *„Kinder sind eine Gabe des Herrn, die Frucht des Leibes ist sein Geschenk. Wie Pfeile in der Hand des Kriegers, so sind Söhne aus den Jahren der Jugend. Wohl dem Mann, der mit ihnen den Köcher gefüllt hat!"*
> Bibel, Psalm 127,3–5

## Verwendung von Verhütungsmitteln

In den westlichen, industrialisierten Ländern stellt Bevölkerungswachstum kein Problem dar.
Hier wächst die Bevölkerung kaum noch oder geht gar zurück.
In den Entwicklungsländern dagegen stellt das Bevölkerungswachstum ein großes Problem dar: Die Bevölkerung wächst dort sehr schnell und es sind nicht genügend Nahrungsmittel vorhanden. In einigen Ländern, wie zum Beispiel Äthiopien, Burundi oder Afghanistan, haben Familien durchschnittlich 6 Kinder. In Somalia und Uganda sind es sogar 7. In vielen Teilen der Erde wächst die Bevölkerung jährlich um 3 %. Das bedeutet, dass sich dort die Bevölkerung alle 25 Jahre verdoppelt.

## kapitel 3
### ehe und familie

Viele Regierungen haben umfangreiche Familienplanungsprogramme entwickelt. Damit wollen sie erreichen, dass mehr Menschen Verhütungsmittel verwenden. Bisher hatten sie damit aber wenig Erfolg.

Religionen haben sich traditionell immer gegen eine Begrenzung der Kinderzahl ausgesprochen. Sie setzen Kinderreichtum mit Gottes Segen gleich. Mittlerweile sehen die meisten Religionen jedoch ein, dass eine Begrenzung der Familiengröße notwendig ist. Einige von ihnen lehnen aber bestimmte Verhütungsmittel immer noch ab. Die katholische Kirche verbietet als einzige christliche Konfession grundsätzlich jedes Verhütungsmittel.

? **Erkläre die Begriffe Verhütung, Geburtenkontrolle und Familienplanung.**

? **Aus welchen Gründen könnte sich ein Paar für die Verwendung von Verhütungsmitteln entscheiden?**

? **Warum ist Geburtenkontrolle in einigen Ländern so wichtig?**

? **Kannst du dir vorstellen, warum die katholische Kirche Verhütung ablehnt?**

? **Verhütungsmittel können vor sexuell übertragbaren Krankheiten schützen und verhindern fast immer eine Schwangerschaft. Warum benutzen viele junge Leute trotzdem keine Verhütungsmittel?**

## Zusammenfassung

▸▸ *Es gibt unterschiedliche Verhütungsmittel: Kondom, Pille, Spirale, Diaphragma und Sterilisation. Religiöse Menschen lehnen einige davon ab. Die katholische Kirche verbietet Verhütung grundsätzlich.*

▸▸ *Verhütung ist sehr wichtig, um die Familiengröße zu begrenzen, vor allem in Ländern mit einer hohen Geburtenrate. Die Religionen haben große Familien traditionell als ein Zeichen von Gottes Segen angesehen.*

*Die katholische Kirche verbietet Verhütung. Daher gibt es in manchen katholischen Ländern (z.B. Irland) noch viele kinderreiche Familien.*

# Verhütung

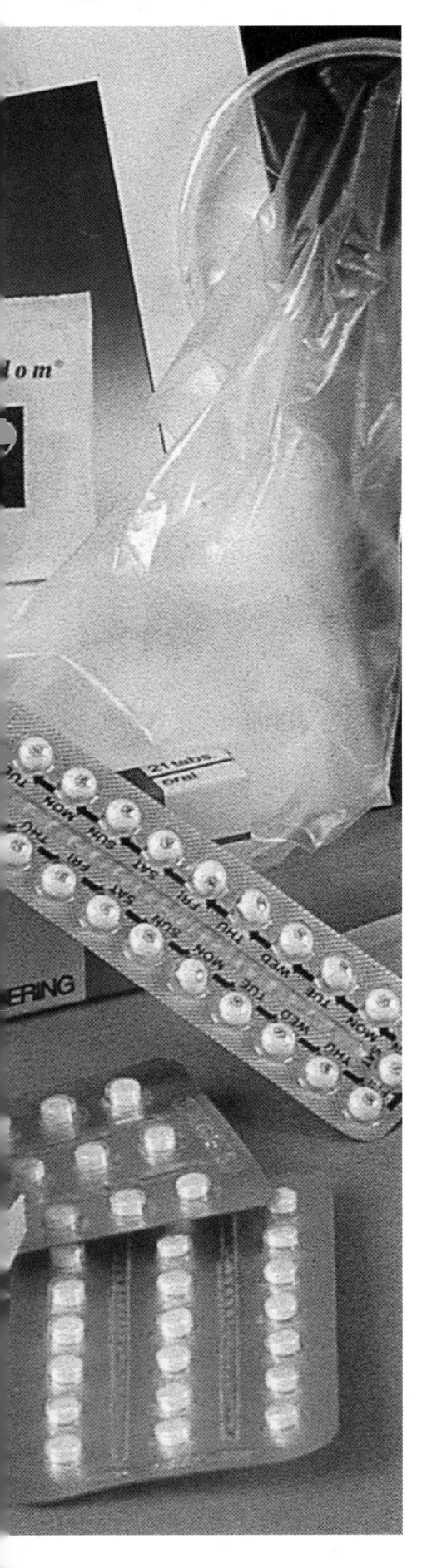

☐ Christentum

## ▌ Die Haltung der protestantischen Kirchen

Bis zu den 1930er Jahren waren alle christlichen Kirchen gegen „Geburtenregulierung" – wie man Verhütung damals nannte. Gegen Ende der 1920er und zu Beginn der 1930er Jahre begannen die protestantischen Kirchen, ihre Sicht zu ändern. Grund dafür war, dass viele Familien Schwierigkeiten hatten, ihre zahlreichen Kinder zu ernähren. Europa war von der Weltwirtschaftskrise betroffen und litt unter großer Armut.

Heute ist Verhütung für Protestanten kein Streitthema mehr. Die evangelische Kirche bejaht Verhütungsmittel ausdrücklich, da sie einen verantwortungsvollen Umgang mit Sexualität fördern.

> „Ebenso ist jede Handlung verwerflich, die entweder in Voraussicht oder während des Vollzugs des ehelichen Aktes oder im Anschluss an ihn beim Ablauf seiner natürlichen Auswirkungen darauf abstellt, die Fortpflanzung zu verhindern, sei es als Ziel, sei es als Mittel zum Ziel. [...] Wenn es auch zuweilen erlaubt ist, das kleinere sittliche Übel zu dulden, um ein größeres zu verhindern oder um etwas sittlich Höherwertiges zu fördern, so ist es dennoch niemals erlaubt – auch aus noch so ernsten Gründen nicht -, Böses zu tun um eines guten Zweckes willen."
>
> *Humanae Vitae, 1968*

## ▌ Die Haltung der katholischen Kirche

Die katholische Kirche lehnte Verhütung jahrhundertelang ab und tut es noch heute. Papst Johannes XXIII. (1958–1963) beauftragte eine Kommission mit der Klärung dieser Frage. Diese erstattete jedoch erst nach seinem Tod Bericht. Sein Nachfolger, Papst Paul VI. (1963–1978), bekam zwei verschiedene Berichte vorgelegt:
- **einen Mehrheitsbericht**, der der Kirche empfahl, ihren Widerstand gegen künstliche Verhütungsmethoden aufzugeben,
- **einen Minderheitsbericht**, der die Kirche bedrängte, bei ihrer traditionellen Lehre zu bleiben.

Der Papst entschied sich für den Bericht der Minderheit. 1968 veröffentlichte er die Enzyklika (päpstliches Rundschreiben) Humanae Vitae. Darin verbot er Pille, Kondome und Sterilisation und erlaubte nur „natürliche" Methoden der Empfängnisverhütung. Diese Entscheidung verärgerte zahlreiche Katholiken, die beschlossen, bei dieser Frage die Lehre der Kirche nicht zu befolgen.

*Es gibt viele verschiedene Möglichkeiten zur Verhütung.*

> „Jeder einzelne eheliche Akt muss auf Fortpflanzung ausgerichtet sein."
>
> *Papst Paul VI. (1963–1978)*

# kapitel 3
## ehe und familie

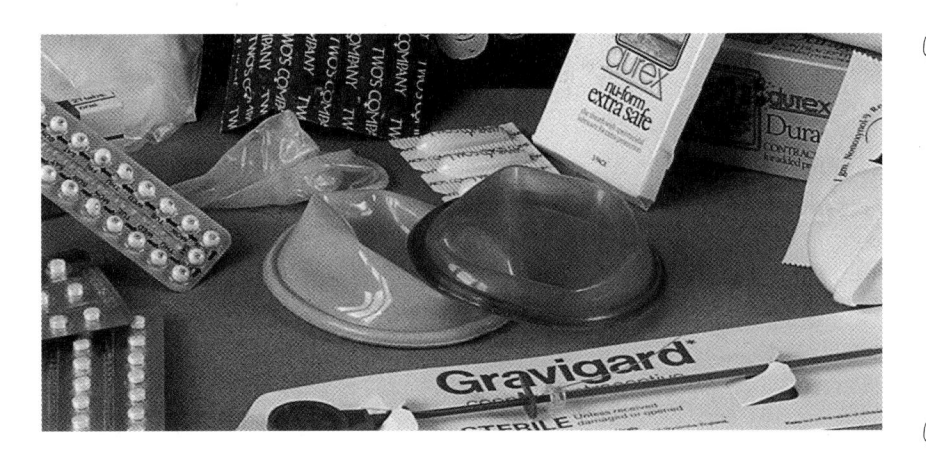

## Natürliche Familienplanung

Der Papst verbot in **Humanae Vitae** künstliche Verhütungsmittel aus folgenden Gründen:

- Die Kirche hat immer gelehrt, dass man sich nicht in die natürlichen Vorgänge von Empfängnis und Geburt einmischen darf.
- Gott schuf „Naturgesetze", die alle Aspekte menschlichen Verhaltens betreffen. Alles, was gegen diese Gesetze verstößt, muss abgelehnt werden. Eins dieser Gesetze ist laut katholischer Kirche, dass der sexuelle Akt immer zwei Sinngehalte miteinander vereint: die liebende Vereinigung der Partner und die Fortpflanzung.
- Verhütung ist unzulässig, weil sie aus einer Handlung, deren eigentlicher Sinn die Zeugung von neuem Leben ist, etwas macht, das allein dem Vergnügen dient.

Die katholische Kirche lehrt, dass Katholiken die Zeiten nutzen dürfen, in denen eine Frau aus natürlichen Gründen unfruchtbar ist. Ihre unfruchtbaren Tage kann eine Frau ermitteln, indem sie jeden Morgen ihre Temperatur misst und den Schleim des Muttermundes auf seine Beschaffenheit hin untersucht.

## Verhütung und Abtreibung

Der katholischen Kirche wird oft vorgeworfen, dass eine für alle zugängliche Verhütung das beste Mittel gegen Abtreibung wäre. In seiner Enzyklika Evangelium Vitae widersprach Papst Johannes Paul II. diesem Vorwurf. Er stellte klar, dass aus katholischer Sicht sowohl Verhütung als auch Abtreibung Sünden sind – wenn auch Sünden unterschiedlicher Art.

*„Sicherlich sind vom moralischen Standpunkt her Empfängnisverhütung und Abtreibung ihrer Art nach verschiedene Übel: die eine widerspricht der vollständigen Wahrheit des Geschlechtsaktes als Ausdruck der ehelichen Liebe, die andere zerstört das Leben eines Menschen; die erste widersetzt sich der Tugend der ehelichen Keuschheit, die zweite widersetzt sich der Tugend der Gerechtigkeit und verletzt direkt das göttliche Gebot ‚Du sollst nicht töten'."*

Papst Johannes Paul II. (1978–2005), Evangelium Vitae, 1995

a. **Papst Paul VI. sagte:** „Jeder einzelne eheliche Akt muss auf Fortpflanzung ausgerichtet sein." **Was hat er deiner Ansicht nach damit gemeint?**
b. **Was meint die katholische Kirche, wenn sie sagt, dass sie gegen alle „unnatürlichen" Mittel der Geburtenkontrolle ist?**

**Papst Johannes Paul II. behauptet, dass Abtreibung gerade in Kreisen besonders häufig vorkommt, die sich der kirchlichen Lehre über Verhütung widersetzen. Stimmt das? Suche nach Informationen zu diesem Thema.**

*„Ich glaube, dass Verhütung eine private Angelegenheit ist, in die die Kirche sich nicht einmischen sollte."* **Stimmst du dem zu?**

**Manche behaupten, dass die „natürlichen" Methoden der Verhütung in Wirklichkeit sehr „unnatürlich" sind. Was wollen sie wohl damit sagen?**

## Zusammenfassung

▸▸ *Die protestantischen Kirchen erklärten Verhütung während der Weltwirtschaftskrise in den 1920er und 1930er Jahren für zulässig. Heute sprechen sie sich deutlich für natürliche und künstliche Verhütungsmittel aus, weil sie einen verantwortungsvollen Umgang mit Sexualität ermöglichen.*

▸▸ *Die katholische Kirche lehnt Verhütung ab. Sie lehrt noch heute, dass nur natürliche Methoden der Geburtenkontrolle erlaubt sind, und widerspricht dem Vorwurf, dass sie durch diese Haltung die Schuld an vielen Abtreibungen trägt.*

# Verhütung

## ☐ Judentum

Verhütung ist im Judentum ein wichtiges Thema, weil in einer jüdischen Ehe sexuelle Beziehungen **sowohl eine Pflicht als auch ein Vergnügen** sein sollen. In der jüdischen Tradition waren große Familien glückliche Familien.
Viele Kinder zu haben war nötig, um die Versorgung der Eltern im Alter sicherzustellen. Selbst ein Sozialstaat kann die finanzielle Absicherung alter Menschen nur gewährleisten, wenn es genügend junge Menschen gibt, die arbeiten und Steuern zahlen.

**Grundsätzlich sind Juden also gegen Verhütung.** Das Judentum räumt aber ein, dass Verhütungsmittel benutzt werden dürfen, wenn eine Schwangerschaft das Leben der Frau gefährden würde.

## ☐ Islam

> *„Er schenkt euch Mädchen oder Knaben oder beide zusammen, wem er will, und er macht unfruchtbar, wen er will; denn er ist allwissend und allmächtig."*
>
> Koran 42,51

Muslime lehnen Verhütungsmittel nicht ab, sondern entscheiden sich bewusst für eine große Familie. Die Geburt eines Kindes ist niemals ein Zufall, sondern immer von Allah gewollt.
Das Leben ist ein wertvolles Geschenk und muslimische Paare empfinden es

*Frauen stehen Schlange vor einer Familienplanungsklinik.*

# kapitel 3
## ehe und familie

als Belohnung, Eltern sein zu dürfen. Die Geburt eines Babys ist nicht nur für die Familie, sondern für die ganze Gemeinschaft eine große Freude.

**Heutzutage erlaubt der Islam Verhütung in folgenden Fällen:**

- wenn eine Frau durch eine Schwangerschaft einer großen Gefahr ausgesetzt würde,
- wenn die Familie aus gutem Grund nicht mehr größer werden sollte,
- wenn das Risiko besteht, ein behindertes oder krankes Kind zu zeugen,
- wenn die Familie so arm ist, dass jedes weitere Kind nur schwer zu ernähren wäre.

Grundsätzlich dürfen Paare dabei alle Arten von chemischen und mechanischen Verhütungsmitteln verwenden. Vorbehalte gibt es bei der Spirale, die das Einnisten einer bereits befruchteten Eizelle verhindert. Dies wird von manchen islamischen Gelehrten bereits als Abtreibung gewertet. „Endgültige" Methoden der Verhütung, wie z.B. Sterilisation, sind nur in medizinisch bedingten Ausnahmefällen erlaubt.

## ■ Menschenrecht auf Familienplanung

2004 verabschiedete die Menschenrechtskommission der UNO eine Resolution, in der das Menschenrecht auf Familienplanung bestätigt wird. Weltweit sollen alle Paare Zugang zu Aufklärung und Verhütungsmitteln haben. Dies ist besonders in den Entwicklungsländern überlebenswichtig, da dort AIDS und Komplikationen bei Schwangerschaft und Geburt zu den Haupttodesursachen gehören.

Als einzige Nation stimmten die Vereinigten Staaten gegen die UNO-Resolution, aber auch einige muslimische Staaten wie der Iran und Syrien sowie der Vatikan lehnen das Menschenrecht auf Familienplanung ab.

### Fakt

*Indien hat mehr als eine Milliarde Einwohner. Jedes Jahr kommen etwa 17 Millionen Menschen dazu – dies entspricht der Bevölkerung von Australien.*

Quelle: www.weltbevoelkerung.de

**?** Welche Prinzipien müssen Juden beachten, wenn sie sich für Verhütung entscheiden?

**?** In welchen Fällen dürfen Muslime Verhütungsmittel benutzen?

**?** Vergleiche die jüdische, muslimische, evangelische und katholische Einstellung zur Verhütung. Welche Gemeinsamkeiten und Unterschiede gibt es?

**?** Suche Informationen zu:
a. **Menschenrecht auf Familienplanung,**
b. **Verhütung in den Entwicklungsländern.**

**?** Warum lehnen einige Staaten das Menschenrecht auf Familienplanung ab?

**?** Selbst Religionen, die Verhütungsmittel in bestimmten Situationen erlauben, verbieten fast immer eine Sterilisation. Kannst du dir vorstellen, warum?

## Zusammenfassung

▸▸ *Das Judentum erlaubt Verhütung nur, wenn eine Schwangerschaft das Leben der Frau gefährden würde. Eine große Familie ist ein Segen Gottes.*

▸▸ *Der Islam ist zwar im Grunde gegen Verhütungsmittel, doch viele Muslime nutzen sie. Muslime empfinden es als eine große Ehre und ein Segen, Eltern zu sein. Der Islam lehnt Sterilisation streng ab.*

▸▸ *2004 wurde in einer UNO-Resolution das Menschenrecht auf Familienplanung bestätigt.*

# Homosexualität

Der Begriff „Homosexualität" setzt sich zusammen aus dem griechischen Wort „homos" („gleich") und dem lateinischen Wort „sexus" („Geschlecht"). Ein Homosexueller ist jemand, der sich zu Personen des gleichen Geschlechts hingezogen fühlt. Obwohl Homosexualität schon seit der Zeit der alten Griechen bekannt ist, wurde der Begriff erst im 19. Jahrhundert geprägt.
Der Begriff „lesbisch" kam etwa zur gleichen Zeit auf und wird für homosexuelle Frauen benutzt. Diese Bezeichnung wurde abgeleitet aus dem Namen der griechischen Insel Lesbos.
Dort schrieb im 7. Jahrhundert vor Christus die Dichterin *Sappho* von ihrer Liebe zu anderen Frauen. Männliche Homosexuelle bezeichnen sich meist als „schwul".

## Homosexualität – die Rechtslage

Von 1871–1994 gab es im Strafgesetzbuch der Bundesrepublik den Paragraphen 175, der homosexuelle Handlungen zwischen Männern unter Strafe stellte.
In der Zeit des Nationalsozialismus wurden zahlreiche homosexuelle Männer und auch Frauen in Konzentrationslager verschleppt. Gegen lesbische Liebe gab es jedoch nie ein Gesetz. Der Paragraph 175 wurde 1969 und 1973 reformiert und bezog sich danach nur noch auf homosexuelle Handlungen mit Minderjährigen. 1994 wurde er ganz aufgehoben.

Homosexuelle Paare können in Deutschland nicht heiraten. 2001 wurde jedoch die „eingetragene Lebenspartnerschaft" eingeführt, die den Paaren einige Rechte einräumt, die auch für Verheiratete gelten (z.B. bei der Regelung des Unterhalts nach einer Trennung). Einer Ehe kommt diese Regelung aber nicht gleich, da die Lebenspartner nicht die steuerlichen Vorteile von Verheirateten genießen und auch im Erbschaftsrecht nicht wie Ehepartner behandelt werden.
In anderen Ländern ist die Heirat homosexueller Paare erlaubt. Dänemark ließ bereits 1989 die Heirat homosexueller Paare auf dem Standesamt zu. Später folgten Norwegen, Schweden, Island, die Niederlande und Frankreich.

*Graham Norton, englischer Moderator der „Graham Norton Show".*

## kapitel 3
### ehe und familie

### Fakt

*Homosexualität wurde 1973 von der Weltgesundheitsorganisation aus der Liste der Krankheiten gestrichen. Bis dahin galt Homosexualität noch als psychische Erkrankung. Homosexuelle sind aber immer noch vielen Vorurteilen ausgesetzt. So gibt es „homophobe" Menschen, d.h. Menschen, die eine übersteigerte Angst vor Homosexuellen haben und sich ihnen gegenüber aggressiv verhalten. Noch heute halten viele Homosexuelle ihre sexuellen Vorlieben geheim, weil sie sich vor der Reaktion ihrer Mitmenschen fürchten.*

## ■ Warum sind manche Menschen homosexuell?

Die Frage nach den Ursachen der Homosexualität lässt sich nicht klar beantworten. Die einfachste Erklärung ist, dass einige Menschen homosexuell geboren werden, während die Mehrheit heterosexuell zur Welt kommt.

Homosexualität ist wie Heterosexualität eine von mehreren normalen Entwicklungsmöglichkeiten. Ab und zu wird behauptet, dass der familiäre Hintergrund für Homosexualität verantwortlich ist. Demnach würden Jungen, die eine sehr starke Bindung zur Mutter und eine sehr schwache Bindung zum Vater haben, eher homosexuell. Dafür gibt es jedoch keinen Beweis.

Im 19. und frühen 20. Jahrhundert sah man Homosexualität als Krankheit an. Diese Ansicht wurde in medizinischen Lehrbüchern vertreten. Schwule und Lesben wurden in psychiatrische Anstalten eingewiesen. Heute sind sich Ärzte darüber einig, dass sich Homosexuelle ihre Lebensweise nicht aussuchen. Sie folgen ihrer Veranlagung, und diese ist nicht krankhaft, sondern gesund und normal.

### Wichtige Begriffe

**Homosexuelle(r)** → Eine Person, die sich zu Menschen des gleichen, und nicht des entgegengesetzten Geschlechts, hingezogen fühlt.

**Lesbe** → Eine homosexuelle Frau. Der Begriff „lesbisch" wurde abgeleitet aus dem Namen der griechischen Insel Lesbos.

---

? **Gesellschaftlich und rechtlich hat sich die Lage der Homosexuellen im Laufe der letzten Jahrzehnte deutlich verbessert.**
   a. **Was sind die wichtigsten Punkte dieser Entwicklung?**
   b. **Hältst du eine vollkommene Gleichberechtigung von Homosexuellen und Heterosexuellen für möglich? Wie könnte sie erreicht werden?**

? **Wie erklärt man aus heutiger Sicht, dass manche Menschen homosexuell sind, während die Mehrheit heterosexuell ist?**

? **Glaubst du, dass die Gesellschaft Homosexuelle und Heterosexuelle irgendwann vollkommen gleichberechtigt behandeln wird? Was hältst du von einer Ehe Homosexueller?**

### Zusammenfassung

▸▸ *Homosexualität gibt es – bei Männern und Frauen – schon seit langer Zeit. Männliche Homosexuelle nennen sich „schwul". Weibliche Homosexuelle bezeichnet man als „lesbisch".*

▸▸ *Es gibt keine nachgewiesene Erklärung für Homosexualität. Viele Mediziner glauben, dass Homosexuelle mit dieser Veranlagung geboren werden. Sie werden also nicht erst im Verlauf ihres Lebens zu Homosexuellen.*

▸▸ *Homosexuelle Handlungen zwischen Männern sind seit Abschaffung des Paragraphen 175 nicht mehr strafbar. Seit 2001 gibt es für homosexuelle Paare die Möglichkeit der „eingetragenen Lebenspartnerschaft".*

# Homosexualität

## ☐ Christentum

*„Darum lieferte sie Gott entehrenden Leidenschaften aus: Ihre Frauen vertauschten den natürlichen Verkehr mit dem widernatürlichen. [...] Männer trieben mit Männern Unzucht und erhielten den ihnen gebührenden Lohn für ihre Verirrung."*
Bibel, Römer 1,26–27

## ■ Homosexualität und die Bibel

Das Alte Testament verurteilt homosexuelle Beziehungen in Levitikus 18,22:
*„Du darfst nicht mit einem Mann schlafen, wie man mit einer Frau schläft ...".*
In Levitikus 20,13 wird hinzugefügt, dass die, die es trotzdem tun, den Tod verdienen.

Im Neuen Testament nahm Jesus nicht direkt Stellung zur Homosexualität. Er sagte aber, dass es Gottes Ideal entspricht, wenn Mann und Frau zueinander kommen als „ein Fleisch". Paulus verurteilte homosexuelle Beziehungen in einem Brief an die Römer (siehe Zitat links). In 1 Korinther 6,9–10 nannte er Homosexuelle in einem Atemzug mit Ehebrechern, Dieben, Trinkern, Lästerern und Räubern. Diese Aussage hatte nicht nur einen jahrhundertelangen Einfluss auf die Denkweise der Menschen, sondern auch auf die Gesetzgebung in vielen Ländern des christlichen Kulturraums.

Man ist sich heute darüber einig, dass Homosexualität eine natürliche Veranlagung ist und keine bewusste Entscheidung für eine besondere Lebensweise. Erst seit einiger Zeit unterscheidet die christliche Kirche jedoch zwischen der **homosexuellen Veranlagung einerseits** und **homosexuellen Handlungen andererseits**. Die Veranlagung selbst wird von der Kirche akzeptiert, man darf sie aber nicht ausleben.

Keine große christliche Kirche verurteilt heute die sexuelle Veranlagung, die dafür verantwortlich ist, dass sich jemand zu Personen des gleichen Geschlechts hingezogen fühlt. Ein Homosexueller hat in Gottes Augen den gleichen Wert wie ein Heterosexueller und man darf niemanden verurteilen, weil er homosexuell ist – hier sind sich alle christlichen Kirchen einig.

In der Vergangenheit wurden Homosexuelle von Christen dagegen aufs Schärfste verurteilt. Grund dafür ist die Lehre der Bibel.

*Kathy Daw Lang (links im Bild), amerikanische Countrysängerin.*

*„Homosexuelle Menschen sind zur Keuschheit gerufen. Durch die Tugenden der Selbstbeherrschung, die zur inneren Freiheit erziehen, können und sollen sie sich – vielleicht auch mit Hilfe einer selbstlosen Freundschaft –, durch das Gebet und die sakramentale Gnade Schritt um Schritt, aber entschieden der christlichen Vollkommenheit annähern."*
Katechismus der katholischen Kirche, 1993

## kapitel 3
### ehe und familie

## Homosexualität und die christlichen Kirchen

Die Kirche zieht eine scharfe Grenze zwischen dem, was jemand ist und dem, was jemand tut. Alle christlichen Kirchen sind sich deshalb darüber einig, dass kein Homosexueller aufgrund seiner Veranlagung diskriminiert werden sollte. Ab diesem Punkt jedoch gehen die Meinungen auseinander.

1. Die **katholische** und die **orthodoxe Kirche** sowie **einige Freikirchen** glauben, dass homosexuelle Aktivität eine Sünde ist und der Lehre der Kirche widerspricht.
Für sie muss jeder sexuelle Akt mit der möglichen Schaffung eines neuen Lebens verbunden sein.
Aus demselben Grund verbietet die katholische Kirche auch Selbstbefriedigung.
Außerdem vertritt sie die Auffassung, dass sexuelle Aktivitäten nur innerhalb der Ehe ausgeübt werden sollen. Die offizielle Haltung der katholischen Kirche wird aber nicht mehr überall von der Mehrheit der Priesterschaft und der Bevölkerung getragen.
**Die katholische Kirche in Deutschland spricht sich gegen die rechtliche Gleichstellung homosexueller Paare mit Ehepaaren aus**, weil ihrer Meinung nach die Ehe als Fundament der Familie in unserer Tradition verankert ist und daher geschützt werden muss.

2. Ein Teil der **protestantischen Kirchen** unterscheidet zwischen einer flüchtigen homosexuellen Beziehung und der dauerhaften Beziehung zwischen zwei Männern oder zwei Frauen, die einander lieben.
Sie berufen sich auf eine modernere Auslegung der Bibel, die ein neues Verständnis von Homosexualität möglich macht und eine von Liebe geprägte feste Partnerschaft Homosexueller gutheißt.
Die Evangelische Kirche Deutschland (EKD) gibt zu, dass die christlichen Kirchen in der Vergangenheit mitschuldig geworden sind an der Ablehnung und Verfolgung Homosexueller in der Gesellschaft.
**Sie vertritt die Auffassung, dass das Verhältnis der Kirchen zu Homosexualität neu geklärt werden muss.** Sie überlässt den einzelnen Landeskirchen, ob sie homosexuelle Geistliche zulassen und ob sie gleichgeschlechtliche Partnerschaften segnen wollen.

❓ **Warum unterscheiden die christlichen Kirchen homosexuelle Veranlagung und homosexuelle Handlungen?**

❓ **Suche nach Aussagen katholischer und evangelischer Geistlicher zu folgenden Themen:**
a. **eingetragene Lebenspartnerschaften und Segnung homosexueller Paare,**
b. **homosexuelle Geistliche.**

❓ **Was ist deine Meinung zu diesen beiden Themen?**

❓ *„Die christliche Einstellung zu Homosexualität ist/war nicht gerade christlich."*
**Erkläre dieses Zitat.
Wie könnte es gemeint sein?**

### Zusammenfassung

▸▸ *In der Bibel wird – vor allem von Paulus – Homosexualität verurteilt.*

▸▸ *Alle christlichen Kirchen unterscheiden zwischen homosexueller Veranlagung und homosexuellen Handlungen. Homosexuelle Veranlagung muss als solche akzeptiert werden und ist keine Sünde.
Bei der Frage, ob homosexuelle Handlungen verurteilt werden müssen, gibt es je nach Konfession unterschiedliche Ansichten.*

▸▸ *Die Zulassung homosexueller Geistlicher und eingetragene gleichgeschlechtliche Lebenspartnerschaften sind in der christlichen Kirche umstrittene Themen. Alle Kirchen sind sich einig, dass die Ehe als Institution geschützt werden sollte.*

# Homosexualität

## ☐ Judentum

*„Schläft einer mit einem Mann, wie man mit einer Frau schläft, dann habe sie eine Gräueltat begangen; beide werden mit dem Tod bestraft ..."*
Tora, Levitikus 20,13

Die jüdischen heiligen Schriften sagen nichts über eine mögliche homosexuelle Veranlagung eines Menschen, wohl aber über homosexuelle Aktivitäten. Für Juden sind vor allem die ersten fünf Bücher der Bibel, die Tora, maßgeblich. Das Buch Levitikus in der Tora prangert homosexuelle Aktivität stark an (siehe Zitat). Wer ihr nachgeht, hat den Tod verdient. (Nichts weist jedoch darauf hin, dass für dieses Vergehen die Todesstrafe auch angewandt wurde.)

Nach altem jüdischen Brauch trafen sich Männer regelmäßig, um zu zweit die Tora zu studieren. Dieser Brauch wurde im Talmud, einem sehr wichtigen heiligen Buch, noch befürwortet. Vom 16. Jahrhundert an wurde jedoch davon abgeraten. An anderer Stelle wird im Talmud festgestellt, dass es gar keine homosexuellen Juden gibt und es insofern unnötig ist, zwei jüdischen Männern zu verbieten, unter einer Decke zu schlafen. Diese Stelle bereitet jüdischen Homosexuellen große Probleme, denn sie wird oft so ausgelegt, dass ein Homosexueller kein Jude – und damit kein Mitglied der jüdischen Gemeinschaft – sein kann.

Noch heute halten orthodoxe Juden homosexuelle Aktivität für eine schwere Sünde, weil dies so in der Tora steht. Sexuelle Beziehungen sind nur in der Ehe erlaubt. Außerdem muss jeder Jude Gottes Auftrag *„Seid fruchtbar und vermehrt euch ..."* Folge leisten. **Nur ganz wenige orthodoxe Gemeinden sehen homosexuelle Handlungen zwar als Sünde, aber nicht mehr als „Gräueltat" an.** Dies hat zur Folge, dass Homosexuelle nicht mehr aus diesen Gemeinden ausgeschlossen werden. Reformierte Juden sind der Ansicht, dass man die Lehre der Tora unter modernen Gesichtspunkten neu auslegen und Homosexuellen mit mehr Toleranz begegnen sollte.

## kapitel 3
### ehe und familie

## ☐ Islam

Auch der Islam verbietet homosexuelle Beziehungen. Sie sind unnatürlich und weichen von dem normalen Verhalten ab, das Allah von den Gläubigen fordert. Allah hat Männer und Frauen so geschaffen, dass sie einander ergänzen. Homosexualität widerspricht seinem Plan. Auch im Koran wird Homosexualität erwähnt (siehe Zitat). Dieser Vers erinnerte Muslime daran, dass Gott den Propheten Lot, den Neffen Abrahams, geschickt hatte, um sein Volk vor homosexuellen Praktiken zu warnen.

Im Gegensatz zum Alten Testament bzw. zur Tora fordert der Koran aber nicht, dass man homosexuelle Handlungen mit dem Tod bestrafen sollte (obwohl im Koran für andere Vergehen durchaus die Todesstrafe verlangt wird). Vielmehr sollte man Homosexuellen gegenüber Barmherzigkeit walten lassen und ihnen Gelegenheit zur Reue und Besserung geben (Sure 4,17).

Wie die Juden glauben auch Muslime, dass sexuelle Beziehungen nur innerhalb der Ehe erlaubt sind. Sie halten Sexualität für ein Mittel, das Gott ihnen gab, um eine Familie zu gründen. Die Familie steht im Mittelpunkt ihres religiösen Lebens. Alles, was die Familie schwächen könnte, muss verboten werden. **Für viele homosexuelle Muslime bedeutet das heute, dass sie ihrer Neigung eine Zeit lang nur im Verborgenen nachgehen** und dann – wie es Eltern und gesellschaftlicher Umkreis von ihnen erwarten – eine Ehe eingehen. Eine offen gelebte Homosexualität wäre für die meisten Familien eine „Schande" und hätte zur Folge, dass der Homosexuelle verstoßen wird.

„Wollt ihr nur zu den männlichen Geschöpfen kommen und euere Frauen, die euer Herr für euch erschaffen hat, verlassen? Ihr seid schrankenlose Menschen!"
*Koran 26,166–167*

? **Vergleiche die muslimische, jüdische und christliche Beurteilung von Homosexualität in den jeweiligen heiligen Schriften und in der Gesellschaft.**

? **Warum empfinden Juden oder Muslime, die wegen ihrer Homosexualität aus ihrer Gemeinde oder Familie verstoßen wurde, dies als besonders schlimm?**

? **Suche im Internet oder in anderen Medien nach Erfahrungsberichten von Homosexuellen. Versuche herauszufinden, wie ihr Umfeld (Eltern, Bekannte, Kollegen oder Vorgesetzte) mit ihrer Homosexualität umgeht.**

„Außerdem wären meine Eltern unglücklich, es würde ihre Ehre beschädigen und sie würden sich für mich schämen, weil ich schwul bin."
*33-jähriger muslimischer Homosexueller*

### Zusammenfassung

▸ *Die jüdischen Schriften verurteilen homosexuelle Handlungen strikt. Orthodoxe Juden halten diese Handlungen für eine „Gräueltat", die den Ausschluss aus der Gemeinde zur Folge haben kann. Reformierte Juden sind der Auffassung, dass man die alten Schriften heute neu auslegen und Homosexuellen mit Toleranz begegnen sollte.*

▸ *Der Islam lehnt alle homosexuellen Praktiken ab, weil es so im Koran steht. Muslime glauben, dass sexuelle Beziehungen nur in der Ehe erlaubt sind. Viele Familien empfinden die Homosexualität eines Angehörigen als „Schande".*

# Empfehlenswerte Literatur und Links

## ☐ Literatur

*Pet Balscheit von Zauberzweig u.a.:*
**Scheidung. Meine Eltern trennen sich!**
Atlantis, Orell Füssli 2003.
ISBN 3-71521-001-X

*Lutz van Dijk:*
**Homosexuelle.**
Elefanten Press 2001.
ISBN 3-57014-612-X

## ☐ Links

- www.schader-stiftung.de/
  gesellschaft_wandel/
  435.php#allein
  Artikel über den gesellschaftlichen
  Wandel, neue Familienmodelle usw.

- www.univie.ac.at/Voelkerkunde/
  cometh/glossar/heirat/d-l.htm
  Infos zum Thema Ehe, Heirat,
  Eheformen.

- www.gesis.org/Dauerbeobachtung/
  Sozialindikatoren/Publikationen/
  Datenreport/dr04.htm
  Bericht 2004 vom Statistischen
  Bundesamt, u.a. auch zum Thema
  Familie.

- www.bzga.de
  Infomaterial der Bundeszentrale
  für gesundheitliche Aufklärung
  zum Thema Verhütung.

- www.m-ww.de/
  sexualitaet_fortpflanzung/
  verhuetung/index.html
  Sämtliche Verhütungsmittel,
  Wirkungsweise, Nebenwirkungen.

- www.scheidung-online.de
  Infos zu Scheidung, Unterhalt,
  Vermögensfragen.

- www.trennung-und-scheidung.de
  Informationen, Hilfe, Beratungsstellen.

- www.profamilia.de
  Infos und Adressen deutschlandweit.

- www.epv.de/thema/
  homosexualitaet-und-kirche/
  index.php
  Artikelsammlung zum Thema
  Homosexualität in der Bibel und
  in den christlichen Kirchen.

- www.hagalil.com/yachad/
  jomosexual.htm
  Artikel über Homosexualität
  im Judentum.

# kapitel 4
# friedliches miteinander

# Mann und Frau

> „Obwohl Frauen die Mehrheit der Bevölkerung bilden, verharren sie in einem Minderheitenstatus. Im Parlament machen sie sich aus wie einige bunte Tupfer in einer blau-grauen Anzugswelt."
>
> Rita Süssmuth (* 1937), deutsche Politikerin

## Der Kampf der Geschlechter

**Zwischen Männern und Frauen gibt es heute noch große Ungleichheit. Folgende Beispiele verdeutlichen das:**

- Frauen erledigen den größten Teil der Hausarbeit, obwohl viele Frauen heute ganztägig berufstätig sind. Frauen geben eher als Männer ihren Beruf auf, um sich um Haushalt und Kinder zu kümmern. Von Ausnahmen abgesehen gibt es nur wenige „Hausmänner".

- Eltern stellen für Jungen und Mädchen oft unterschiedliche Regeln auf. Sie behandeln Jungen und Mädchen nicht gleich.

- Frauen werden viel häufiger als Männer Opfer von häuslicher Gewalt.

- Nach einer Scheidung bekommen Frauen viel öfter als Männer das Sorgerecht für die Kinder. Dadurch ist es für sie schwieriger, eine Arbeit zu finden. Viele allein erziehende Mütter gehören zur ärmsten Schicht der Gesellschaft.

- Obwohl immer mehr Frauen berufstätig sind, verdienen sie meist viel weniger als Männer in der gleichen Stellung und werden seltener befördert. Bei der Berufswahl entscheiden sich Mädchen meist zwischen einigen wenigen typischen Frauenberufen, in denen es meist nur ein geringes Einkommen gibt. Frauen sind öfter als Männer teilzeitbeschäftigt: Neun von zehn Teilzeitkräften sind Frauen.

- In der Politik sitzen viel weniger Frauen als Männer in den Parlamenten.

52 von 100 neugeborenen Babys sind Jungen, 48 sind Mädchen. Bei ihrer Geburt werden Jungen und Mädchen noch gleich behandelt, schon wenig später ist das nicht mehr der Fall. In manchen Kulturen ist es für die Eltern von großer Bedeutung, welches Geschlecht ihr Kind hat (z.B. in China, wo Ehepaare nur ein Kind bekommen dürfen, sich aber meist einen Jungen als „Stammhalter" und Versorger im Alter wünschen).

Auch in unserer Gesellschaft sind die Erwartungen an Jungen und Mädchen unterschiedlich. Dies zeigt sich schon in den Ausdrücken, mit denen wir die verschiedenen Geschlechter beschreiben. Jungen sind stark, zäh oder frech. Mädchen sind süß, hübsch oder „liebe Engel". Diese Bezeichnungen spiegeln wider, was wir wirklich von Jungen und Mädchen erwarten.

Wenn die Kinder erwachsen werden, verändern sich diese Erwartungen kaum. Von Frauen wird erwartet, dass sie sich um andere kümmern. Männer müssen kraftvoll und erfolgreich sein, egal für welchen Beruf sie sich entscheiden. Beide Geschlechter stellen beim Erwachsenwerden fest, dass es eine wirkliche Gleichberechtigung in der Gesellschaft nicht gibt.

*Demonstration für Frauenrechte in Katmandu (Nepal).*

## kapitel 4
### friedliches miteinander

### Fakt

*Laut Bundesministerium für Gesundheit und Soziale Sicherung erhalten rund 1,34 Millionen Menschen, die zu Hause von Angehörigen versorgt werden, Leistungen aus der Pflegeversicherung. Fast alle dieser Pflegebedürftigen werden von Frauen versorgt, die dafür zum Teil ihren Beruf aufgeben müssen und finanzielle Einbußen erleiden.*

*www.bmgs.bund.de*

**Die gesellschaftliche Ungleichheit von Mann und Frau wird auf zwei unterschiedliche Weisen erklärt:**

1. Männer und Frauen sind biologisch verschieden. Also verhalten sie sich auch unterschiedlich. Frauen sind von Natur aus diejenigen, die zu Hause bleiben und sich um die Kinder kümmern. Dazu sind sie genetisch bestimmt.
2. Männer und Frauen handeln entsprechend ihrer Rollen, weil sie dazu erzogen wurden. Ein einfaches Beispiel dafür ist, dass Mädchen oft ihrer Mutter bei der Hausarbeit helfen müssen. Jungen dagegen erledigen mit ihren Vätern „Männerarbeit". So lernen Mädchen, dass ihre Hauptaufgabe im Leben darin besteht, den Haushalt zu führen. Jungen lernen, dass es ihre Rolle ist, etwas im Leben zu erreichen. Sie müssen genug Geld verdienen, um Frau und Familie zu ernähren. Sie müssen Probleme lösen und dafür sorgen, dass alles reibungslos abläuft.

## ■ Gleichberechtigung – die Rechtslage

Bis weit ins 20. Jahrhundert hinein spiegelte sich die Ungleichheit von Mann und Frau auch in den Gesetzen wider.
1949 wurde im Grundgesetz der BRD die Gleichberechtigung von Männern und Frauen verankert. Trotzdem hatte laut Eherecht der Mann noch bis 1953 das Recht, das Arbeitsverhältnis seiner Frau gegen deren Willen zu kündigen. Bis 1959 stand dem Mann als Familienoberhaupt in allen Streitfragen noch die letzte Entscheidung zu.
Auch das Wahlrecht für Frauen gibt es noch nicht seit allzu langer Zeit. In Deutschland wurde es nach dem Ersten Weltkrieg eingeführt, in der Schweiz aber beispielsweise erst 1971. Das erste Land, in dem Frauen wählen durften, war Neuseeland (1893).

### Wichtige Begriffe

**Gleichberechtigung** → Gleiche Behandlung von Männern und Frauen im Berufs- und Familienleben, zum Beispiel bei Bezahlung und beruflicher Karriere.

**Sexismus** → Benachteiligung oder Diskriminierung eines Geschlechts aufgrund von Vorurteilen.

---

❓ **Warum verdienen Frauen meist weniger als Männer?**

❓ **Macht eine Umfrage in der Klasse oder im Bekanntenkreis. Welche Berufe wünschen sich Mädchen, welche Jungen? Informiert euch über Verdienst- und Aufstiegsmöglichkeiten in diesen Berufen.**

❓ **Welche der beiden Erklärungen für die Ungleichheit von Mann und Frau findest du überzeugender? Warum?**

❓ **Kannst du dir vorstellen, warum das Wahlrecht für Frauen erst so spät eingeführt wurde? Suche weitere Informationen zum Frauenwahlrecht in den einzelnen Ländern.**

### Zusammenfassung

▸▸ *Jungen und Mädchen werden unterschiedlich erzogen. Man erwartet von ihnen, dass sie als Erwachsene unterschiedliche Rollen erfüllen. Eine mögliche Erklärung für die Ungleichheit von Männern und Frauen ist, dass sie sich aufgrund ihrer genetischen Unterschiede verschieden entwickeln. Die andere Erklärung ist, dass sie von Geburt an verschieden behandelt werden und daher unterschiedlich handeln und fühlen.*

▸▸ *Es gibt viele Beispiele für die Ungleichheit der Geschlechter. Dazu gehören Unterschiede in der Lebensweise, Erziehung und Berufstätigkeit. Obwohl es viele Bemühungen um eine gerechtere Gesellschaft gibt, werden Männer oft immer noch bevorzugt.*

# Mann und Frau

## ☐ Christentum

*„Dass eine Frau lehrt, erlaube ich nicht, auch nicht, dass sie über ihren Mann herrscht; sie soll sich still verhalten. Denn zuerst wurde Adam erschaffen, danach Eva. Und nicht Adam wurde verführt, sondern die Frau ließ sich verführen und übertrat das Gebot. Sie wird aber dadurch gerettet werden, dass sie Kinder zur Welt bringt, wenn sie in Glaube, Liebe und Heiligkeit ein besonnenes Leben führt."*

Bibel, 1 Timotheus 2,12–15

Dem Christentum wurde oft vorgeworfen, **Frauen zu diskriminieren**. Die traditionelle Lehre von der untergeordneten Stellung der Frau hat die gesamte westliche Gesellschaft zwei Jahrtausende lang beeinflusst. In der Kirche mussten Frauen oft die einfachsten Aufgaben erledigen: Kaffee kochen, Blumen aufstellen, putzen oder Kirchenbänke polieren. Es wurde von ihnen erwartet, dass sie sich den Männern unterordnen. Das Bibelzitat (siehe oben) aus einem Brief des Paulus zeigt, aus welchen Gründen den Männern die Herrschaft über die Frauen zugesprochen wurde.

## ■ Mann und Frau im Neuen Testament

Jesus und Paulus hatten Frauen gegenüber sehr unterschiedliche Einstellungen.

### Jesus

Jesus wählte 12 Männer, die ihn als Jünger und Gefährten bei seiner Lehrtätigkeit begleiteten. Frauen waren dazu da, ihm zu „dienen", wie Markus in seinem Evangelium schreibt (Markus 15,41). Dennoch brach Jesus in seinem Verhalten oft aus den alten Bahnen der damaligen Tradition aus: Viele der Anhänger, die Jesus am nächsten standen, waren Frauen. Einige davon waren reiche Frauen, die ihn durch Spenden und durch ihre Gunst unterstützten. Seine Freundschaft mit den beiden Schwestern Maria und Martha war ihm sehr wichtig, denn er hielt sich oft bei ihnen und ihrem Bruder Lazarus in Bethanien auf. Frauen sollen die ersten und wichtigsten Zeugen seiner Auferstehung gewesen sein. Sie hatten es jedoch nicht leicht, die männlichen Anhänger Jesu von dieser unglaublichen Geschichte zu überzeugen. Zu jener Zeit hielt man Frauen nämlich nicht für vertrauenswürdig genug, um als Zeuginnen auszusagen.

### Paulus

Paulus spiegelt eher als Jesus die Sicht der damaligen Gesellschaft wider. Paulus schrieb: *„Wie aber die Kirche sich Christus unterordnet, sollen sich die Frauen in allem den Männern unterordnen."* (Epheser 5,24) Er lehrte, dass eine Frau ihrem Mann „gehorchen" muss und dass es ihre Pflicht ist, ihn zu „lieben". Das Bibelzitat (siehe oben) zeigt Paulus' Antwort auf die Frage, ob Frauen Gottesdienste leiten dürfen: Paulus erlaubte Frauen keine öffentliche Rolle in den Kirchen, die er gegründet hatte.

## ■ Das christliche Frauenbild heute

Im Laufe der Zeit hat sich in der christlichen Kirche einiges geändert. Dies gilt auch für das Frauenbild. In den meisten **protestantischen Kirchen** spielen Frauen nunmehr eine führende Rolle beim Gottesdienst, denn dort gibt es schon seit langem Pfarrerinnen.
Auch in der **anglikanischen Kirche** gibt es schon seit einiger Zeit weibliche Geistliche und sogar Bischöfinnen.

Die **katholische Kirche** und die **christlich-orthodoxe Kirche** lehnen es dagegen strikt ab, Frauen zu Priesterinnen zu weihen. Ihre Hauptbegründung dafür ist, dass Jesus nur Männer zu seinen Jüngern bestimmte. Die heutigen Priester werden als Nachfolger der Jünger Jesu angesehen. Das Zitat (siehe unten) aus dem Katechismus der katholischen Kirche zeigt, dass diese Lehre noch heute gilt.

*„Jesus, der Herr, hat Männer gewählt, um das Kollegium der zwölf Apostel zu bilden, und die Apostel taten das Gleiche, als sie Mitarbeiter wählten, die ihnen in ihrer Aufgabe nachfolgen sollten. […] Darum ist es nicht möglich, Frauen zu weihen."*

Katechismus der katholischen Kirche, 1993

## kapitel 4
### friedliches miteinander

*Pfarrerin während des Gottesdienstes.*

- **❓ Warum glaubte Paulus, dass Frauen sich den Männern unterordnen sollten?**

- **❓ Wie hat sein Frauenbild in der Vergangenheit unsere Gesellschaft beeinflusst? Tut es das heute immer noch?**

- **❓ Wie begründet die katholische Kirche, dass die Priesterweihe für Frauen unmöglich ist?**

- **❓ Warum erlauben einige Kirchen Frauen eine führende Rolle im kirchlichen Leben, andere dagegen nicht?**

## Zusammenfassung

▸▸ *Obwohl Jesus nur Männer zu seinen Jüngern bestimmte, hatte er Frauen gegenüber keine diskriminierende Haltung. Paulus dagegen erlaubte Frauen nicht, eine führende Rolle in den Kirchen zu übernehmen, die er gegründet hatte.*

▸▸ *Die protestantischen Kirchen gestehen Frauen schon seit langer Zeit führende Rollen zu. Dagegen gibt es weder in der katholischen noch in der christlich-orthodoxen Kirche Priesterinnen.*

▸▸ *Die katholische Kirche und die christlich-orthodoxe Kirche schließen die Priesterweihe von Frauen aus, weil sie glauben, dass die christliche Tradition und die Überlieferung der Bibel dies nicht zulassen.*

# Mann und Frau

*Eine Rabbinerin liest in einer reformiert-jüdischen Synagoge aus der Tora vor.*

## ☐ Judentum

Sowohl orthodoxe als auch reformierte Juden halten Männer und Frauen für gleichberechtigt. Sie haben jedoch eine unterschiedliche Sicht von der Rolle der beiden Geschlechter in der religiösen Gemeinschaft und in der Synagoge.

## ■ Orthodoxe Juden

Frauen haben die absolute Autorität in ihrem Heim. Dort werden die Kinder unterrichtet, der Sabbat gehalten und Feste begangen. Männer haben absolute Autorität im öffentlichen religiösen Leben, in der Synagoge und in den jüdischen Gerichten.
Frauen werden nicht beim Minjan mitgezählt – den 10 Personen, die anwesend sein müssen, damit ein jüdischer Gottesdienst in einer Synagoge gehalten werden kann. Frauen sitzen in der Synagoge von den Männern getrennt und spielen beim Gottesdienst keine Rolle. Orthodoxe Jüdinnen dürfen nicht die Scheidung verlangen. Hat ihr Mann eine Scheidung verlangt, können sie nur wieder heiraten, wenn der Mann ihnen einen Get (eine Scheidungsurkunde) ausstellt.

## ■ Reformierte Juden

Reformierte Juden glauben, dass die alten Schriften, Gesetze und Traditionen unter modernen Gesichtspunkten neu ausgelegt werden müssen. Männer und Frauen dieser Glaubensrichtung teilen sich häusliche und religiöse Pflichten. Während bei den orthodoxen Juden nur Männer in der Synagoge aus der Tora vorlesen dürfen, ist dies in der reformierten Synagoge auch den Frauen erlaubt. Dort gibt es weibliche und männliche Rabbiner.

## kapitel 4
### friedliches miteinander

## ☐ Islam

*„Wer rechtschaffen handelt, sei es Mann oder Frau, und sonst gläubig ist, dem wollen wir ein glückliches Jenseits geben, ihm außerdem sein Tun mit herrlichem Lohn vergelten."*

Koran 16,98

Der Islam geht von der Gleichwertigkeit beider Geschlechter aus, definiert für Männer und Frauen aber unterschiedliche, einander ergänzende Rechte und Pflichten. Frauen sollen Mütter sein, sich um den Haushalt kümmern und die Kinder erziehen. Männer sollen Beschützer sein, die Familie ernähren und die Verantwortung für alle Entscheidungen tragen. Männer müssen auch dafür sorgen, dass die Kinder in die Madrasah gehen und dort lernen, den Koran zu lesen. Männer und Jungen gehen zum Gottesdienst in die Moschee. Frauen dürfen dort nur beten, wenn keine Männer anwesend sind. Kinder gehen oft in Schulen, die nach Geschlechtern getrennt sind. Frauen erben nur die Hälfte dessen, was Männer erben. Dies hängt damit zusammen, dass in der muslimischen Tradition die Männer voll für die finanzielle Versorgung der Familie aufkommen. Frauen dagegen werden von männlichen Verwandten finanziell unterstützt.

## ■ Der Islam – eine frauenfeindliche Religion?

Der Islam gilt oft als frauenfeindliche Religion. Verhüllungsgebot, Frauenbeschneidung und Zwangsheirat sind Themen, die immer wieder mit dem Islam in Verbindung gebracht werden. Der Zentralrat der Muslime in Deutschland gibt allerdings zu bedenken, dass frauenfeindliche Bräuche nicht aus dem Koran abgeleitet werden können. Vielmehr sind dafür entweder Bräuche aus vorislamischer Zeit (bei der Beschneidung) oder die Vorherrschaft der Männer in der traditionellen orientalischen Gesellschaft verantwortlich.

*„Unsere Schwierigkeit als Muslime liegt nicht darin, dass wir gegen die islamische Lehre vorgehen müssen, um den Frauen zu mehr Rechten zu verhelfen, oder gegen eine hierarchische Institution, die sich dagegen stellt. Unsere Schwierigkeit liegt darin, dass wir gegen althergebrachte unislamische Sitten, Gebräuche und „Volkstraditionen" im eigenen Lager kämpfen müssen, die im Bewusstsein vieler Muslime unberechtigterweise den Status von „religiösen Traditionen" erlangten."*

Nadeem Elyas (geb. 1945), Vorsitzender des Zentralrates der Muslime in Deutschland, 1999

## Zusammenfassung

▸▸ *Orthodoxe und reformierte Juden haben unterschiedliche Auffassungen von der Rolle der Frau. Orthodoxe Juden glauben, dass Frauen zu Hause und Männer in der Synagoge das Sagen haben. Für reformierte Juden sind Männer und Frauen in beiden Bereichen gleichberechtigt.*

### ❓ Vergleiche das traditionelle Frauenbild in Judentum, Christentum und Islam. Welche Unterschiede und Gemeinsamkeiten gibt es?

### ❓ Wer hat die heiligen Bücher von Christentum, Judentum und Islam verfasst? Waren es eher Männer oder Frauen? Wie hat dies deiner Meinung nach den Inhalt dieser Schriften beeinflusst?

### ❓ Suche Informationen zu den Themen Verhüllungsgebot, Frauenbeschneidung und Zwangsheirat.

### ❓ In allen Religionen werden einige Kinder von ihren Eltern sehr streng religiös erzogen, andere dagegen nicht. Sind diese Kinder untereinander befreundet, ergeben sich oft Konflikte zwischen Eltern und Kindern in der streng religiösen Familie. Welche? Und warum?

▸▸ *Muslime glauben, dass Frauen vor allem Mütter sein sollen und Männer vor allem Beschützer. Frauen gehen selten zum Gebet in die Moschee, sie beten meist zu Hause.*

▸▸ *In muslimischen Gesellschaften gibt es frauenfeindliche Regelungen oder Bräuche, die sich aber nicht auf den Koran zurückführen lassen.*

# Das Zusammenleben der Kulturen

„Die Vielfalt der Kulturen in unserer Gesellschaft ist eine Tatsache, die sich nicht zurückdrehen lässt und die wir nicht zurückdrehen wollen. Aber keine Kultur darf sich aus dem gesellschaftlichen Gefüge herauslösen."
*Bundeskanzler Gerhard Schröder, 2004*

### Fakt

*In Deutschland lebten 2003 ca. 82,5 Millionen Menschen. 7,3 Millionen davon (8,8% der Bevölkerung) waren Ausländer: darunter ca. 1,9 Millionen Türken, je 0,6 Millionen Italiener und Jugoslawen, 0,4 Millionen Griechen und 0,3 Millionen Polen.*

Quelle: Statistisches Bundesamt Deutschland, 2004

## ■ Deutschland – ein Einwanderungsland

Fast 9% der Gesamtbevölkerung in Deutschland sind Ausländer. Ein großer Teil davon lebt schon seit mehreren Jahrzehnten in Deutschland, denn die Geschichte der Zuwanderung reicht bis in die 1920er Jahre zurück. Wegen des großen Arbeitskräftemangels im Bergbau und der Stahlindustrie des Ruhrgebietes wurden ausländische Arbeitskräfte, vor allem polnische und ukrainische Arbeiter, angeworben.

Bei weitem übertroffen wurde diese Einwanderungswelle durch die Immigration von Arbeitskräften in den frühen 60er Jahren. Sie stand in engem Zusammenhang mit der wirtschaftlichen Konjunkturphase, dem so genannten „Wirtschaftswunder" der Aufbaujahre.

Mit dem Anstieg der Ausländerquote von 1,2% vor 1961 auf 6,4% im Jahre 1973 etablierte sich der Begriff des „Gastarbeiters". Angeworben wurden Gastarbeiter zum größten Teil aus der Türkei und anderen südeuropäischen Ländern.

Mit der ersten Rezession in der Bundesrepublik Deutschland im Jahre 1967 und dem vorläufigen Ende des Wirtschaftswunders setzte eine neue Entwicklung ein. Das Wirtschaftswachstum verringerte sich, die Nachfrage nach Arbeitskräften ging deutlich zurück und die Arbeitslosigkeit stieg an. Resultat dieser Entwicklungen, verstärkt durch die Ölkrise im Jahre 1973, war der so genannte „Anwerbestopp" im gleichen Jahr. Fortan durften keine zusätzlichen Gastarbeiter mehr angeworben werden. Die bundesdeutsche Regierung war immer davon ausgegangen, dass die Gastarbeiter nach Ablauf ihrer Arbeitsverträge wieder in die Heimat zurückkehren würden. Doch es zeigte sich, dass die Mehrzahl der Gastarbeiter in Deutschland eine neue Existenz aufgebaut hatten. Familienzusammenführungen und hohe Geburtenraten sorgten jedoch dafür, dass der Anteil der Ausländer an der Bevölkerung weiterhin anstieg. In den 1990er Jahren kamen außerdem zahlreiche Asylsuchende und Bürgerkriegsflüchtlinge sowie Spätaussiedler nach Deutschland (1992 gab es z.B. 438 000 Asylbewerber).

*Das Hindu Rath Yatra Festival London.*

# kapitel 4
## friedliches miteinander

> **Wichtige Begriffe**
>
> **Diskriminierung** → Ungerechtes Behandeln von Menschen anderer Hautfarbe, Religion oder Herkunft; schuld daran sind meistens Vorurteile oder Rassismus.
>
> **Intoleranz** → Ablehnung von Menschen, die anders sind.
>
> **Multikulturelle Gesellschaft** → Gesellschaft, in der Menschen mit unterschiedlichem kulturellen Hintergrund zusammen leben.
>
> **Rassismus** → Übertriebenes Rassenbewusstsein; Glaube, dass eine „Rasse" oder ethnische Gruppe gegenüber der eigenen als minderwertig einzustufen ist.

- ❓ Was weißt du über die Menschen, die als „Gastarbeiter", Asylbewerber oder Spätaussiedler nach Deutschland kamen?

- ❓ Informiere dich über die fremdenfeindlichen Übergriffe (z.B. in Rostock, Mölln oder Solingen) zu Beginn der 1990er Jahre. Wie konnte es deiner Meinung nach dazu kommen?

- ❓ Ist Deutschland eine multikulturelle Gesellschaft?

- ❓ Was könnte man deiner Meinung nach tun, um das Zusammenleben der unterschiedlichen Kulturen zu verbessern?

- ❓ In politischen Debatten wird oft der umstrittene Begriff von der deutschen oder europäischen „Leitkultur" verwendet. Was ist damit wohl gemeint?

## ■ Deutschland – ein fremdenfeindliches Land?

In den Jahren des Nationalsozialismus (1933–1945) wurde deutlich, wohin Fremdenfeindlichkeit und Rassismus führen können. Nach dem Ende des Zweiten Weltkrieges lebten Deutsche und Bürger ausländischer Herkunft lange Zeit relativ friedlich mit- oder nebeneinander.

Anfang der 1990er Jahre kam es jedoch zu fremdenfeindlichen Vorfällen, die die Erinnerungen an die Zeit des Nationalsozialismus wieder wach werden ließen. Dazu gehörten Brandanschläge auf Asylantenwohnheime und Wohnungen türkischer Familien, Straßenjagden auf Ausländer, Gewalt gegen Roma und Obdachlose.

Während die Bevölkerung mit Anti-Gewalt-Demonstrationen und Lichterketten auf diese Ereignisse reagierte, erhielten die Täter vor Gericht zunächst sehr milde Strafen. Später wurden aber strengere Strafen verhängt und man ging mit schärferen Maßnahmen und Verboten gegen rechtsextremistische Organisationen vor.

## ■ Multikulturelle Gesellschaft oder Parallelgesellschaft?

Eine multikulturelle Gesellschaft setzt sich aus unterschiedlichen Kulturen zusammen, die friedlich miteinander leben und einander durch eine Vielfalt an Sprachen, Bräuchen und Lebensformen bereichern.

Diese Gesellschaftsform hat viele Vorteile und führt im Idealfall zu mehr Toleranz fremden Kulturen gegenüber. Sie kann jedoch auch Ängste hervorrufen, wenn sie als Bedrohung für die eigene Kultur empfunden wird.

In Deutschland fordern Politiker immer wieder die Integration von Ausländern. Sie möchten verhindern, dass sich eine Parallelgesellschaft herausbildet, in der Ausländer wie in einem Ghetto von der deutschen Bevölkerung getrennt leben.

## Zusammenfassung

▸▸ In Deutschland leben mehr als 7,3 Millionen Ausländer. Die meisten von ihnen sind als „Gastarbeiter", Asylbewerber oder Spätaussiedler nach Deutschland gekommen.

▸▸ In den 1990er Jahren kam es verstärkt zu fremdenfeindlichen Brandanschlägen und gewalttätigen Übergriffen.

▸▸ Das Nebeneinander mehrerer Kulturen kann verschiedene Formen annehmen: die Anpassung aller an die Kultur der Mehrheit (Integration), die Entstehung von Parallelgesellschaften oder eine multikulturelle Gesellschaft.

# Das Zusammenleben der Kulturen

## ☐ Christentum

*„Denn Gott hat die Welt so sehr geliebt, dass er seinen einzigen Sohn hingab, damit jeder, der an ihn glaubt, nicht zugrunde geht, sondern das ewige Leben hat."*
Bibel, Johannes 3,16

Die Christen glauben an einen Gott, den Schöpfer und Vater der Menschheit. Sie denken, dass sich Gottes Liebe zur gesamten Menschheit in Jesu Leben und Tod widerspiegelt. Unter den Völkern der Erde findet man viele verschiedene Kulturen, Sprachen und Hautfarben. Nicht alle Menschen sehen gleich aus, in ihrer Vielfalt sind sie aber alle Teil der Menschheit.
Für Christen sind diese Unterschiede unbedeutend, weil ihrer Religion zufolge jeder Mensch ein Kind Gottes ist. Rassismus ist falsch, da er die Vielfalt von Gottes Schöpfung missachtet.

## ■ Die Einheit der Menschheit

Das Christentum lehrt, dass alle Menschen eine Einheit bilden. Diese Lehre wird aber nicht immer in die Tat umgesetzt:

- In den 1960er Jahren kamen viele Einwanderer aus der Karibik nach Großbritannien. Die meisten waren religiös und suchten Anschluss in anglikanischen und anderen Kirchengemeinden. Sie wurden jedoch sehr unfreundlich aufgenommen. Daher gründeten sie schon wenig später ihre eigenen Kirchen, wo sie sich wohler fühlten. Heute gibt es Hunderte dieser Kirchen in großen Städten wie London, Birmingham oder Leicester. Zahlreiche Schwarze und Weiße nehmen dort gemeinsam am Gottesdienst teil.

- Die Politik der Apartheid in Südafrika wurde in den 1970er und 1980er Jahren von der holländischen reformierten Kirche unterstützt – einer Kirche, die fast nur weiße Mitglieder hatte. Diese Kirche behauptete, dass die Weißen den Schwarzen und allen anderen Rassen überlegen seien. Andere Christen wehrten sich gegen diese, ihrer Meinung nach unchristliche Einstellung. Möglicherweise hätte es die Apartheid in Südafrika nicht so lange gegeben, wenn sie nicht von dieser Kirche unterstützt worden wäre.

Einige der bedeutendsten Menschen, die sich in Südafrika und anderswo für persönliche und politische Freiheit eingesetzt haben, waren aber auch Christen. Dazu gehören z.B. *Martin Luther King* in den USA oder Bischof *Desmond Tutu* in Südafrika.

*Paare unterschiedlicher Hautfarbe sind heute selbstverständlich.*

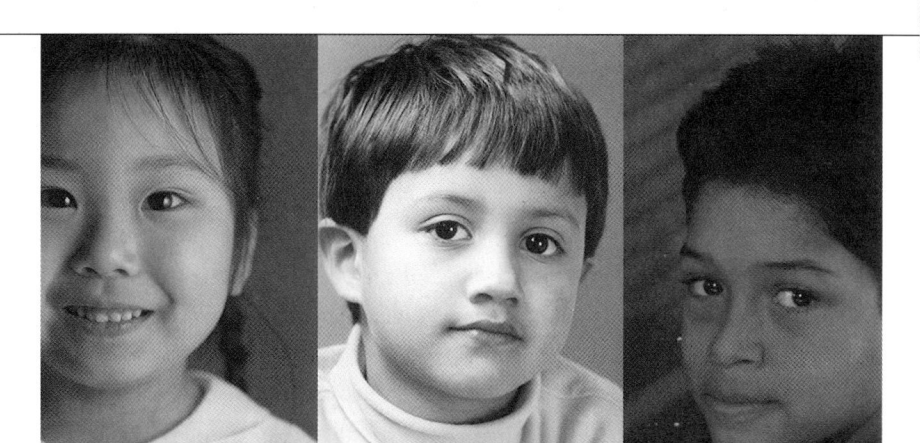

## kapitel 4
### friedliches miteinander

❓ Wie sehen Christen das Miteinander der verschiedenen Kulturen? Wodurch wird diese Sicht beeinflusst?

❓ Suche Informationen über die Apartheid in Südafrika. Welche Rolle spielten Kirchen in diesem Konflikt?

❓ Nenne Beispiele aus der Bibel, die zeigen, dass unterschiedliche Kultur und Hautfarbe unwichtig sind.

❓ Was könnte die christliche Kirche tun, um die Beziehungen zwischen den Angehörigen verschiedener Kulturen oder Nationalitäten zu verbessern?

## ■ Das Miteinander der Kulturen in der Bibel

Die christliche Sicht vom Miteinander der Kulturen wurde durch die Bibel geprägt. Sie gründet auf der Schöpfungsgeschichte in den ersten Kapiteln des Buches Genesis. Dort wird gesagt, dass die Menschen als „Abbild Gottes" geschaffen wurden. Das heißt, dass die gesamte Menschheit – im Gegensatz zu den anderen Lebewesen – Ähnlichkeit mit Gott hat. Paulus teilte diese Auffassung. Er glaubte, dass Kultur, Hautfarbe und Herkunft in der Kirche keine Rolle spielen.

Auch Jesus schien für die Gleichberechtigung der Kulturen gewesen zu sein. Im Gleichnis vom barmherzigen Samariter *(Lukas 10,25–37)* hilft der Samariter, der zu einer verhassten Kultur gehört, einem jüdischen Reisenden in einer Notlage. Jesus durchbrach die Schranken zwischen den Geschlechtern und den Kulturen, indem er an einem Brunnen mit einer Samaritanerin sprach *(Johannes 4)* und den Diener eines römischen Soldaten heilte. Sein Kreuz trug Simon von Zyrene. Zyrene war in Afrika, daher wird angenommen, dass Simon schwarz war. In einer Vision zeigte Gott Petrus, dass er keine der vielen Kulturen der Erde bevorzugt.

**Das Christentum lehrt, dass jede Form von Rassismus und Diskriminierung falsch ist.** Christen sollen sich für ein friedliches Miteinander der Kulturen in der Gesellschaft einsetzen. Dafür sprechen sich auch die meisten christlichen Kirchen immer wieder öffentlich aus.

> „Es gibt nicht mehr Juden und Griechen, nicht Sklaven und Freie, nicht Mann und Frau; denn ihr alle seid ‚einer' in Jesus Christus."
> Bibel, Galater 3,28

### Zusammenfassung

▸▸ Christen glauben, dass Gott der Vater der gesamten Menschheit ist. Unterschiede zwischen den Menschen sind daher unwichtig.

▸▸ Beispiele aus der Vergangenheit zeigen, dass sich Christen nicht immer richtig gegenüber anderen ethnischen Gruppen verhalten haben.

▸▸ Die Bibel lehrt, dass Kultur und Hautfarbe unwichtig sind. Im Neuen Testament wird beschrieben, wie Jesus die Schranken zwischen den verschiedenen Kulturen zu durchbrechen versuchte.

# Das Zusammenleben der Kulturen

## ☐ Judentum

Das Judentum akzeptiert, dass alle Menschen verschieden sind. Die unterschiedlichen Hautfarben hat Gott so gewollt. Behinderte sollten nicht benachteiligt werden. **Auch Menschen anderer Kultur oder Religion sollten akzeptiert werden.** Es ist die Pflicht jedes einzelnen Menschen, sich dafür einzusetzen.

Die alten Rabbiner lehrten, dass jeder Mensch von dem gleichen Urahnen abstammt: Adam. Als Gott Adam erschuf, soll er dazu dunkle, helle, rote und gelbe Erde genommen haben. Damit wollte er, den Rabbinern zufolge, zeigen, dass er sich Nachfahren unterschiedlicher Hautfarbe wünschte. So könne niemand behaupten, dem Original ähnlicher zu sein als die anderen. Was die Juden im Zweiten Weltkrieg unter Hitler erlitten, hatte zur Folge, dass sie die Diskriminierung von Rassen und jeden Versuch, eine „reine" Rasse zu schaffen, scharf verurteilen.

**Das Judentum lehrt, dass jede Form von Rassismus und Diskriminierung falsch ist.** Juden sollen aktiv für ein friedliches Miteinander der Kulturen eintreten. Dies glauben sie aus folgenden Gründen:

- Die Tora, das wichtigste der heiligen Bücher, verbietet, dass fremde Völker, die innerhalb der Grenzen Israels leben, schlecht behandelt werden. Sie erinnert die Israeliten daran, dass sie selbst Fremde in Ägypten waren.

- Alle Menschen sind Kinder Gottes und haben daher die gleichen Rechte.

- Während des Holocausts wurden mehrere Millionen Juden aus rassistischen Motiven umgebracht. Viele Juden nehmen dies zum Grund, sich anderen Menschen gegenüber nicht ähnlich unmenschlich zu verhalten.

> „Wenn bei dir ein Fremder in eurem Land lebt, sollt ihr ihn nicht unterdrücken. Der Fremde, der sich bei euch aufhält, soll euch wie ein Einheimischer gelten und du sollst ihn lieben wie dich selbst; denn ihr seid selbst Fremde in Ägypten gewesen."
>
> *Tora, Levitikus 19,33–34*

## ☐ Islam

> „O ihr Menschen, wir haben euch von einem Mann und einem Weib erschaffen und euch in Völker und Stämme eingeteilt, damit ihr liebevoll einander kennen mögt. Wahrlich, nur der von euch ist am meisten bei Allah geehrt, der am frömmsten unter euch ist; denn Allah weiß und kennt alles."
>
> *Koran 49,14*

Der Glaube an die Einheit Allahs (Tauhid) ist für Muslime sehr wichtig. Er besagt, dass Gott der Schöpfer aller Lebewesen ist und dass die Menschen eine Einheit bilden. Die unterschiedlichen Hautfarben, Kulturen und Sprachen der Menschen zeigen, dass sich Gott bei der Schöpfung viel Mühe gab. **Die Unterschiede sollen für alle eine Bereicherung sein.** Jedem Mann und jeder Frau sollte man mit dem gleichen Respekt begegnen.

Alle Muslime bilden eine Gemeinschaft in der Welt – **die Umma**. Die Vielfalt dieser Gemeinschaft zeigt sich jedes Jahr während der **Haddsch** (Wallfahrt) nach Mekka. Menschen unterschiedlicher Kultur und Hautfarbe bekunden dabei ihre Einheit als Kinder Allahs.

Muslime folgen dem Beispiel Mohammeds, indem sie anerkennen, dass alle Menschen vor Allah gleich sind. Mohammed soll Bilal, einen ehemaligen Sklaven aus Afrika, zu seinem ersten Muezzin (Gebetsrufer) ernannt haben. In der letzten Predigt, die er auf seiner letzten Pilgerfahrt nach Mekka hielt, erklärte Mohammed seinen Zuhörern, dass sie zu einer Gemeinschaft gehören. In dieser Gemeinschaft sollten alle einander wie Brüder behandeln. In den Augen Allahs sei keine Kultur, kein Volk den anderen überlegen.

# kapitel 4
## friedliches miteinander

*Mehr als 2 Millionen Muslime aus aller Welt pilgern jedes Jahr nach Mekka in Saudi-Arabien.*

### Wichtige Begriffe

**Haddsch** → Pflicht jedes Muslimen, eine Wallfahrt nach Mekka zu machen.

**Umma** → Der Glaube an die Gemeinschaft aller Muslime.

a. **Wie begründen Judentum, Islam und Christentum, dass Rassismus der Lehre ihrer jeweiligen heiligen Schriften widerspricht?**
b. **Vergleiche diese Begründungen miteinander. Welche Unterschiede und Gemeinsamkeiten gibt es?**

*„Jeder Gläubige hat die Pflicht, gegen Rassismus zu kämpfen."* **Stimmst du dem zu?**

**Christentum, Islam und Judentum sind monotheistische Religionen: Sie glauben, dass es nur einen Gott gibt. Warum hat es deiner Meinung nach so viele Spannungen zwischen diesen Religionen gegeben, obwohl sie einander so ähnlich sind?**

### Zusammenfassung

▸▸ Das Judentum lehrt, dass alle Menschen gleich sind, da sie alle von Adam abstammen. Das Judentum erkennt an, dass es viele Gemeinsamkeiten mit dem Christentum und dem Islam hat.

▸▸ Alle Muslime gehören einer Gemeinschaft an (Umma), die in Gottes Welt zusammenlebt. Unterschiede zwischen Völkern und Kulturen tragen zur Vielfalt der menschlichen Familie bei.

# Das Zusammenleben der Religionen

*„Die Migration schafft täglich Begegnungen interkultureller und interreligiöser Art. Im Blick auf den gesellschaftlichen Frieden ist ein Dialog der christlichen Kirchen mit allen großen Religionen und Kulturen unerlässlich."*

Gemeinsame Erklärung der Evangelischen Kirche Deutschland und der Deutschen Bischofskonferenz, 1997

Deutschland gehört **traditionell** zum **christlich geprägten Kulturraum**, das Christentum ist daher die vorherrschende Religion. Die Zuwanderung der letzten Jahrzehnte hat aber dazu geführt, dass mittlerweile auch alle anderen Weltreligionen in Deutschland vertreten sind.

**Dabei nimmt der Islam die bei weitem größte Bedeutung ein.** Die in Deutschland ansässigen Muslime kommen zum größten Teil aus der Türkei, aber auch aus dem Iran oder Pakistan. Aus Sri Lanka und Indien kommen Hindus, aus Vietnam und Thailand Buddhisten. Durch Zuwanderer aus Russland, Rumänien oder Serbien ist auch die Anzahl der christlich-orthodoxen Gemeinden in Deutschland gestiegen.

Während des Nationalsozialismus wurden 6 Millionen Juden umgebracht, die zum größten Teil aus Deutschland oder Osteuropa stammten. Heute leben in Deutschland wieder schätzungsweise 100 000 Juden. Die meisten davon sind in den letzten Jahren aus den Ländern der ehemaligen Sowjetunion zugewandert.

*Muslime beim Gebet in einer Moschee.*

# kapitel 4
## friedliches miteinander

## ■ Religionszugehörigkeit in Deutschland

Laut dem Religionswissenschaftlichen Medien- und Informationsdienst (REMID) hatten die verschiedenen Religionsgemeinschaften in Deutschland 2004 folgende Mitgliederzahlen:
- **Katholische Kirche:** 26 466 000
- **Evangelische Kirche:** 26 210 000
- **Christlich-orthodoxe und orientalische Kirchen:** 895 100
- **Jüdische Gemeinden:** 189 000
- **Islam:** 3 200 000
- **Hindus:** 95 000
- **Buddhisten:** 210 000

Quelle: www.remid.de

Dabei muss man aber berücksichtigen, dass manche dieser Zahlen auf Schätzungen beruhen. Außerdem würden sich nicht alle, die offiziell einer Religionsgemeinschaft angehören, als gläubige Anhänger dieser Religion bezeichnen.
Jedes Jahr treten z.B. etwa 400 000 Menschen aus der evangelischen und katholischen Kirche aus. Umgekehrt gehören nicht alle, die sich zu einem bestimmten Glauben bekennen, auch offiziell einer religiösen Gemeinde an.

*„Muslime sollen islamisch geschlachtetes Fleisch kaufen können, aber nicht jene für Sünder halten, die gern mal eine Kölsche Bratwurst essen. Die Muslimin soll ihr Kopftuch in der Schule tragen, auch wenn sie dort als Lehrerin arbeitet; aber wenn sie meine Tochter nur ein einziges Mal fragt, warum ich keines trage, werde ich alles daran setzen, dass diese Lehrerin von der Schule fliegt."*

Muslimische Journalistin

## ■ Konflikte zwischen den Religionen?

Die nicht-christliche Religion, die in Deutschland am häufigsten ins Licht der Öffentlichkeit gerät, ist der Islam. Rund 3% der Bevölkerung in Deutschland sind Muslime, die meisten davon kommen aus der Türkei.
Das Zusammenleben von Deutschen und Muslimen ist immer wieder von gegenseitigen Vorurteilen und Meinungsverschiedenheiten geprägt. Dabei bieten vor allem folgende Themen Stoff für Konflikte:

### Die „Kopftuch-Debatte"

Darf eine muslimische Lehrerin, die an einer deutschen Schule unterrichtet, ein Kopftuch tragen? Ist es ein Zeichen von Toleranz, an einer Schule die Symbole unterschiedlicher Religionen zuzulassen? Oder ist Schule ein neutraler, religionsfreier Ort, an dem solche Symbole generell nichts zu suchen haben? Wenn ja, gilt das dann auch für Kruzifixe? Oder sollte man nur christliche Symbole zulassen, weil die ja der „Leitkultur" entsprechen?

### Der islamische Religionsunterricht an deutschen Schulen

Das Grundgesetz sieht vor, dass jeder Schüler das Anrecht auf einen bekenntnisorientierten, benoteten Unterricht in seiner Religion hat. Der Zentralrat der Muslime in Deutschland fordert einen solchen Unterricht schon seit langem. Er soll in deutscher Sprache gehalten und staatlich beaufsichtigt werden. Die Lehrer sollen an deutschen Hochschulen ausgebildet werden.

### Der fundamentalistische islamistische Terrorismus

Nach den Anschlägen des 11. September 2002 ist auch in Deutschland die Angst vor islamistischer Gewalt gewachsen. Medienberichte über „Hassprediger" und fundamentalistische Organisationen wie Milli Görüs, die die Abschottung der türkischen Bevölkerung von ihrer deutschen Umgebung fordern, verstärken diese Angstgefühle. Dabei gerät in den Hintergrund, dass die Mehrheit der Muslime nicht fundamentalistisch eingestellt ist.

**?** Kennst du Menschen, die einer anderen Religion angehören?

**?** Gibt es in deiner Umgebung eine Moschee, eine Synagoge oder einen hinduistischen Tempel? Warst du dort schon einmal?

**?** Was ist deine Meinung zur „Kopftuch-Debatte"?

**?** Das Verhältnis zwischen Deutschen und Muslimen ist oft von Vorurteilen geprägt. Versuche, die Vorurteile beider Seiten herauszufinden.

## Zusammenfassung

▸▸ *In Deutschland gibt es neben den Christen auch Angehörige aller anderen Weltreligionen. Dabei handelt es sich größtenteils um Zuwanderer aus anderen Ländern.*

▸▸ *Die größte Gruppe der Zuwanderer gehört dem Islam an. Das Zusammenleben zwischen Deutschen und Muslimen ist oft von Vorurteilen und Konflikten geprägt.*

# Das Zusammenleben der Religionen

## ☐ Christentum

> „Darum geht zu allen Völkern und macht alle Menschen zu meinen Jüngern; tauft sie auf den Namen des Vaters und des Sohnes und des Heiligen Geistes, und lehrt sie, alles zu befolgen, was ich euch geboten habe."
>
> Bibel, Matthäus 28,19–20

Die meisten Christen glauben an religiöse Freiheit. Jeder hat ihrer Meinung nach das Recht, seinen Glauben so zu leben, wie er möchte. Niemand sollte seines Glaubens wegen diskriminiert werden. Darüber sind sich im Prinzip alle christlichen Kirchen einig. Trotzdem gibt es innerhalb des Christentums verschiedene Einstellungen anderen Religionen gegenüber.

> „Da stellte sich Paulus in die Mitte des Areopags und sagte: ‚Athener, nach allem, was ich sehe, seid ihr besonders fromme Menschen. Denn als ich umherging und mir eure Heiligtümer ansah, fand ich auch einen Altar mit der Aufschrift: EINEM UNBEKANNTEN GOTT. Was ihr verehrt, ohne es zu kennen, das verkünde ich euch.'"
>
> Bibel, Apostelgeschichte 17,22–23

**Die drei wichtigsten Sichtweisen sind:**

### Der Exklusivismus

Dieses Modell besagt, dass man allein durch Jesus zu Gott gelangen kann. Als Beleg dafür wird oft die Bibelstelle zitiert, in der Jesus sagt: „Ich bin der Weg und die Wahrheit und das Leben." (Johannes 14,6). Im 19. und frühen 20. Jahrhundert wurden Missionare in andere Länder geschickt. Diese waren davon überzeugt, den Menschen dort Gutes zu tun, indem sie ihnen den christlichen Glauben brachten. Die katholische Kirche vertrat die Ansicht, dass „es außerhalb der Kirche keine Erlösung gibt". Diese Aussage bezogen viele Katholiken auch auf die Angehörigen anderer christlicher Konfessionen.

*Für viele Christen hat der Gottesdienst aller Religionen einen Wert. Dieses Foto zeigt jüdische Männer in einer Synagoge.*

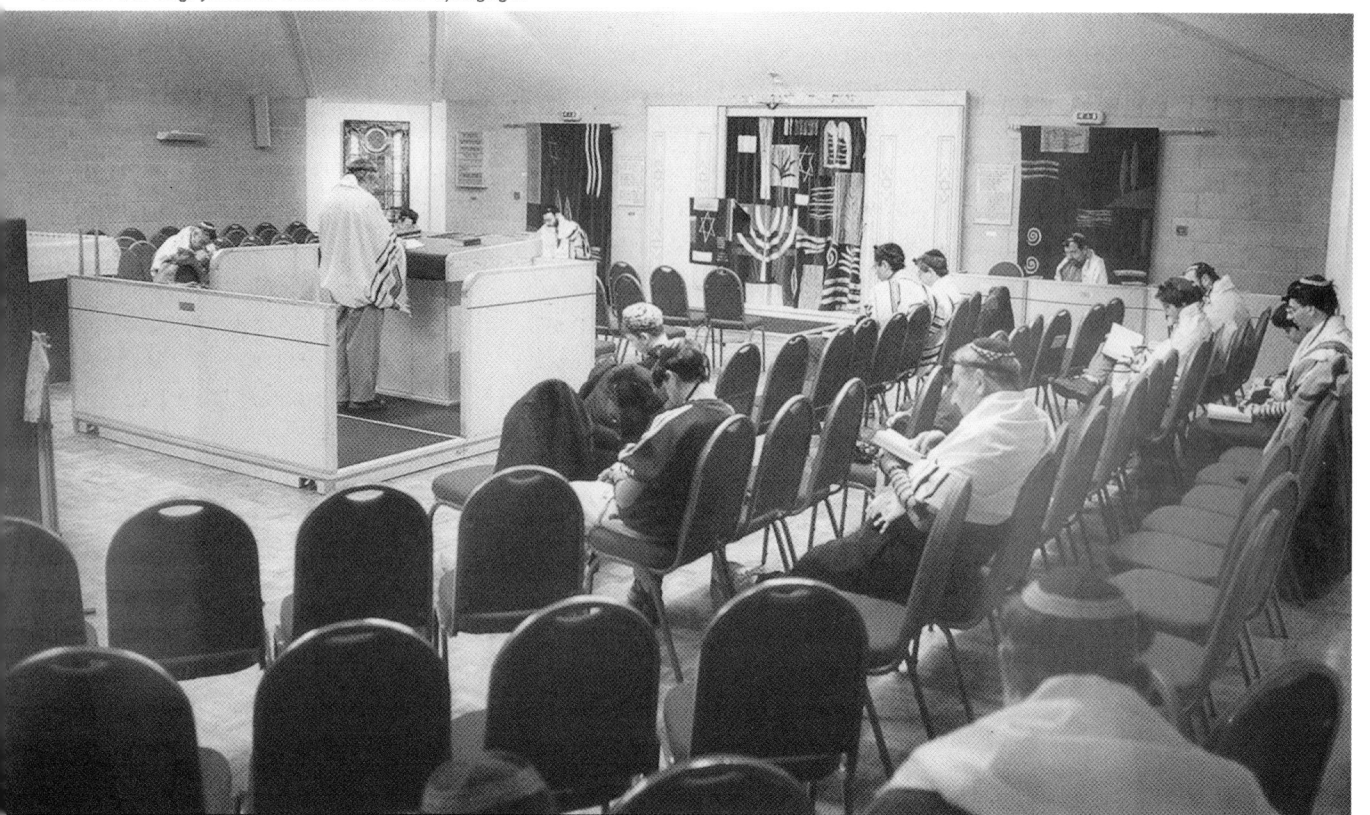

# kapitel 4
## friedliches miteinander

### Der Inklusivismus

Dieses Modell geht auf eine Stelle im Neuen Testament zurück. Paulus besucht die Athener und sieht einen Altar, den sie für einen „unbekannten Gott" gebaut haben. Paulus stellt fest, dass also auch die Athener auf der Suche nach Gott sind (siehe Zitat, S. 92 Mitte). Christen, die dieses Modell befürworten, glauben, dass Menschen auf vielen verschiedenen Wegen zu Gott finden können. Nur das Christentum ist jedoch im Besitz der vollen Wahrheit. Alle Nicht-Christen, die ein gutes Leben führen, werden als „anonyme Christen" am Ende dennoch erlöst.

### Der Pluralismus

Dieses Modell ist später aufgekommen als die beiden anderen. Es besagt, dass alle Religionen die Wahrheit suchen. Indem Menschen einen religiösen Weg gehen, zeigen sie mehr Interesse an der Wahrheit als an sich selbst. Dies wird von den Vertretern dieses Modelles grundsätzlich als positiv bewertet. Außerdem weisen sie darauf hin, dass alle Religionen, einschließlich Christentum, gute und schlechte Menschen hervorgebracht haben. Alle Religionen sind gleich viel wert und helfen Menschen bei der Suche nach Gott. Keine Religion ist dabei besser oder den anderen überlegen. Was für einen Menschen gut ist, muss nicht unbedingt auch für einen anderen gut sein. Die Bibel ist nur *ein* „Wort Gottes", nicht das einzige. Jeder einzelne Mensch muss Gott selbst finden. Er muss selbst entscheiden, welchen Weg er dabei geht.

Die drei Modelle unterscheiden sich stark voneinander. Der **Exklusivismus** behauptet, dass das Christentum die einzig richtige Religion ist. Nur die christliche Tür öffnet den Weg zu Gott.

Der **Inklusivismus** meint, dass viele Menschen schon durch diese christliche Tür getreten sind, ohne es bemerkt zu haben. Sie glauben vielleicht, dass sie gute Hindus oder gute Muslime sind, in Wirklichkeit sind sie jedoch „anonyme Christen", da sie – wie Jesus – Gott dienen, indem sie ein gutes Leben führen.

Der **Pluralismus** sagt, dass wir im 20. Jahrhundert gelernt haben, die verschiedenen Weltreligionen und deren jeweilige Erkenntnis besser zu verstehen.

Der pluralistische Standpunkt macht es Christen möglich, am Dialog zwischen den Religionen teilzunehmen. Dabei versuchen Menschen unterschiedlichster Glaubensrichtung, den anderen ihr Verständnis von Gott zu vermitteln und gleichzeitig von den Erkenntnissen der anderen zu lernen. Der Dialog zwischen den Religionen weist immer wieder gute Ergebnisse auf. Nur selten gelingt es jedoch, eine gemeinsame Form des Gottesdienstes zu finden.

❓ **Informiere dich über die Missionsarbeit christlicher Organisationen. Wo hat sie Gutes erreicht und wo vielleicht eher Schaden angerichtet?**

❓ **„Alle Religionen sind gleichwertig." Stimmst du dem zu?**

❓ **Welches der drei beschriebenen Modelle findest du am überzeugendsten? Warum?**

❓ **Warum fällt es den Menschen leichter, über ihre religiösen Unterschiede zu sprechen, als gemeinsam einen Gottesdienst zu feiern? Was ist bei einem gemeinsamen Gottesdienst schwierig?**

---

„Der interreligiöse Dialog bleibt […] zum einen an die Grundwahrheiten des eigenen Glaubens gebunden, zum anderen ist er dem Respekt vor dem Glauben und der Freiheit des anderen verpflichtet."

*Gemeinsame Erklärung der Evangelischen Kirche Deutschland und der Deutschen Bischofskonferenz, 1997*

---

### Zusammenfassung

▸▸ Das **exklusivistische Modell** besagt, dass man nur über den christlichen Glauben zu Gott finden kann. Die Bibelstelle Johannes 14,6 begründet, dass allein die christliche Kirche die Wahrheit kennt.

▸▸ Das **inklusivistische Modell** betont, dass viele Menschen, die ein gutes und religiöses Leben führen, Christen sind, ohne es zu merken. Sie sind „anonyme" Christen.

▸▸ Das **pluralistische Modell** besagt, dass viele verschiedene Wege zu Gott führen können.

# Das Zusammenleben der Religionen

## ☐ Judentum

Das Judentum lehrt, dass alle Gläubigen das Recht auf freie Religionsausübung haben. Juden haben in der Vergangenheit stark unter religiöser Verfolgung gelitten. Aufgrund dieser Erfahrungen wollen sie anderen dieses wichtige Menschenrecht nicht verweigern. Traditionell unterteilt das Judentum die anderen Religionen in zwei Gruppen:

### Götzendienerische Religionen

So nannten die alten Rabbiner Religionen, die ihren Anhängern einen Glauben lehrten, der den zehn Geboten widersprach.

### Gottesfürchtige Religionen

So nannten die alten Rabbiner die beiden anderen monotheistischen Religionen: das Christentum und den Islam. Beide Religionen glauben, wie das Judentum, an *einen* Gott. Außerdem lehren sie eine Lebensweise, die den zehn Geboten nicht widerspricht. Trotz dieser grundlegenden Gemeinsamkeiten haben Juden in der Vergangenheit sehr unter den Taten von Christen und Muslimen gelitten.

Juden versuchen nicht, andere zu ihrem Glauben zu bekehren. Das Gleiche erwarten sie auch von den anderen Religionen. Diese sollen respektieren, dass Juden ihren Glauben auf ihre Weise ausüben.

*Muslime vor einer Moschee in Birmingham.*

## kapitel 4
### friedliches miteinander

## ☐ Islam

*„Wir glauben an Allah und an das, was er uns und was er Abraham und Ismael und Isaak und Jakob und den Stämmen offenbarte, und an das, was Moses und Jesus und den (anderen) Propheten von ihrem Herrn gegeben wurde. Wir kennen unter diesen keinen Unterschied."*
*Koran 2,137*

Das islamische Gesetz garantiert Nichtgläubigen, die in einer muslimischen Gemeinschaft leben, Sicherheit. Diese Menschen stehen unter dem Schutz Allahs, Mohammeds und der muslimischen Gemeinschaft. Christen und Juden wird im Koran ein besonderer Schutz garantiert, weil sie, gemeinsam mit den Muslimen, „Völker des Buches" sind. Christen und Juden wird versprochen, dass sie am Tag des Gerichts ebenfalls von Allah belohnt werden.

Auf der anderen Seite stellt der Koran aber auch klar, dass der Islam die einzig wahre Religion ist. Muslime glauben, dass dem Propheten Mohammed Gottes letzte Offenbarung zuteil wurde. Diese Offenbarung tritt ihrer Auffassung nach an die Stelle aller früheren Offenbarungen, die anderen Propheten – darunter Abraham, Moses und Jesus – übermittelt wurden. Aus diesem Grund ist der Islam ein missionarischer Glaube. Muslime halten es für ihre Pflicht, Gottes letzte Offenbarung mit allen anderen Menschen zu teilen.

- ❓ **Welche Gemeinsamkeit des jüdischen, christlichen und muslimischen Glaubens ist den Juden sehr wichtig?**

- ❓ **Welche Gemeinsamkeit des jüdischen, christlichen und muslimischen Glaubens ist den Muslimen sehr wichtig?**

- ❓ **Was unterscheidet das Judentum von Islam und Christentum?**

- ❓ **Lies das Zitat von Gandhi.**
  **a. Gandhi vergleicht die Religionen mit „verschiedenen Straßen, die an einem Punkt zusammenlaufen". Meinst du, dass er damit Recht hat?**
  **b. Warum widersprechen ihm in diesem Punkt wohl die meisten Religionen?**

- ❓ **Es gibt große Unterschiede zwischen den Religionen. Wie können Anhänger unterschiedlicher Religionen aufeinander Rücksicht nehmen?**

*„Die Religionen sind verschiedene Straßen, die an einem Punkt zusammenlaufen. Was macht es, dass wir verschiedene Straßen wählen, wenn wir nur ans gleiche Ziel gelangen? In Wirklichkeit gibt es genauso viele Religionen, wie es einzelne Menschen gibt."*
*Mahatma Gandhi (1869–1948), indischer Menschenrechtler und Freiheitskämpfer*

### Zusammenfassung

▸▸ *Das Judentum unterteilt die anderen Religionen in zwei Gruppen: götzendienerische und gottesfürchtige Religionen. Es lehnt Religionen ab, deren Lehre den zehn Geboten widerspricht. Es respektiert die Lehre von Christentum und Islam.*

▸▸ *Der Islam garantiert Religionsfreiheit. Er lehrt aber, dass Muslime den einzig wahren Glauben besitzen. Der Koran ist das Wort Gottes.*

▸▸ *Manche Menschen glauben, dass die Unterschiede zwischen den einzelnen Religionen weniger wichtig sind als ihre Gemeinsamkeiten.*

# Empfehlenswerte Literatur und Links

## ☐ Literatur

*Hildegard Schwering, Ulrich Wirth:*
**Zweite Heimat Deutschland.**
Wißner 2004.
ISBN 3-89639-455-X

## ☐ Links

- **www.gleichberechtigung-goes-online.de/**
Vernetzungsstelle für Gleichberechtigung, Frauenbeauftragte und Gleichstellungsbeauftragte.

- **www.islaminstitut.de/index.php?templateid=artikel&id=24**
Informationen zur Rolle der Frau im Islam und die Unterschiede im Leben muslimischer Frauen.

- **www.interkultureller-rat.de**
Informationen zum interkulturellen Zusammenleben in Deutschland und zur Entwicklung und Umsetzung einer interkulturellen Politik.

- **www.zentralratdjuden.de**
Der Zentralrat der Juden in Deutschland ist eine Körperschaft des öffentlichen Rechts und die Spitzenorganisation der jüdischen Gemeinden in der Bundesrepublik Deutschland mit etwa 100 000 Mitgliedern.

- **www.migration-online.de/cms/index.html**
Internetseite des Kompetenzzentrums Migration und Qualifizierung mit Informationen, Fakten und Daten rund um das Thema Migration und Arbeitswelt.

- **www.aric.de/aric/aktuelles/index.htm**
Antirassistisch-Interkulturelles Informationszentrum Berlin e.V. Mit großem Informationsangebot, vielen Beratungsleistungen und Netzwerkaktivitäten.

- **www.zwst.org**
Zentralwohlfahrtsstelle der Juden in Deutschland, Mitglied der Bundesarbeitsgemeinschaft der Freien Wohlfahrtspflege, arbeitet im Dienste der jüdischen Gemeinden und bietet „Hilfe zur Selbsthilfe" an.

# kapitel 5
# armut und reichtum

# Arme und reiche Länder

*Die Wohnverhältnisse eines Menschen sagen viel über seinen Wohlstand – oder seine Armut – aus.*

**Was Armut und Reichtum anbelangt, ist die heutige Welt zweigeteilt:**

Der Norden bzw. die Industrienationen. Dazu gehören Gebiete mit hohem Lebensstandard: Nordamerika, Westeuropa, Australien und Südasien. In diesen Gebieten leben nur ungefähr 25% der Weltbevölkerung (etwa 1,5 Milliarden Menschen). Sie verbrauchen jedoch 75% aller Bodenschätze und Rohstoffe. Für diese Gebiete wird manchmal auch die Bezeichnung „**Erste Welt**" verwendet.

Der Süden bzw. die Entwicklungsländer. Dies sind Länder mit einem niedrigen Lebensstandard. Obwohl 75% der Weltbevölkerung in diesen Gebieten leben (etwa 4,5 Milliarden Menschen), verbrauchen sie nur 25% der Rohstoffe. Man bezeichnet diese Gebiete oft als „**Dritte Welt**".
Je nach Höhe ihrer Verschuldung oder ihres Entwicklungsstandes werden diese Länder noch in mehrere Gruppen unterteilt, da einige Entwicklungsländer (z.B. Somalia oder Bangladesh) viel ärmer sind als andere (z.B. Peru oder Bolivien).

Länder wie die ehemaligen **kommunistischen Staaten Osteuropas** werden auch als „**Zweite Welt**" bezeichnet, da sie sich wirtschaftlich auf einer Zwischenstufe zwischen dem reichen Norden und dem armen Süden befinden.

## Absolute und relative Armut

Auch in den reichsten Ländern gibt es Armut. Dabei handelt es sich um „relative Armut": Die betroffenen Menschen sind arm im Vergleich zur Durchschnittsbevölkerung eines Landes, weil sie weniger als 50% des in diesem Land durchschnittlich zur Verfügung stehenden Einkommens zur Verfügung haben. „**Absolute Armut**" bedeutet dagegen, dass Menschen nicht das Nötigste zum Überleben haben. „Absolute Armut" wird nach folgenden Kriterien beurteilt:

1. **Ein hohes Maß an Unterernährung.** In den ärmsten Ländern der Welt leben manchmal bis zu 75% der Bevölkerung von Landwirtschaft (im Vergleich zu 1% in Deutschland). Dabei handelt es sich zum größten Teil um Subsistenzwirtschaft: Der Anbau deckt meist nicht einmal den Eigenbedarf der Bauern und ihrer Familie. Es bleibt nichts zum Verkauf übrig. Daher haben die Bauern kein Geld, um die Lebensmittel zu kaufen, die sie selbst nicht anbauen können.

2. **Eine niedrige Bildungs- und Alphabetisierungsrate.** Zwischen Armut und Analphabetentum in den armen Ländern besteht eine direkte Beziehung. Menschen, die nicht lesen können (mindestens 850 Millionen in der Welt), finden keinen Ausweg aus der Armut.

3. **Ein hohes Maß an Erkrankungen.** Selbst wenn Menschen in armen Ländern Geburt und Kindheit überlebt haben, werden sie aufgrund schlechter Lebensbedingungen auch als Erwachsene oft krank. Mindestens 25% der Weltbevölkerung haben keinen Zugang zu sauberem Trinkwasser. Dies birgt ernsthafte Gesundheitsrisiken.

4. **Eine hohe Kindersterblichkeitsrate.** Kinder sind in den ersten fünf Jahren ihres Lebens am meisten gefährdet. Mehr als 5 Millionen Kinder verhungern jedes Jahr. Unterernährte Mütter haben keine Milch für ihre Babys. Armut ist ein Teufelskreis.

5. **Eine niedrige Lebenserwartung.** In Deutschland haben Männer im Durchschnitt eine Lebenserwartung von 75 Jahren, Frauen von 81 Jahren. In vielen Entwicklungsländern ist die Lebenserwartung sehr niedrig. In Ruanda erreichen Männer durchschnittlich ein Alter von 39, Frauen von 40 Jahren.

## kapitel 5
### armut und reichtum

### Fakt

*1995 verpflichtete sich Deutschland auf dem Kopenhagener UN-Weltsozialgipfel, 0,7% des Bruttosozialprodukts (BSP) für öffentliche Entwicklungshilfe zur Verfügung zu stellen. 2002 lag der Anteil der Entwicklungshilfe nur noch bei 0,24%.*

Quelle: www.bundestag.de/bic/hib/2002/2002_057/02.html

## Kurz- und langfristige Hilfe

Die meisten Länder gehören entweder zur Gruppe derer, die Hilfe leisten müssen, oder zur Gruppe derer, die selbst Hilfe nötig haben. Diese Hilfe wird meist in Form von Nahrung, Obdach, medizinischer Versorgung oder finanzieller Unterstützung geleistet.

### Kurzfristige Hilfeleistung

Sie wird meist benötigt, wenn ein armes Land von einer Naturkatastrophe getroffen wird (Erdbeben, Überschwemmungen, Taifune oder andere Unwetter). In solchen Fällen ist schnelle Hilfe nötig. Je nach Unglücksfall werden Zelte, Nahrung oder Katastrophenhelfer gebraucht.

### Langfristige Hilfeleistung

Sie ist nötig, damit arme Länder die Ursachen ihrer Armut beseitigen können. So benötigen sie z.B. Unterstützung bei der Einrichtung von Schulen oder Krankenhäusern. Oft werden Experten zum Bau von Bewässerungsanlagen gebraucht. Die reichen Länder liefern diese Art von Hilfe jedoch oft nur zögerlich.

„Viele hundert Millionen Menschen sorgen sich ausschließlich ums Überleben und um ihre Grundbedürfnisse. Oft gibt es für sie keine Arbeit. Wenn doch, dann ist sie sehr schlecht bezahlt oder die Arbeitsbedingungen sind kaum erträglich. Häuser werden aus nicht wasserdichten Materialien gebaut und haben weder fließendes Wasser noch sanitäre Einrichtungen. Elektrizität ist Luxus [...] Wo es Grundschulen gibt, sind diese zwar kostenfrei und nicht zu weit entfernt, doch die Kinder werden bei der Arbeit gebraucht. Man kann nicht auf sie verzichten, damit sie zur Schule gehen können. Überschwemmungen, Dürre und Krankheiten von Menschen oder Vieh können ganze Existenzen vernichten – ohne Hoffnung auf Schadensersatz."

Brandt-Bericht „Das Überleben sichern" von 1980 von Willy Brandt (ehem. Bundeskanzler, 1913–1992), Vorsitzender der „Unabhängigen Kommission für Internationale Entwicklungsfragen"

- **?** Was ist der Unterschied zwischen absoluter und relativer Armut?

- **?** Welche Probleme haben die Menschen in Entwicklungsländern? Suche im Internet (z.B. www.entwicklungshilfe.de) zusätzliche Informationen.

- **?** Warum ist der Wohlstand auf der Erde so ungleich verteilt? Was könnte man dagegen tun? Sollten die reichsten Länder einen größeren Teil ihres Reichtums an arme Länder abgeben? Sollten sie ihnen die Schulden erlassen?

- **?** „Ein Prozent dessen, was wir als Land erarbeiten, sollte nicht zu viel sein, um den ärmsten Menschen der Welt zu helfen." Was meinst du?

### Zusammenfassung

▸▸ Der Lebensstandard der Menschen im reichen Norden steht in keinem Verhältnis zum Lebensstandard der Menschen in den armen südlichen Ländern der Erde.

▸▸ Der Unterschied wird deutlich, wenn man das Maß an Unterernährung und Krankheiten, die Raten von Kindersterblichkeit und Analphabetentum sowie die Lebenserwartung miteinander vergleicht.

▸▸ Arme Länder benötigen sowohl kurzfristige als auch langfristige Hilfe und einen Erlass ihrer Schulden.

# Die Weltschuldenkrise

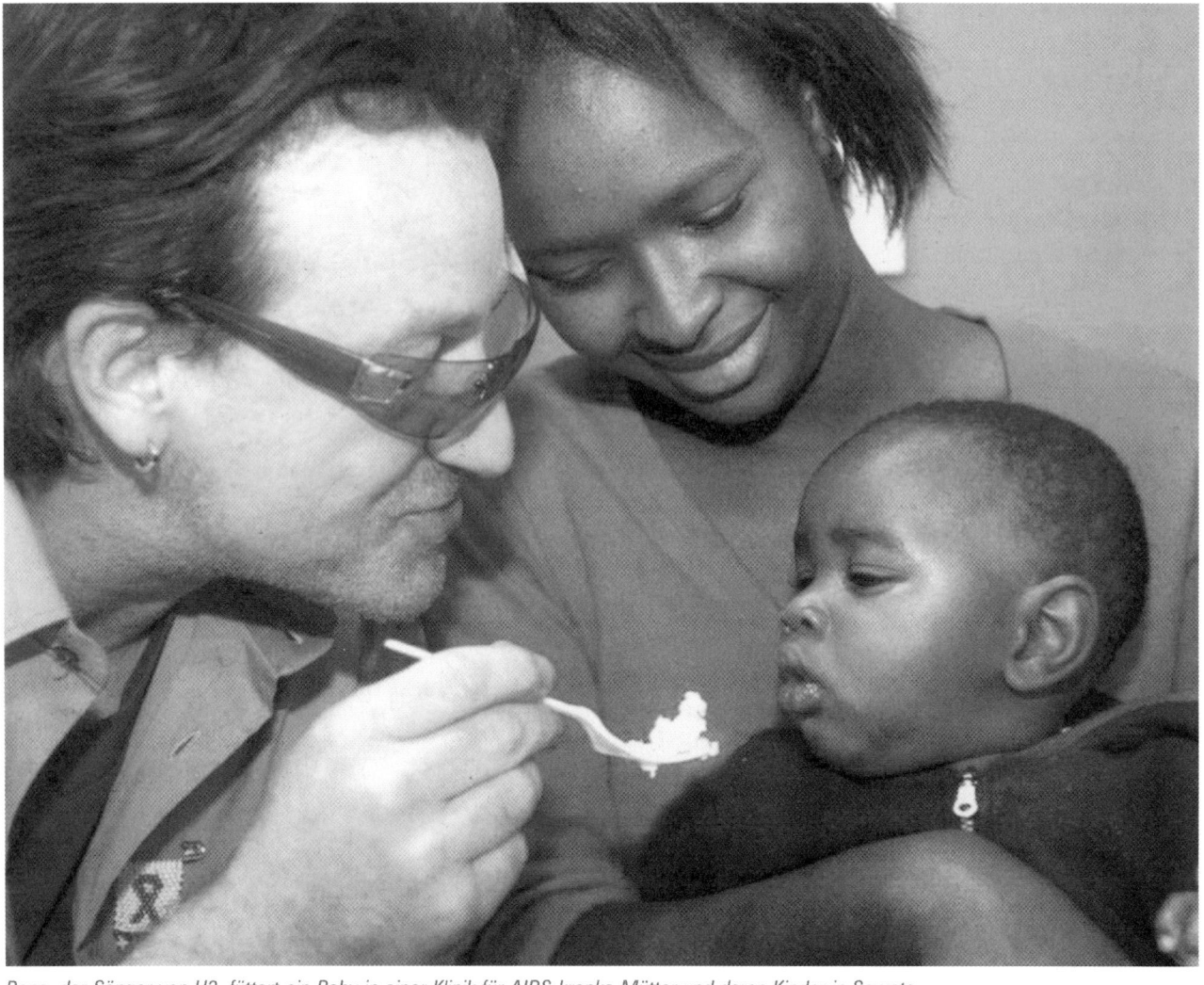

*Bono, der Sänger von U2, füttert ein Baby in einer Klinik für AIDS-kranke Mütter und deren Kinder in Soweto. Zahlreiche Prominente setzen sich bei ihren Regierungen für eine bessere Unterstützung der Dritten Welt ein.*

Die Entwicklungsländer sind stark verschuldet. Sie schulden den entwickelten Ländern riesige Summen, die mit großer Geschwindigkeit wachsen, da für das geliehene Geld hohe Zinsraten gefordert werden. Schwarzafrika zahlt für die Tilgung seiner Kredite viermal soviel an die USA, wie es für medizinische Versorgung ausgibt. Es ist also nicht verwunderlich, dass diese Region eine der ärmsten der Welt ist.

*„O Gott, denen, die hungern, gib Brot; und denen, die Brot haben, gib den Hunger nach Gerechtigkeit."*
*Lateinamerikanisches Gebet*

## Die Tilgung der Schulden

Laut Internationalem Währungsfond sind über 40 Länder heutzutage stark verschuldet. Die meisten davon liehen sich in den 1970er Jahren hohe Summen für verschiedene Projekte.

Korrupte Regierungen und Kriege führten jedoch dazu, dass das Geld verschwendet und nicht für seinen ursprünglichen Zweck ausgegeben wurde. Schulen und Krankenhäuser, für die es eigentlich gedacht war, wurden nicht gebaut. Jetzt müssen diese ärmsten Entwicklungsländer auf wertvollem Land Getreide anbauen, dass nur dem Export dient. So zahlen sie einen Teil ihrer Schulden zurück, während die Bevölkerung Hunger leidet.

Die Entwicklungsländer dürfen ihre Schulden meist nur in „harter Währung", nicht in Waren, zurückzahlen. Das bedeutet, dass sie ihre Währung in Dollar oder Euro umwechseln müssen. Sinkt der Wert ihrer Währung, steigen ihre Schulden. Dies ist ein Teufelskreis. Die Entwicklungsländer haben oft vorgeschlagen, ihre Schulden in Form von Waren, wie Getreide oder Öl, zurückzuzahlen. Diese Angebote wurden stets abgelehnt. Einige Länder versuchen, sich noch mehr Geld zu leihen, um damit ihre Zinsen bezahlen

# kapitel 5
## armut und reichtum

zu können. Dies macht ihr Problem auf lange Sicht aber nur noch schlimmer. Sie geraten in eine „Schuldenspirale". Oft sind neue Schulden auch an Bedingungen geknüpft, wie z.B. die Aufgabe geplanter Gesundheits- oder Bildungsprojekte. Sie werden von den Ländern, die ihnen Geld leihen, auch manchmal dazu gezwungen, deren Produkte zu kaufen. Das macht es ihnen schwer, wirklich unabhängig zu werden.

Es gibt natürlich eine Lösung für das Weltschuldenproblem: **Man könnte den Entwicklungsländern ihre Schulden erlassen.** Sie haben ihre ursprünglichen Schulden mittlerweile um ein Vielfaches zurückgezahlt. Nicht die eigentlichen Schulden sind das Problem, sondern die Zinsen, die sich darauf angesammelt haben. Jedes Jahr zahlen arme Länder viel mehr für die Zinsen ihrer Kredite als sie an Entwicklungshilfe erhalten. Solange sich nichts an dieser Situation ändert, werden die Entwicklungsländer arm bleiben oder noch ärmer werden. Die reichen Länder werden so immer reicher, die armen Länder immer ärmer.

## Jubilee 2000
### (Erlassjahr 2000)

Als das neue Millennium sich näherte, schloss sich eine Koalition freiwilliger Hilfsorganisationen zusammen. Sie wollte mit einer internationalen Kampagne, „Jubilee 2000" genannt, erreichen, dass die Hauptindustriestaaten den Entwicklungsländern ihre Schulden erlassen.

Überall in Nordeuropa und den USA gab es Kundgebungen für ein Ende der Schuldenkrise. Dabei sollte durch Menschen- und Lichterketten demonstriert werden, dass die Welt in ihrer Forderung nach Schuldenerlass vereint ist.

Im Juli 2001 sollte bei der G8-Konferenz (Gruppe der 8 = Bezeichnung für die acht führenden westlichen Industriestaaten) Druck auf die Delegierten ausgeübt werden. Leider wurde das Treffen durch gewaltsame Proteste der Globalisierungsgegner so sehr gestört, dass man zu keinem Ergebnis kam.

> „Die eigentliche Frage ist nicht, wie viel wir den Armen geben sollten, sondern wann wir aufhören wollen, sie zu bestehlen. Die Armen sind nicht unser Problem: wir sind ihr Problem."
>
> *Jim Wallis, christlicher Aktivist aus den USA, 1986*

**Suche Informationen über den Internationalen Währungsfond und die Weltbank. Was sind ihre Ziele? Wer steckt hinter diesen Einrichtungen?**

a. **Was heißt „Schuldenspirale"?**
b. **Warum ist es für arme Länder so schwer, aus dieser „Schuldenspirale" wieder herauszukommen?**

**Suche Informationen über das Erlassjahr 2000. Haben die Hilfsorganisationen mittlerweile einige ihrer Ziele erreicht?**

*„Die reichen Länder sollten den ärmsten Ländern ihre Schulden erlassen."*
**Was ist deine Meinung dazu?**

## Zusammenfassung

» Die Schulden der armen Länder sind der Hauptgrund für ihre Armut. Ein großer Teil des geliehenen Geldes wurde verschwendet. Trotzdem müssen darauf noch heute Zinsen gezahlt werden.

» Schulden müssen meist in harter Währung zurückgezahlt werden, da viele Länder eine Rückzahlung in Waren nicht gelten lassen. Dies treibt die betroffenen Entwicklungsländer in eine Schuldenspirale.

» Jubilee 2000 war eine Koalition von Hilfsorganisationen, die die reichen Länder dazu bewegen wollte, die Weltschulden zu erlassen. Leider wurde nur wenig erreicht.

# Armut und Reichtum

## ☐ Christentum

*"So werden sich [...] die Christen zur Stimme aller Armen der Welt machen müssen, indem sie das Jubeljahr als eine passende Zeit hinstellen, um unter anderem an eine Überprüfung, wenn nicht überhaupt an einen erheblichen Erlass der internationalen Schulden zu denken, die auf dem Geschick vieler Nationen lasten."*
Papst Johannes Paul II. in seiner Enzyklika Tertio Millennio Adveniente

Im Christentum findet man zwei **verschiedene Einstellungen zu Wohlstand und Armut**. Einige Kirchen, wie die katholische und die anglikanische Kirche, besitzen große Reichtümer. Auch viele einzelne Christen sind sehr reich. Vor allem in den USA predigen einige kirchliche Gruppen, dass der Glaube an Gott und das Ansammeln persönlicher Reichtümer Hand in Hand gehen. Trotzdem gab es aber immer Christen, die freiwillig in den ärmsten Ländern der Welt lebten. Sie glauben, dass Jesus, ihr Vorbild, das Gleiche getan hätte.

## ■ Christentum und Wohlstand

Christen glauben, dass Gott alles in der Welt geschaffen hat. Nichts in der Welt ist von sich aus schlecht. Geld ist weder gut noch schlecht: Was zählt, ist die Art und Weise, wie man es nutzt.

Man kann es nutzen, um den Bedürftigen zu helfen. Man kann es aber auch leichtfertig verschwenden. Nicht sinnvoll genutzter Reichtum entfernt den Menschen von Gott. Dieser Glaube wird durch folgende Aussagen in der Bibel bestätigt:

- Jesus lebte in einer Welt, in der es viele Arme und viele Reiche gab. Er verkündete am Anfang seiner Tätigkeit, dass er von Gott gesandt wurde, um den Armen eine frohe Botschaft zu überbringen (Lukas 4,18). An einer anderen Stelle wird von Zachäus, einem betrügerischen Zöllner, erzählt. Er verschenkte die Hälfte seines Besitzes, nachdem er Jesus begegnet war. Ein reicher junger Mann wollte wissen, wie er Zugang zu Gottes Reich finden würde: Jesus sagte ihm, dass er zuerst alle seine Reichtümer verkaufen müsse.

- Christen sollen die Armen nicht ignorieren. Folgende Äußerung Jesu ist den meisten Christen bekannt: Jesus lobt seine Anhänger, weil sie den Hungrigen zu essen und den Nackten Kleidung gegeben und weil sie die Kranken und Gefangenen besucht haben. Er fährt fort: *"Was ihr für einen meiner geringsten Brüder getan habt, das habt ihr mir getan."* (Matthäus 25,31–46) Jesus identifizierte sich stets mit den Menschen am unteren Ende der Gesellschaft. Diese Geschichte bringt Christen dazu, in allen Menschen Jesus zu sehen. Sie erklärt auch, warum Persönlichkeiten wie Albert Schweitzer oder Mutter Teresa ihr ganzes Leben lang in Afrika bzw. Indien den Armen halfen.

*Das Gleichnis vom barmherzigen Samariter soll aussagen, dass man über einen Menschen in Not nicht hinwegsehen darf.*

# kapitel 5
## armut und reichtum

*„Eher geht ein Kamel durch ein Nadelöhr, als das ein Reicher in das Reich Gottes gelangt."*
Bibel, Markus 10,25

- Das Gleichnis vom barmherzigen Samariter (Lukas 10,25–37) legt nahe, dass kein Christ die Hilfe verweigern soll, wenn er jemandem in Not begegnet. Diese Hilfe soll er allen geben – egal ob Freund oder Feind, Mitbürger oder Fremder.

*„Gott segnet die, die den Armen zuhilfe kommen, und verurteilt jene, die sich von ihnen abwenden. [...]
Die Liebe zu den Armen ist mit der ungezügelten Liebe zum Reichtum und dessen egoistischem Gebrauch unvereinbar."*
Katechismus der katholischen Kirche, 1993

## ■ Christentum und Armut

Alle Christen sollen Verantwortung für die Armen tragen. Einige Christen zogen daraus die Konsequenz, dass sie zusammen mit den Armen gelebt und ihre Sorgen geteilt haben. Einige folgten dem Beispiel des Franz von Assisi, einem Mönch aus dem 13. Jahrhundert. Dieser gab alles, was er besaß, den Armen.

**Auch heute leben Franziskaner als Mönche, Nonnen oder Ordensbrüder in selbst gewählter Armut.** Nicht alle Christen müssen so leben. Jeder Christ soll aber den Armen und Bedürftigen so gut helfen, wie er kann – und zwar ohne dies zur Schau zu stellen, im Verborgenen (Matthäus 6,2–4). Christen, die in wohlhabenden und einflussreichen Gesellschaften leben, tragen eine doppelte Verantwortung:

- Sie müssen den zahlreichen Versuchungen widerstehen, die mit dem Verdienen und Ausgeben von viel Geld einhergehen.

- Sie müssen den Menschen helfen, die nicht das Nötigste zum Leben haben.

? **Reichtum als Segen Gottes oder als Fluch, der den Weg zu Gott versperrt – beides lässt sich aus biblischen Texten herleiten. Widersprechen diese Texte einander oder lassen sie sich miteinander vereinbaren?**

? **Wer war Franz von Assisi? Welche Einstellung zu Reichtum hatte er?**

? **Die Idee „Erlassjahr 2000", auf die sich auch Papst Johannes Paul II. im Zitat auf S. 102 bezieht, gründet auf dem alttestamentlichen Erlass- und Jubeljahr (Levitikus 25,8–28). Was hatte es damit auf sich?**

? **Suche Informationen zur finanziellen Lage der einzelnen Kirchen. Wie werden sie finanziert? Welche Besitztümer haben sie?**

? **Jesus kümmerte sich fast nur um die Armen und verbrachte wenig Zeit mit den Reichen. Warum war dies wohl in seiner Lehre so wichtig?**

## Zusammenfassung

▶▶ Es gibt viele reiche Christen und einige wohlhabende Kirchen. Manche Christen haben sich für ein Leben in Armut entschieden, um den Bedürftigen zu helfen.

▶▶ Christen glauben, dass alles von Gott geschaffen wurde und unter allen Menschen aufgeteilt werden sollte. Jesus lehrte, dass Wohlstand ein geistiges Hindernis sein kann. Er riet einem reichen jungen Mann, seinen ganzen Besitz zu verkaufen, um Zugang zu Gottes Reich zu finden.

▶▶ Christen sollen laut Evangelium den Versuchungen des Wohlstandes widerstehen. Sie sollen Mitgefühl mit den Armen haben.

# Armut und Reichtum

## ☐ Judentum

In den Gesetzen der Tora (Deuteronomium 14–15) wird dargestellt, wie man sich den Armen gegenüber verhalten sollte:

- *In jedem dritten Jahr soll der Zehnte der Jahresernte an die Landlosen, Witwen, Waisen und Fremden abgeliefert werden.*

- *In jedem siebten Jahr sollen alle Schulden erlassen werden.*

- *Armen und Bedürftigen soll gegen Pfand geliehen werden, was sie zum Überleben brauchen.*

Das hebräische Wort für Wohltätigkeit bedeutet auch **„Gerechtigkeit"**. Den Armen Geld zu spenden, wird im Judentum als gerecht oder fair angesehen. Laut Moses Maimonides, einem bedeutenden jüdischen Lehrer aus dem 12. Jahrhundert, gibt es acht verschiedene Stufen von Wohltätigkeit.

Die **unterste Stufe** ist, wenn man zwar spendet, aber unfreiwilligerweise weniger abgibt, als man eigentlich könnte.

Die **oberste Stufe** ist, wenn man durch die Zusammenarbeit mit einem bedürftigen Menschen diesen zu seinem Partner macht und ihm damit aus der Armut heraushilft. Auf dieser Ebene wird armen Menschen nicht nur geholfen, sie behalten auch ihre Würde und bekommen eine Chance, der Armut dauerhaft zu entkommen.

Ein reicher Jude begeht keine Sünde, wenn er sich zuerst um sich selbst und um seine Familie kümmert. Das ist angemessen und richtig. Erst danach kann man von ihm erwarten, dass er seinen Reichtum in den Dienst der jüdischen Gemeinschaft stellt. Der jüdischen Tradition zufolge sollte ein wohlhabender Mensch, wenn möglich, alle Bedürfnisse der Armen erfüllen. Wenn dies nicht geht, soll er 20 % seines Besitzes abgeben. In jüdischen Häusern und Synagogen gibt es oft Spendenkästen. So wird es schon Kindern zur Gewohnheit, Geld für die Armen abzugeben. Sie lernen, dass Wohltätigkeit und Religion eng miteinander zusammenhängen.

> *„Darum mache ich dir zur Pflicht: Du sollst deinem Not leidenden und armen Bruder, der in deinem Land lebt, deine Hand öffnen."*
> Tora, Deuteronomium 15,11

*Kinder suchen im Abfall nach Nahrung.*

# kapitel 5
## armut und reichtum

## ☐ Islam

> *„Den Menschen wurde begehrliche Lust an Frauen und Kindern, Gold und Silber, edlen Pferden, Viehherden und viel Ackerland eingepflanzt. Doch hat dies alles nur für dieses Leben Wert; ewige schönste Stätte ist bei Allah."*
>
> *Koran 3,15*

Es liegt in der Natur des Menschen, Wohlstand und Besitz – Häuser, Land, Geld und andere Wertgegenstände – zu lieben. Dennoch sollen Muslime bescheiden bleiben (siehe Zitat oben). Aller Reichtum wurde laut Koran von Allah geschaffen und gehört daher auch ihm. Die Menschen verdienen sich ihren Lohn für harte Arbeit nicht selbst. Er wird ihnen von Allah gegeben. Er ist ein Geschenk Allahs und ein Zeichen seines Vertrauens.
Aus diesem Grund soll das Geld nicht nur für die eigene Familie, sondern auch für die Armen in der muslimischen Gemeinschaft ausgegeben werden.

> *„Hast du den gesehen, der das zukünftige Gericht leugnet? Dieser verstößt die Waise und spornt niemanden an, den Armen zu speisen. Wehe denen, welche zwar beten, aber [...] dem Notleidenden die Zuflucht (Almosen) versagen."*
>
> *Koran 107,2–8*

**Der Koran nennt zwei Möglichkeiten, Geld zu spenden:**

- Zakat ist eine der „fünf Säulen" des muslimischen Glaubens. Es ist eine Art religiöse Steuer, zu deren Zahlung alle Muslime verpflichtet sind. Sie geben 2,5 % ihres Einkommens an die Armen ab. Dies wird von bedürftigen Muslimen nicht als Almosen angesehen: Das Geld steht ihnen zu. In Sure 9,60 wird genau festgelegt, wozu die Steuer verwendet werden soll: *„Die Almosen dienen nur den Armen und Bedürftigen [...] und denen, deren Herz sich bekehrt hat, und sie dienen zur Auslösung der Gefangenen und für die, welche ihre Schulden nicht bezahlen können, und für die Förderer der Religion Allahs und für den Wanderer."*

- Sadaqa ist eine freiwillige Spende. Sie sollte im Verborgenen geleistet werden, um das Leid der Mitmenschen zu mindern. Sadaqa kann Muslimen und Nicht-Muslimen gespendet werden. Muslime glauben, dass eine großzügige Spende durch Glück und Zufriedenheit belohnt wird. Ein großer Teil der Spenden wird von Hilfsorganisationen wie *Islamic Relief* und *Muslim Aid* in die Entwicklungsländer geleitet.

❓ **Koran und Tora bzw. das Alte Testament legen genau fest, wie der Reichtum innerhalb der Gemeinschaft aufgeteilt werden sollte. Arbeite Gemeinsamkeiten und Unterschiede dieser Regelungen heraus.**

❓ **Vergleiche diese Regelungen mit denen unserer heutigen Gesellschaft.**

❓ **Wie könnte man deiner Meinung nach den Reichtum in unserer Gesellschaft und in der Welt gerechter verteilen?**

## Zusammenfassung

▶▶ *In den heiligen Schriften von Judentum, Christentum und Islam wird genau festgelegt, wie der Reichtum innerhalb der Gemeinschaft aufgeteilt werden soll.*

▶▶ *Im Judentum wird Wohltätigkeit mit Gerechtigkeit gleichgesetzt. Die beste Art von Wohltätigkeit ist es, Menschen zu helfen, aus eigener Kraft ihrer Armut zu entkommen.*

▶▶ *Muslime glauben, dass aller Reichtum von Allah geschaffen wurde. Er muss für die Familie und die gesamte muslimische Gemeinschaft verwendet werden. Zakat und Sadaqa sind für Muslime Möglichkeiten, den Reichtum gerecht zu verteilen.*

# Empfehlenswerte Literatur und Links

## ☐ Literatur

*Tahar BenJelloun:*
**Die Schule der Armen.**
Rowohlt 2004.
ISBN 3-49921-259-5

*Reiner Engelmann (Hrsg.):*
**Frei von Furcht und Not.**
Sauerländer 2004.
ISBN 3-79418-017-8

## ☐ Links

- **www.welt-in-zahlen.de**
  Statistische Informationen zu den einzelnen Ländern der Erde.

- **www.weltbevoelkerung.de/infothek_db.html**
  Länderdatenbank der Deutschen Stiftung Weltbevölkerung (DSW).

- **www.entwicklungshilfe.de**
  Ausführliche Informationen zum Thema Entwicklungshilfe.

- **www.entwicklungshilfe.info**
  Wegweiser zu Entwicklungshilfe-Links mit staatlicher wie nichtstaatlicher Unterstützung.

- **www.muslimehelfen.org**
  Freies, gemeinnütziges Hilfswerk von Muslimen in Deutschland.

- **www.islamicrelief.de**
  Internationale Hilfsorganisation, die sich der langfristigen Entwicklung der ärmsten Länder verpflichtet hat.

# kapitel 6
# drogenmissbrauch

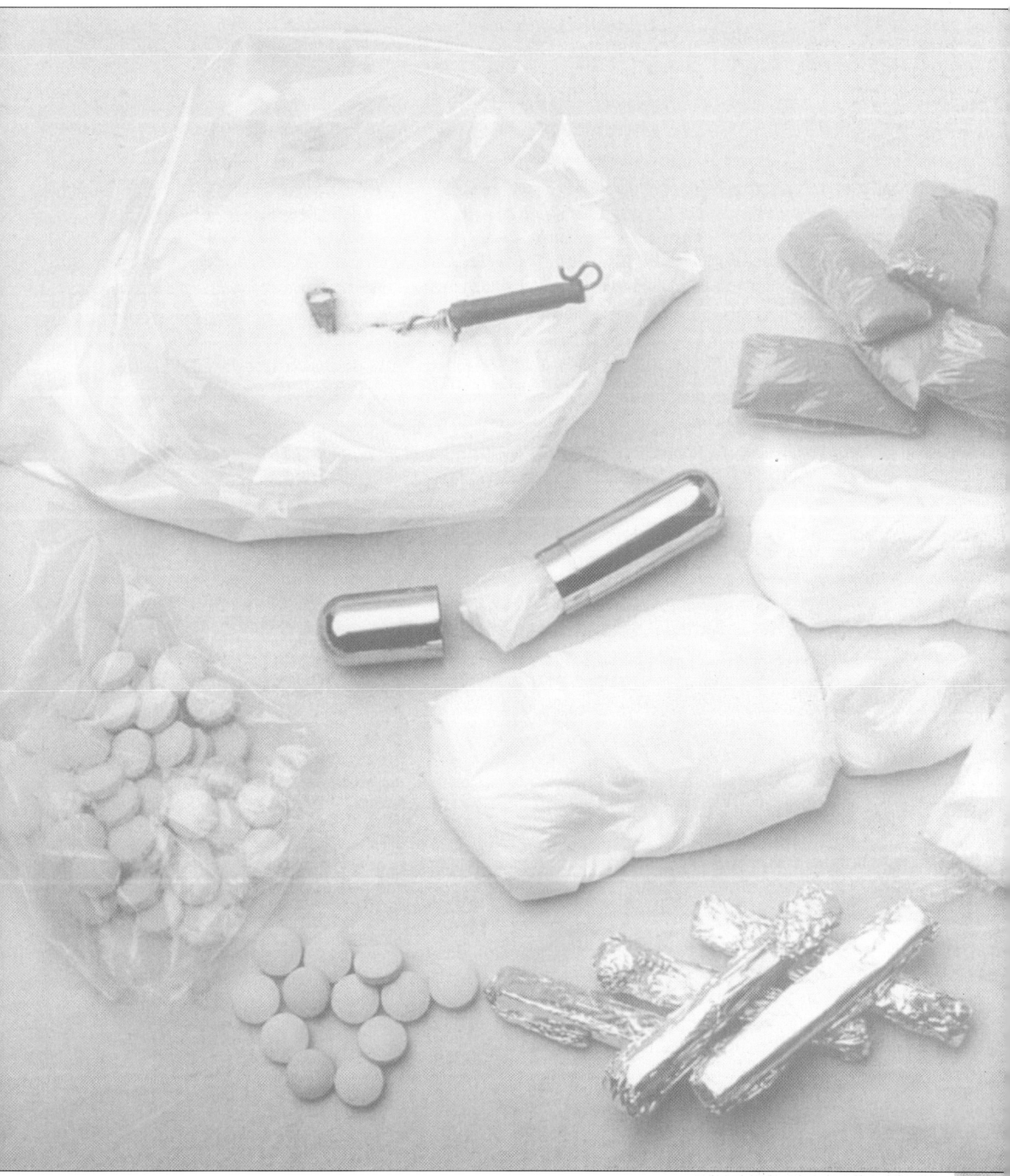

# Drogen

*„Der Genuss von Drogen führt zu schweren Schädigungen der Gesundheit und des menschlichen Lebens. Abgesehen vom rein medizinischen Gebrauch ist er eine schwer wiegende sittliche Verfehlung."*
*Katechismus der katholischen Kirche, 1993*

## ■ Was sind Drogen?

Unter „Drogen" versteht man Stoffe, die Veränderungen der Wahrnehmung oder der Körperfunktionen herbeiführen. Drogen, die nicht von Ärzten verschrieben werden, werden in zwei Gruppen unterteilt:

### Legale Drogen

Dazu gehören vor allem **Alkohol** und **Nikotin**. Diese Genussmittel sind in der Bevölkerung weit verbreitet und werden auch von immer jüngeren Jugendlichen konsumiert. Laut Drogen- und Suchtbericht 2004 der Bundesregierung liegt das Einstiegsalter beim Rauchen bei 13,6 Jahren. 5 % der 12-Jährigen trinken regelmäßig Alkohol. Jährlich sterben Zehntausende an den direkten Auswirkungen dieser Drogen, z.B. an Lungenkrebs oder Leberzirrhose.

### Illegale Drogen

Viel weniger verbreitet ist die Einnahme illegaler Drogen, z.B. **Kokain**, **Heroin** oder **Marihuana**. Daher sterben auch weniger Menschen durch den Konsum illegaler Drogen als durch Alkoholkonsum oder Rauchen. Illegale Drogen haben jedoch ein hohes Suchtpotenzial.

**Legale und illegale Drogen** haben gemeinsam, dass sie meist in der Freizeit, zur Entspannung genutzt werden. Man nimmt sie nicht aus medizinischen Gründen, sondern weil sie einen „Kick" geben. Oft stehen sie in Verbindung mit einem Kneipenbesuch, einer Party oder einem Rave. Manche Menschen nehmen Drogen auch, wenn sie nicht in Gesellschaft sind. Das gilt vor allem für bereits Süchtige. Viele finden es besonders schwer, sich das Rauchen abzugewöhnen, wenn sie mit anderen Rauchern zusammen sind. Bei anderen Drogen ist das ähnlich.

# kapitel 6
## drogenmissbrauch

## ■ Zur Geschichte

- Bereits vor 3 000 Jahren soll es in Babylon spezielle Trinkhäuser gegeben haben. **Alkohol** wird von den meisten Religionen gebilligt. Oft gehört das Trinken von Alkohol zu religiösen Festen und Ritualen, z.B. im Judentum und im Christentum. In einigen Religionen, wie dem Islam, ist er wegen seiner Nebenwirkungen aber verboten.

- **Tabak** wurde im 15. Jahrhundert von Christoph Kolumbus nach Europa gebracht, trotzdem breitete sich das Rauchen von Zigaretten erst im 20. Jahrhundert aus.

- Die Blätter der Hanfpflanze wurden in der arabischen Welt und in Indien schon vor über 1 000 Jahren geraucht, z.B. bei hinduistischen Ritualen. In den westlichen Gesellschaften verbreitete sich **Cannabis** erst gegen Mitte des 20. Jahrhunderts.

- Die heilige Pflanze (Kokapflanze) wurde bei den Inka als Geschenk der Götter verehrt. Das Kauen der Kokablätter war in der Blütezeit der Inka den Priestern ritueller Feste vorbehalten. **Kokain** in Reinform wurde in Deutschland zum ersten Mal im 19. Jahrhundert gewonnen und lange Zeit als Schmerz- und Betäubungsmittel verwendet.

- **Opium** wurde im 16. Jahrhundert nach Europa eingeführt und bis zum Ende des 19. Jahrhunderts häufig als Heilmittel verwendet. Von der berauschenden Wirkung des Schlafmohns, aus dem Opium gewonnen wird, wussten vor über 4 000 Jahren aber schon die Sumerer.

- **LSD** und **Ecstasy** sind Erfindungen des 20. Jahrhunderts.

### Wichtige Begriffe

**Alkohol** → Flüssigkeit, die durch Fermentierung von Zucker entsteht; berauschender Grundbestandteil fermentierter Getränke.

**Illegale Drogen** → Betäubungsmittel, die oft süchtig machen.

**Freizeitdrogen** → Drogen, die aus nicht-medizinischen Gründen in der Freizeit genommen werden.

## ■ Warum nehmen Menschen Drogen?

Der Gebrauch illegaler Drogen stieg in den 1970er Jahren explosionsartig an. Dafür gibt es viele mögliche Gründe:

- Um der **Langeweile** des Lebens zu entkommen.

- **Experimentierfreude**. Viele Süchtige haben schon als Jugendliche Drogen probiert.

- **Um sich den Eltern zu widersetzen**. Die meisten Jugendlichen wissen, wie ihre Eltern reagieren würden, wenn sie von ihrem Drogenkonsum wüssten.

- **Neugierde**. Man will neue Erfahrungen machen und herausfinden, wie Drogen wirklich wirken.

- **Gruppenzwang**. Untersuchungen haben ergeben, dass die meisten Jugendlichen durch Freunde zum ersten Mal an Drogen kommen.

- **Sucht**.

❓ **Lies dir die oben genannten Gründe für Drogenkonsum durch. Kennst du noch weitere Gründe?**

❓ **Aus welchen Gründen könnten sich Jugendliche oder Erwachsene gegen den Konsum von legalen oder illegalen Drogen entscheiden? Fasse die Gründe in einer Liste zusammen.**

❓ **Drogen wurden von manchen Kulturen schon vor langer Zeit verwendet. Versuche herauszufinden, warum oder bei welcher Gelegenheit in manchen Gegenden der Konsum einer bestimmten Droge weit verbreitet war.**

### Zusammenfassung

▸▸ *Eine Droge ist ein chemischer Stoff, der Veränderungen im Körper herbeiführt. Freizeitdrogen kann man unterteilen in legale und illegale Drogen.*

▸▸ *Während LSD und Ecstasy relativ neue Erfindungen sind, gibt es die meisten anderen Drogen schon seit langer Zeit.*

▸▸ *Es gibt viele mögliche Gründe für Drogenkonsum.*

# Legale Drogen

**Legale Drogen wie Alkohol und Nikotin gelten in der heutigen Gesellschaft als akzeptabel** und werden von einem großen Teil der Bevölkerung genutzt. Trotzdem birgt auch der übermäßige Genuss dieser Suchtmittel große Gefahren.

## Fakt

*Männer trinken in Deutschland durchschnittlich 127,5 Liter Bier pro Jahr, Frauen etwa 18 Liter Bier und 4,9 Liter Wein oder Sekt. Der männliche Körper baut Alkohol schneller ab als der weibliche. Frauen spüren die Wirkung von Alkohol also früher als Männer.*

Quelle: Bundeszentrale für gesundheitliche Aufklärung, www.bzga.de/bzga_stat/pdf/33230000.pdf

## ■ Alkohol – die Fakten

Alkohol wirkt zunächst anregend, dann aber beruhigend, da er das zentrale Nervensystem dämpft. Er mindert die Fähigkeit zur Selbstkritik, wirkt enthemmend und beeinträchtigt die Reaktionsfähigkeit. Dies alles gilt schon bei geringfügigem Alkoholkonsum. Daher wurde die Promillegrenze für Autofahrer immer weiter herabgesetzt.

- 9 Millionen Menschen in Deutschland haben gravierende Alkoholprobleme, 1,6 Millionen Menschen sind alkoholabhängig. Die Behandlung einer Alkoholsucht beginnt meist viel zu spät, 5–10 Jahre nach Beginn der Abhängigkeit.
- Jedes Jahr gibt es mehr als 40 000 alkoholbedingte Todesfälle in Deutschland.
- Auch bei Verkehrsunfällen spielt Alkohol eine wichtige Rolle. Im Jahr 2003 gab es in Deutschland 22 487 alkoholbedingte Verkehrsunfälle. Dabei wurden 8 548 Menschen schwer verletzt, 698 Menschen kamen ums Leben.
- In Betrieben verursacht Alkoholmissbrauch erhebliche Kosten. Er ist für 10–30 % der Betriebs- und Wegeunfälle verantwortlich. Außerdem bringen Alkoholabhängige nur etwa drei Viertel ihrer normalen Arbeitsleistung. Sie bleiben 16-mal häufiger von der Arbeit fern und sind 2,5-mal häufiger krank als ihre Kollegen.
- Fast alle Jugendlichen machen Erfahrungen mit Alkohol.

Quelle: www.bmgs.bund.de/download/broschueren/A605.pdf

*„Alkoholhaltige Süßgetränke im Sinne des § 1 Abs. 2 und 3 des Alkopopsteuergesetzes dürfen gewerbsmäßig nur mit dem Hinweis ‚Abgabe an Personen unter 18 Jahren verboten, § 9 Jugendschutzgesetz' in den Verkehr gebracht werden. Dieser Hinweis ist auf der Fertigpackung in der gleichen Schriftart und in der gleichen Größe und Farbe wie die Marken- oder Phantasienamen, soweit nicht vorhanden, wie die Verkehrsbezeichnung zu halten und bei Flaschen auf dem Frontetikett anzubringen."*

Alkopopsteuergesetz, 23.7.2004

# kapitel 6
## drogenmissbrauch

- ❓ Warum trinken und rauchen deiner Meinung nach so viele Menschen, obwohl sie wissen, dass sie damit ihrer Gesundheit schaden?

- ❓ Führe eine Umfrage durch. Wie hoch ist der Anteil derer, die regelmäßig rauchen und Alkohol trinken? Welche Gründe geben sie dafür an?

- ❓ Deutschland liegt sowohl bei der Raucherquote als auch beim Alkoholkonsum international in der Spitzengruppe. Kannst du dir vorstellen, warum das so ist?

- ❓ „Tabak und Alkohol würden gesetzlich verboten werden, wenn man sie erst heute entdecken würde." Was meinst du dazu?

- ❓ Alkopops wurden durch die Einführung einer Sondersteuer im Juli 2004 stark verteuert. Warum? Ist diese Maßnahme deiner Meinung nach wirkungsvoll?

## ■ Nikotin – die Fakten

- Rauchen verursacht die meisten vermeidbaren Todesfälle. Der Stoff, der beim Rauchen zu Genussempfinden führt, ist das Nikotin. Nikotin kann ähnlich süchtig machen wie Heroin.
- Zigaretten enthalten 300 schädliche Stoffe. Diese sind nicht nur für Raucher gefährlich, sondern auch für Passivraucher, die den Rauch unfreiwillig einatmen.
- Etwa 90 % aller Menschen, die an Lungenkrebs sterben, und 75 % aller Menschen, die an Bronchitis sterben, waren Raucher. Nikotinkonsum tötet weltweit etwa 3 Millionen Menschen im Jahr.

## ■ Koffein – die Fakten

- Koffein ist ein natürlicher Bestandteil von Kaffee und Tee.
- Koffein macht abhängig. Es wirkt anregend und stimuliert das zentrale Nervensystem. Hohe Mengen an Koffein erhöhen das Herzinfarktrisiko und können Nervosität und Schlaflosigkeit verursachen.

### Fakt

*Laut Bundesministerium für Gesundheit gab es 2003 in Deutschland 16,7 Mio. Raucher. Die deutsche Raucherquote ist sehr hoch im Vergleich zu der unserer europäischen Nachbarländer. Sorge macht vor allem die Zunahme von rauchenden Frauen und von jugendlichen Rauchern: Ein Viertel der Jugendlichen raucht regelmäßig. In Deutschland gibt es pro Jahr über 100 000 tabakbedingte Todesfälle. Der volkswirtschaftliche Schaden wird auf 16 Mrd. Euro geschätzt.*

Quelle: www.bmgs.bund.de/download/broschueren/A605.pdf

## Zusammenfassung

▸▸ *Alkohol hat eine dämpfende Wirkung. Schon in geringen Mengen beeinflusst er das menschliche Verhalten. Starker Alkoholkonsum führt langfristig zu schweren Gesundheitsschäden.*

▸▸ *Auch Rauchen verursacht langfristig schwere Gesundheitsschäden. Nikotin hat ein hohes Suchtpotenzial. Rauchen schädigt den Raucher selbst und die Menschen in seiner Umgebung.*

▸▸ *Koffein ist natürlicher Bestandteil von Kaffee und Tee. Starker Koffeinkonsum kann gesundheitsschädliche Nebenwirkungen haben.*

# Drogen im Sport

**Der Gebrauch von Drogen im Sport ist nichts Neues.** Einige Sportler nehmen Stoffe, von denen sie eine Steigerung ihrer Leistung erwarten. Schon bei den Wettkämpfen in der Antike wurden stimulierende pflanzliche Substanzen zur Leistungssteigerung eingenommen. Ob bereits in den Anfängen der Olympischen Spiele der Neuzeit gedopt wurde, ist unbekannt.

Regeln zur Einschränkung des Dopings wurden erst gegen Ende der 1960er Jahre eingesetzt, nachdem es zu ersten Todesfällen gekommen war.

Einer der bekanntesten ehemaligen Sportler, die im Wettkampf starben, war der Radrennfahrer *Tom Simpson*, der 1967 während der Tour de France nach der Einnahme von **Amphetaminen** verstarb. Deshalb wurden die ersten Anti-Doping-Regeln gegen die Anwendung von Stimulanzien und Narkotika im Wettkampf ausgesprochen. Im Laufe der Jahre wurde die Liste der verbotenen Substanzen erweitert. Für viele Sportarten gibt es inzwischen eine Liste verbotener Mittel. Systematische Kontrollen sollen von der Einnahme dieser Mittel abschrecken.

**Unterschiedliche Drogen haben auch eine unterschiedliche Wirkung.** Ein Mittel, das bei einer Sportart verboten ist, kann also bei einer anderen erlaubt sein. **Anabolika**, die den Aufbau der Muskeln fördern, machen einen Sportler beispielsweise stärker und schneller. Dies könnte für einen Kurzstreckenläufer oder Kugelstoßer von Vorteil sein. Für einen Bogenschützen oder Langstreckenläufer wäre es dagegen ein Nachteil. Anabolika haben starke unerwünschte Nebenwirkungen. Sie führen zu einer vorzeitigen Fettablagerung in den Arterien. Die dadurch verursachten Herzprobleme können zum Tod führen. Anabolika können auch die Aggressivität steigern und der Grund für Gewalttätigkeit sein.

## ■ Doping – pro und kontra

Befürworter des Dopings behaupten, dass man ein besonderes Talent braucht, um ein herausragender Sportler zu werden. Der Gebrauch von Drogen unterstützt dieses Talent nur. Wenn jeder Sportler Zugang zu Drogen hätte, gäbe es also keinen Grund zur Sorge. Wahres Talent trägt immer den Sieg davon. Für Dopinggegner ist jede Form von Doping Betrug. Das ist auch die offizielle Sicht der Sportverbände, die Drogengebrauch konsequent bekämpfen. Dies ist jedoch nicht immer einfach:

1. Viele Dopingkontrollen haben keinen Erfolg. Durch genaue Planung kann ein Athlet sicherstellen, dass zum Zeitpunkt der Kontrolle fast alle Drogen spurlos aus seinem Körper verschwunden sind. Man sucht immer noch nach wirklich wirksamen Nachweisverfahren.

2. Der menschliche Körper produziert einige verbotene Stoffe auf natürliche Weise. Das heißt, dass ein Testergebnis nie hundertprozentig verlässlich sein kann.

### Fakt

*Vor den Olympischen Spielen in Sydney 2000 wurden Erythropietin (EPO)-Kontrollen angekündigt. Dutzende von Athleten nahmen daraufhin ihre Anmeldung zurück.*

---

„Ich habe sofort die Wirkung der Anabolika gemerkt. Die Essgewohnheiten ändern sich, ich hatte riesengroßen Appetit. Plötzlich wog ich 120 Kilo [...]. Ich erlebte einen sprunghaften Anstieg der Kraftleistungen. Beim Training wurde ich einfach nicht mehr müde, immer hätte ich Bäume ausreißen können."

Uwe Beyer, Hammerwerfer (starb im Alter von 48 Jahren an einem Herzinfarkt)
Quelle: www.sportunterricht.de/lksport/anabolika.html

### Argumente gegen Doping

- Sport sollte ein fairer und ehrlicher Wettkampf zwischen Sportlern sein. Dabei sollen Erfolge aufgrund von natürlichem Talent und hartem Training erzielt werden. All dies wird durch Doping zunichte gemacht.

- Verbotene Stoffe können langfristig die Gesundheit schädigen. Langjähriges Doping kann zu einem vorzeitigen und plötzlichen Tod führen.

- Regeln, die wir im Sport akzeptieren, werden meist auch in der Gesellschaft akzeptiert. Spitzensportler sind Vorbilder für Millionen junger Menschen. Ihre Einstellung zu Drogen beeinflusst oft das Verhalten dieser Jugendlichen.

### Fakt

*Im Jahr 2000 verklagten 22 ehemalige DDR-Sportlerinnen die Hauptverantwortlichen des Dopings in der DDR. Die Sportlerinnen hatten schon als Kinder oder Jugendliche ohne ihr Wissen Anabolika bekommen und litten als Erwachsene deshalb unter schweren gesundheitlichen Schäden.*

# kapitel 6
## drogenmissbrauch

*Florence Griffith Joyner war in den 1990er Jahren eine Spitzenathletin. Sie wurde nur 38 Jahre alt. Man nahm an, dass sie an den Nebenwirkungen von Dopingmitteln starb, obwohl sie nie bei einer Dopingkontrolle auffiel.*

**?** Informiere dich in den Medien über die Dopingfälle der letzten Jahre. Versuche herauszufinden, aus welchen Gründen die Sportler zu Drogen griffen.

**?** Im DDR-Sport bekamen schon junge Mädchen Anabolika. Welche gesundheitlichen Folgen hatte das für die Mädchen? Suche im Internet nach Informationen (z.B. www.sportunterricht.de/lksport/dopeddr.html).

**?** Welche Argumente sprechen für Doping, welche dagegen? Was ist deine Meinung? Eine „Expertendiskussion" zum Thema findest du unter: www.sportunterricht.de/lksport/doping.html

## Zusammenfassung

▸▸ *Betrugsversuche gab es im Sport schon immer. Der Gebrauch von leistungssteigernden Mitteln ist weit verbreitet.*

▸▸ *Anabolika steigern Körpermasse und Kraft. Sie haben starke, gesundheitsschädigende Nebenwirkungen. Im Gegensatz zu manch anderen Drogen kann man Anabolika bei Dopingkontrollen nachweisen.*

▸▸ *Bei Dopingkontrollen steht man vor dem Problem, dass einige verbotene Substanzen vom Körper selbst produziert werden können. Die Sportverbände sind ständig auf der Suche nach besseren Nachweisverfahren.*

# „Harte" Drogen

> „Die durch Suchtmittelmissbrauch und -abhängigkeit entstehenden volkswirtschaftlichen Schäden sind beträchtlich. Jedes fünfte Bett in deutschen Krankenhäusern ist ein ‚Suchtbett', jeder zehnte Arztbesuch ein ‚Suchtbesuch'."
>
> Aktionsplan Drogen und Sucht, Bundesministerium für Gesundheit, 2003

In Deutschland verbietet das Betäubungsmittelgesetz den Erwerb, den Besitz und die Herstellung von bestimmten Drogen. Diese illegalen Drogen werden oft in „harte" und „weiche" Drogen unterteilt. Dabei versteht man unter „harten" Drogen solche, die zu einer physischen (körperlichen) Abhängigkeit führen. So genannte „weiche" Drogen machen zwar nicht physisch abhängig, können aber eine psychische Abhängigkeit hervorrufen. **Zu den „harten" Drogen gehören:**

## ■ Heroin

Heroin wird synthetisch aus Morphium hergestellt. Morphium wiederum ist eine in Opium enthaltene Verbindung. Opium wird aus Schlafmohn gewonnen. Heroin wird meist direkt in eine Vene gespritzt und verursacht sofort einen Rauschzustand. Heroinkonsum führt meist sehr schnell zu einer Abhängigkeit. Das Absetzen von Heroin ist mit schweren körperlichen Entzugserscheinungen verbunden, wobei ein abruptes Absetzen aber nur selten lebensbedrohlich ist. Problematisch ist nicht der Entzug selbst, sondern die Angst vor den Entzugsschmerzen.

## ■ Kokain

Kokain wird aus den Blättern der Kokapflanze gewonnen. Diese wächst in den südamerikanischen Anden. Kokain wird meist durch die Nase eingezogen. Es ist die Droge mit dem höchsten Suchtpotenzial. Von sechs Personen, die nur einmal Kokain geschnupft haben, wird eine süchtig. Nach chronischem, hochdosiertem Kokaingebrauch kann es gelegentlich zu Entzugserscheinungen kommen. Jedoch sind diese nicht so ausgeprägt wie bei Heroin.

*Heroin wird direkt in eine Vene gespritzt und verursacht Rauschzustände.*

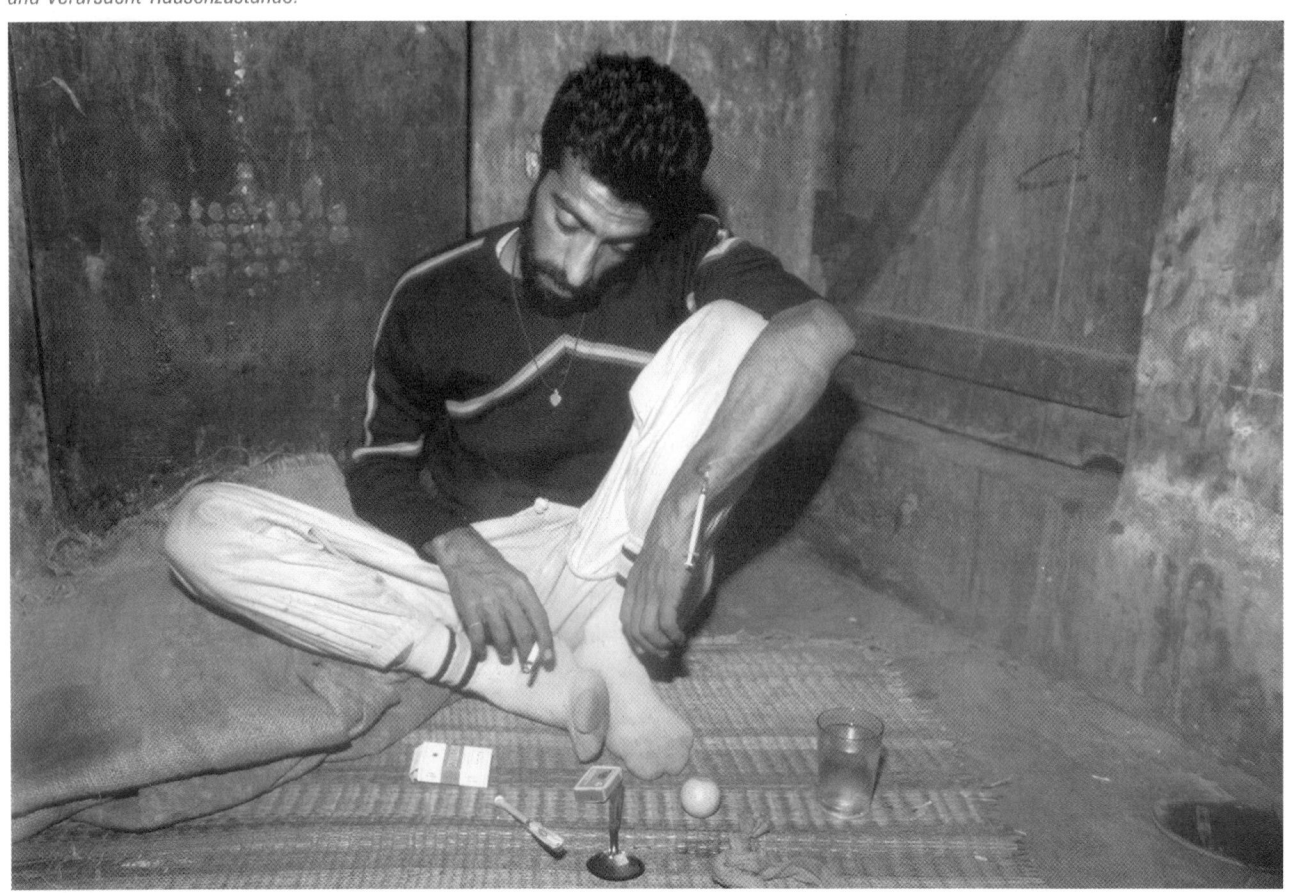

# kapitel 6
## drogenmissbrauch

### Fakt

*In Deutschland sind rund 150 000 Menschen von Heroin und anderen Opiaten abhängig. 300 000 Personen nehmen regelmäßig Kokain. Partydrogen wie Ecstasy werden von rund 500 000 meist jungen Menschen konsumiert, oft in Verbindung mit anderen Drogen wie Cannabis, Kokain oder Alkohol.*
*Im Jahr 2003 gab es laut DHS (Deutsche Hauptstelle gegen die Suchtgefahren) 1 477 Rauschgifttote. Probleme bereiten auch der Drogenhandel und die Beschaffungskriminalität. So gab es 2002 mehr als 255 000 Delikte, die mit Rauschgift in Verbindung standen.*

Quellen: www.bmgs.bund.de/download/broschueren/A605.pdf und www.dhs.de/daten_zahlen_drogen.html

## ■ Ecstasy

Ecstasy wird meist mit der Party- und Techno-Szene in Verbindung gebracht und wird wegen seiner antriebssteigernden und stimmungshebenden Wirkung als Party-Droge von Jugendlichen genommen. Um die ganze Nacht hindurch tanzen zu können, nehmen in Deutschland rund eine halbe Million meist junger Menschen diese Droge. Ecstasy lässt die Körpertemperatur stark ansteigen (Ecstasy-Fieber). Wenn nicht nebenbei genügend alkoholfreie Getränke getrunken werden, trocknet der Körper stark aus.

## ■ LSD

Auch LSD ist in der Party-Szene beliebt. Es verursacht intensive Wahrnehmungsveränderungen und führt zu Halluzinationen. Manchmal kommt es zu einem so genannten „bad trip", bei dem die Betroffenen unter Angstattacken und Verfolgungswahn leiden. Besonders in der Anfangsphase der LSD-Wirkung können Atmung, Pulsfrequenz, Blutdruck, Körpertemperatur (Schweißausbrüche) und Blutzuckerspiegel erhöht sein. Es kann zu geweiteten Pupillen kommen. Schwindelgefühle und Benommenheit können auftreten. LSD verursacht keine körperliche Abhängigkeit. Somit treten beim Absetzen der Droge auch keine körperlichen Entzugserscheinungen auf.

## ■ Amphetamine

Amphetamin (Speed) ist ein Aufputschmittel. Es unterdrückt die Müdigkeit und zügelt den Appetit. Manche Studenten nehmen es, wenn sie in den Prüfungsvorbereitungen stecken. Dies ist aber nicht sinnvoll, da Amphetamine die Fähigkeit mindern, klar zu denken. Die Einnahme von Amphetaminen hat oft Depressionen, Schlaflosigkeit oder Wahnvorstellungen zur Folge. Amphetamine können eingenommen, geschnupft, geraucht oder gespritzt werden.
Zu den kurzfristigen Nebenwirkungen gehören Herzrasen, erhöhter Blutdruck, Hautprobleme und Durchfall. Auf lange Frist kann die Einnahme dieser Drogen zu Herzbeschwerden und Schizophrenie führen.

---

? **In den Medien wird ab und zu über Todesfälle in Verbindung mit Ecstasy berichtet. Was weißt du über diese Droge?**

? **Informiert euch in Gruppen über jeweils eine Droge und berichtet der Klasse darüber. Infomaterial über verschiedene Drogen (z.B. Kokain, Heroin, Amphetamine) gibt es im Internet, z.B. bei der Bundeszentrale für gesundheitliche Aufklärung (www.bzga.de) unter dem Stichwort „Suchtprävention".**

? **Wo und wie wird Drogenabhängigen geholfen? Suche Informationen und Anlaufstellen.**

? **Die Gefahren von Drogenmissbrauch sind den meisten jungen Menschen bekannt. Warum nehmen manche deiner Meinung nach trotzdem Drogen?**

### Zusammenfassung

▸▸ *Das Betäubungsmittelgesetz verbietet den Erwerb, den Besitz und die Herstellung von bestimmten Drogen. Manchmal wird zwischen harten und weichen Drogen unterschieden.*

▸▸ *Heroin, Kokain, LSD und Ecstasy sind die am weitesten verbreiteten harten Drogen. Heroin und Kokain sind die illegalen Drogen, die am schnellsten süchtig machen. LSD und Ecstasy werden mit der Techno-Szene in Verbindung gebracht.*

# „Weiche" Drogen

*Drogenkonsum gehört für viele junge Leute zu ihrem Lebensstil.*

**Die am weitesten verbreitete weiche Droge ist Cannabis, die vor allem in Form von Marihuana und Haschisch konsumiert wird.**

## ■ Cannabis

Cannabis ist der botanische Name der Hanfpflanze. Die häufigsten Cannabisprodukte sind Marihuana („Gras"), das aus den Blättern und Blüten der Pflanze gewonnen wird, und Haschisch („Dope" oder „Shit"), das aus dem Harz der Blütenstände gewonnen wird. Aus Auszügen von Marihuana und Haschisch wird das stark konzentrierte Cannabisöl gewonnen.

Cannabis wird meist mit Tabak gemischt und geraucht. Es hat eine entspannende Wirkung und verlangsamt das Reaktionsvermögen. Daher ist nach dem Gebrauch von Cannabis die Fahrtauglichkeit eingeschränkt. Anders als beim Alkohol gibt es für Autofahrer aber keine Grenzwerte: Grundsätzlich gilt jeder noch so geringe Nachweis von illegalen Drogen als ordnungswidrig und kann zum Einzug des Führerscheins führen. Cannabis braucht länger als Alkohol, um vom Körper wieder ausgeschieden zu werden.

## ■ Macht Cannabis süchtig?

Man geht davon aus, dass regelmäßiger Cannabiskonsum bei 4–7 % der Konsumenten zur Abhängigkeit führt. Diese leiden unter Symptomen wie innere Unruhe, Ängstlichkeit oder Depressionen, wenn sie ihren Cannabiskonsum einschränken oder die Droge ganz absetzen wollen. Laut Bundeszentrale für gesundheitliche Aufklärung tragen vor allem folgende Faktoren dazu bei, dass jemand süchtig wird:
- eine labile psychische Gesundheit,
- hoher Drogenkonsum im Freundeskreis,
- früher Beginn des Cannabiskonsums (unter 16 Jahren),
- mangelnde Unterstützung durch Familie und Freunde,
- Perspektivlosigkeit (z.B. Arbeitslosigkeit, Schulprobleme),
- kritische Lebensereignisse (z.B. Trennung).

*Quelle: Bundeszentrale für gesundheitliche Aufklärung, Basisinformation Cannabis, S. 23*

### Fakt

*Cannabis ist die am häufigsten konsumierte illegale Droge unter Jugendlichen. In Deutschland hat über ein Viertel der Jugendlichen schon einmal Cannabis genommen, etwa 2 Millionen meist junge Menschen konsumieren es regelmäßig. Davon sind schätzungsweise 200 000 Menschen abhängig.*

Quelle: www.bmgs.bund.de/download/broschueren/A605.pdf

## kapitel 6
### drogenmissbrauch

# Sollte Cannabis legalisiert werden?

## Argumente für die Legalisierung von Cannabis

- Wer wegen Cannabisgebrauchs strafrechtlich verfolgt wird, kann dadurch seinen Ausbildungs- oder Arbeitsplatz verlieren und auf die schiefe Bahn geraten.
- Wenn Cannabis erlaubt wäre, kämen Cannabiskonsumenten nicht mehr zwangsläufig auch mit dem illegalen Drogenhandel in Kontakt. Die Gefahr, dort auch harte Drogen angeboten zu bekommen, wäre wesentlich geringer.
- Auf dem illegalen Markt wird Cannabis oft mit gefährlichen Substanzen gestreckt. Bei legalem Cannabisverkauf gäbe es strenge Kontrollen.
- Das Suchtpotenzial von Cannabis und die gesundheitlichen Folgen sind geringer als beim legalen Nikotin- und Alkoholkonsum.

## Argumente gegen die Legalisierung von Cannabis

- Cannabis kann als Einstiegsdroge zum Gebrauch anderer Drogen führen.
- Wenn Cannabis erlaubt würde, würde der Markt überflutet und viel mehr Menschen würden es ausprobieren.
- Auch wenn Cannabis relativ harmlos ist, ist es trotzdem eine Droge. Alle Drogen, auch Alkohol und Nikotin, sind schlecht für die Gesundheit.
- Auch wenn das Abhängigkeitspotenzial gering ist, so ist Cannabis trotz allem eine Droge und kann zur Abhängigkeit führen.

**?** Führe in deinem Bekanntenkreis eine (anonyme) Umfrage durch. Wie viele deiner Bekannten haben schon einmal Cannabis genommen, wie viele nehmen es regelmäßig?

**?** Ist Cannabis harmlos oder birgt es auch Gefahren? Was meinst du?

**?** Informiere dich auf der Internetseite www.drugcom.de darüber, was Jugendliche tun können, die ihren Cannabiskonsum aufgeben oder reduzieren wollen.

**?** Welche Vor- und Nachteile hätte deiner Meinung nach eine Legalisierung von Cannabis?

---

*„Je früher jemand anfängt zu kiffen, desto höher ist das Risiko, später einen problematischen Konsum zu entwickeln. Die These von Cannabis als der Einstiegsdroge gilt heute weitgehend als widerlegt. Doch haben junge Erstkonsumenten von Cannabis im Vergleich zu erwachsenen Erstkonsumenten ein deutlich höheres statistisches Risiko, eine Abhängigkeit zu entwickeln und andere Drogen wie Kokain oder Amphetamine regelmäßig zu konsumieren."*

Aus dem Cannabis-Ausstiegsprogramm „Quit the Shit" (www.drugcom.de)

---

### Wichtige Begriffe

**„Harte" Drogen** → Drogen, die physisch und psychisch abhängig machen können, zum Beispiel Heroin, Kokain, LSD, Ecstasy.

**„Weiche" Drogen** → Drogen, die psychisch abhängig machen können, z.B. Cannabis.

### Zusammenfassung

▶▶ *Die bekannteste weiche Droge ist Cannabis. Cannabiskonsum ist vor allem unter Jugendlichen weit verbreitet.*

▶▶ *Cannabis kann süchtig machen und beeinträchtigt die Fahrtauglichkeit.*

▶▶ *Immer wieder wird diskutiert, ob Cannabis legalisiert werden sollte.*

# Rauchen und Alkohol

## ☐ Christentum

*"Oder wisst ihr nicht, dass euer Leib ein Tempel des Heiligen Geistes ist, der in euch wohnt und den ihr von Gott habt? Ihr gehört nicht euch selbst; denn um einen teuren Preis seid ihr erkauft worden. Verherrlicht also Gott in eurem Leib!"*
*Bibel, 1 Korinther 6,19–20*

Die meisten Christen glauben, dass der verantwortliche Gebrauch von Drogen aus medizinischen Gründen zulässig ist, und unterstützen die Forschung nach neuen Medikamenten. Doch auch von diesen Medikamenten, die eigentlich Krankheiten lindern sollen, kann man süchtig werden.
Laut Bundesministerium für Gesundheit haben 7–8 % aller verordneten Medikamente ein Abhängigkeitspotenzial. Dazu gehören vor allem Schlaf- und Beruhigungsmittel oder auch Appetitzügler, die oft zu sorglos verschrieben werden. 1,5 Millionen Menschen, die meisten davon Frauen, sind von Medikamenten abhängig. Oft ist ihre Abhängigkeit eher psychisch als körperlich. Trotzdem ist es für sie schwierig, von den Tabletten wieder loszukommen.

*"Berauscht euch nicht mit Wein – das macht zügellos – sondern lasst euch vom Geist erfüllen!"*
*Bibel, Epheser 5,18*

## ■ Rauchen

Die Bibel sagt nichts zum Thema Rauchen. Zahlreiche Christen – darunter auch viele Pfarrer – rauchen. Gegen das Rauchen spricht aus christlicher Sicht, dass Nikotin der Gesundheit schadet. Wer seinem Körper schadet, versündigt sich gegen Gott, der diesen Körper schuf.

## ■ Alkohol

Im 19. Jahrhundert verlangten einige christliche Kirchen von den Gläubigen, auf Alkohol zu verzichten. Die Methodistische Kirche stand dabei an erster Stelle: Sie forderte den totalen Verzicht auf Alkohol und machte dies zu einer Bedingung der Mitgliedschaft. Dieser Forderung nach Abstinenz lag zugrunde, dass viele Familien und einzelne Menschen durch Alkoholismus regelrecht zerstört wurden. Da es zu der Zeit noch keine Sozialarbeiter gab, musste die Kirche sich dann um die Folgen kümmern.

**Heute vertreten die meisten Christen eine dieser beiden Ansichten:**

1. Einige glauben, dass man überhaupt nicht trinken sollte, da Alkoholkonsum großen Schaden anrichten kann. Der totale Verzicht auf Alkohol ist jedoch selten geworden.

2. Andere glauben, dass Alkohol ein Geschenk Gottes ist und sich alle – in Maßen – daran erfreuen dürfen. Im Alten Testament wird gesagt, dass „die Frucht des Weinstocks" ein Geschenk Gottes ist, dass der übermäßige Genuss von Wein einen Menschen aber Dinge tun lässt, für die er sich normalerweise schämen würde.

## ■ Drogen

Ein Mensch, dessen Leben durch Drogen – egal ob Alkohol, Nikotin oder illegale Drogen – bestimmt wird, läuft Gefahr aufgrund seiner Sucht vielleicht seine Arbeitsstelle, seine Familie, sein Haus oder sein Selbstwertgefühl zu verlieren. In extremen Fällen wird er vielleicht sogar sein Leben verlieren. Im Neuen Testament wird berichtet, dass Jesus vor allem auf die Erde gekommen war, weil er Menschen in Not helfen wollte.

*"Nicht die Gesunden brauchen den Arzt, sondern die Kranken. Ich bin gekommen, um die Sünder zu rufen, nicht die Gerechten."*
*Bibel, Markus 2,17*

Christen haben zwei Gründe, Drogenabhängigen zu helfen, die durch ihre Sucht an den Rand der Gesellschaft geraten sind:

1. Sie folgen so dem Gebot der Nächstenliebe, die Jesus ihnen laut Evangelium vorgelebt hat.

2. Sie glauben, dass sie, indem sie einem Notleidenden helfen, Jesus selbst helfen.

### Wichtige Begriffe

**Methodistische Kirche** → Prostestantische Kirche, die im 18. Jahrhundert in England gegründet wurde.

**Abstinenz** → Vollkommener Verzicht auf ein Genussmittel, hier Alkohol.

# kapitel 6
## drogenmissbrauch

**?** Abstinenz oder Alkohol in Maßen – warum forderten wohl einige Kirchen von ihren Mitgliedern vollkommene Abstinenz?

**?** Beim Abendmahl wird in manchen Gemeinden Traubensaft statt Wein verwendet. Kannst du dir vorstellen, warum?

**?** Im Neuen Testament wird berichtet, dass Jesus vielen von der Gesellschaft ausgestoßenen Menschen half. Welche Beispiele kennst du?

„In manchen Kirchengemeinden wird das Abendmahl nicht mit Wein, sondern mit Saft gefeiert. Das ist kein Abendmahl mehr, denn es verstößt gegen den Einsetzungsbefehl des Herrn Jesus. Wer gab Pastoren und Gemeinden das Recht zu ändern, was als Testament unseres Herrn über 1900 Jahre lang klar verstanden wurde?"
*Evangelischer Pastor*

## Zusammenfassung

▸▸ Einige Christen verzichten ganz auf Alkohol. Der Grund dafür ist, dass Alkohol großen Schaden anrichten kann. Die meisten Christen trinken jedoch Alkohol, meist aber nur in Maßen.

▸▸ Obwohl viele Christen rauchen, wird dies eigentlich im Christentum abgelehnt.

▸▸ Christen folgen Jesu Gebot der Nächstenliebe, wenn sie Drogenopfern helfen.

# Rauchen und Alkohol

## ☐ Judentum

*„Der Wein kommt herein, die Vernunft geht hinaus. Der Wein kommt herein, das Geheimnis geht hinaus."*
Jüdisches Sprichwort

### ■ Rauchen

Moses Maimonoides, ein bedeutender Rabbiner aus dem 12. Jahrhundert, lehrte, dass niemand das Recht hat, sein eigenes oder ein anderes Leben zu gefährden. Ein anderer jüdischer Lehrer sagte seinen Anhängern, dass es besser sei, unkoschere Nahrung zu essen als sein Leben in Gefahr zu bringen. Rauchen widerspricht also eigentlich der jüdischen Lehre. Trotzdem rauchen viele Juden.

### ■ Alkohol

Im Talmud, einem heiligen Buch der Juden, wird gesagt, dass es „eine Feier ohne Wein" gibt. Tatsächlich wird bei den meisten jüdischen Festen Wein getrunken, um „den Geist zu lösen". Beim Purimfest (Freudenfest zur Erinnerung an die Errettung der persischen Juden) dürfen – und sollen – laut Talmud die Juden so angeheitert sein, dass sie nicht mehr wissen, ob sie nun „Mordechai segnen oder Haman verfluchen". Die Juden geben jedoch zu, dass Wein das Urteilsvermögen beeinträchtigt. Der Talmud sagt, dass ein Rabbiner keinen geistlichen Rat geben sollte, wenn er Alkohol getrunken hat.

### ■ Drogen

Das Judentum lehrt, dass der Körper immer mit Respekt behandelt werden muss. Jede Form von Selbstmissbrauch, wie das Einnehmen von Drogen, widerspricht dieser Lehre. Die jüdische Lehre betont auch, wie wichtig es ist, einen klaren Verstand zu haben, um vernünftige Entscheidungen zu treffen. Einige jüdische Hilfsorganisationen haben mittlerweile auch Drogenberatungsstellen und Entzugskliniken eingerichtet.

*Die rituelle Waschung (Wudu) muss jedem Gebet vorausgehen. Es ist Muslimen streng verboten zum Wudu zu kommen, wenn sie unter dem Einfluss eines Rauschmittels stehen.*

# kapitel 6
## drogenmissbrauch

## ☐ Islam

Jeder berauschende Stoff wird im Arabischen als „Khamr" bezeichnet und ist den Muslimen verboten. Muslime können nicht mit dem Wudu (der rituellen Waschung vor dem Gebet) beginnen, wenn sie nicht im vollen Besitz ihrer geistigen Kräfte sind. Ohne Wudu können sie aber nicht beten.

> „O Gläubige, der Wein, das Spiel, Bilder und Loswerfen sind verabscheuungswürdig und ein Werk des Satans; vermeidet sie, damit es euch wohl ergehe."
> *Koran 5,91*

> „O Gläubige, betet nicht in Trunkenheit, sondern erst bis ihr wieder wisst, was ihr redet."
> *Koran 4,44*

## ■ Rauchen

Rauchen ist Muslimen nicht verboten, obwohl ein muslimisches Prinzip besagt, dass man sich selbst und anderen keinen Schaden zufügen soll.

## ■ Alkohol

Grundsätzlich ist Muslimen heute das Trinken von Alkohol verboten, da im Koran Wein als „Werk des Satans" bezeichnet wird (siehe Zitat links).
In streng islamischen Ländern, in denen die Scharia gilt, kann jemand, der Alkohol trinkt und das öffentliche Leben stört, mit 40–80 Stockschlägen bestraft werden.
In frühislamischer Zeit war Wein aber in der Gesellschaft sehr geschätzt und man verurteilte nur den übermäßigen Alkoholgenuss. Auch der Koran räumte anfangs noch ein, dass im Wein nicht nur Sünde, sondern auch Nutzen für den Menschen liegt (Sure 2,220).

## ■ Drogen

Muslime dürfen nur in Ausnahmesituationen und unter Aufsicht eines Arztes Drogen zu sich nehmen. Der Gebrauch von Stoffen wie Heroin, Kokain und Marihuana widerspricht dem islamischen Glauben, denn Drogen beeinträchtigen den menschlichen Verstand und zerstören einen Körper, der von Allah geschaffen wurde (der Schutz des Lebens und des menschlichen Verstandes sind zwei Grundprinzipien des Islam). Daher ist Drogenkonsum eine schwere Sünde. Außerdem machen Drogen es möglich, Schmerzen und Leid zu entfliehen. Diese wurden jedoch von Allah geschickt, um den Glauben der Menschen auf die Probe zu stellen und zu stärken.

### Wichtige Begriffe

**Talmud** → Bedeutende Schrift, die alle Themen des jüdischen Rechts behandelt.

**Wudu** → Rituelle Waschung, die Muslime vor den Gebeten ausführen.

---

❓ **Was haben die jüdische und die christliche Einstellung zum Alkohol gemeinsam?**

❓ **Im Islam ist Alkohol zwar verboten, einige Muslime legen dieses Verbot aber weniger streng aus als das Verbot von Schweinefleisch. Versuche, die Gründe dafür herauszufinden.**

❓ **Drogen sind in allen drei Religionen verboten. Warum? Vergleiche die Gründe der einzelnen Religionen miteinander.**

## Zusammenfassung

▸▸ *Alkohol spielt im jüdischen Leben eine wichtige Rolle, vor allem bei religiösen Zeremonien.*

▸▸ *Der Drogengebrauch ist sowohl im Judentum als auch im Islam streng verboten.*

▸▸ *Im Islam ist auch Alkohol verboten.*

# Empfehlenswerte Literatur und Links

## ☐ Literatur

*Gerald Beale, Terry Brown, Ian Harvey:*
**Neinsagen lernen.**
Verlag an der Ruhr.
- **Drogen**
  ISBN 3-86072-577-7
- **Rauchen**
  ISBN 3-86072-576-9
- **Alkohol**
  ISBN 3-86072-575-0

*Christiane F. u.a.:*
**Wir Kinder vom Bahnhof Zoo.**
Stern Verlag 2004.
ISBN 3-570-02391-5

*Klaus Kordon:*
**Die Einbahnstraße.**
Ravensburger Buchverlag 2003.
ISBN 3-47358-012-0

*Annette Weber:*
**Sauf ruhig weiter, wenn du meinst!**
K.L.A.R.-Taschenbuch.
Verlag an der Ruhr 2004.
ISBN 3-86072-875-X

## ☐ Links

- **www.bzga.de**
  Unter dem Stichwort „Suchtprävention" gibt es ausführliches Infomaterial über verschiedene legale und illegale Drogen.

- **www.m-ww.de/pharmakologie/drogen/index.html**
  Auf der Seite von medicine worldwide gibt es wissenschaftliche Informationen über die einzelnen Drogen.

- **www.sozialpolitik.com**
  Unter dem Stichwort „Gesundheit" finden Lehrer und Schüler Informationen über Sucht- und Drogenpolitik.

- **www.sportunterricht.de/lksport/doping.html**
  Ausführliche Informationen rund ums Thema Doping.

- **www.drogeninfos.de**
  Informationen und Beratungsstellen deutschlandweit.

- **www.anonyme-alkoholiker.de/**
  Informationen und Hilfsangebote für Betroffene, Angehörige und Fachleute.

# kapitel 7
# religion und gesellschaft

# Moralisches Handeln

Worauf berufen sich gläubige Christen, Juden oder Muslime, wenn sie entscheiden sollen, ob eine bestimmte Handlungsweise moralisch vertretbar ist oder nicht?
Die Lehre aller drei Religionen stützt sich auf heilige Schriften, die vor vielen Jahrhunderten verfasst wurden.
Doch wie werden diese heute ausgelegt? Und wer darf entscheiden, wie man sie heute zu interpretieren hat?

### Fakt
*Konzile der katholischen Kirche werden nur sehr selten gehalten. Seit Entstehung der Kirche gab es erst 21 – das heißt ungefähr eins in jedem Jahrhundert. Das letzte Konzil fand zwischen 1962 und 1965 statt. Es wird als Zweites Vatikanisches Konzil (Vatikan 2) bezeichnet.*

## ☐ Christentum

*„Alles, was ihr also von anderen erwartet, das tut auch ihnen! Darin besteht das Gesetz und die Propheten."*
*Bibel, Matthäus 7,12*

### ■ Die Bibel

Die heilige Schrift der Christen ist die Bibel. Die wichtigste Sammlung von moralischen Gesetzen im Alten Testament sind die Zehn Gebote (Exodus 20). Die Bergpredigt (Matthäus 5–7) im Neuen Testament hat für viele Christen aber eine ebenso große Bedeutung. Die darin enthaltene Goldene Regel wird oft als wichtigste Aussage Jesu bezeichnet. Jesu Handeln und seine Botschaft dienen Christen als Vorbild, wenn es darum geht, moralische Entscheidungen zu treffen. Sowohl in der katholischen als auch in der evangelischen Kirche gibt es Katechismen, die den Gläubigen die Lehre der jeweiligen Konfession darstellen bzw. eine Orientierungshilfe in Glaubensfragen bieten sollen.

### Die katholische Kirche

Sie glaubt, dass Gott seinen Willen auf zwei Wegen bekannt gibt: durch die Bibel und durch die Kirche. Wenn Katholiken wissen möchten, was richtig oder falsch ist, müssen sie zuerst die Lehre der Kirche zu Rate ziehen. Denn im Evangelium wird berichtet, dass Jesus seine zwölf Jünger beauftragte, seine Lehre weiterzugeben. Er versprach, dass der Heilige Geist ihnen dabei helfen würde, die Wahrheit zu erkennen. Die katholische Kirche glaubt, dass dies jahrhundertelang so geschehen ist und die Bischöfe (als Nachfolger der Jünger) diese Wahrheit weitergeben. Auf Konzilen werden Grundfragen ihrer Lehre besprochen. Dabei ist der Papst (als Nachfolger von Petrus) die oberste Autorität.

### Die evangelische Kirche

Der protestantische Glaube besagt, dass Gott durch die Bibel zur Welt und zu jedem einzelnen Christen spricht. Protestanten nennen die Bibel **„das Wort Gottes"**, durch das Gott uns seinen Willen offenbare. Wenn Protestanten wissen möchten, was richtig oder falsch ist, sollten sie sich fragen:
1. Was sagt die Bibel?
2. Wie sollte die Lehre der Bibel heute angewandt werden?

Die offizielle Lehre der Kirche hat also weniger Gewicht als im Katholizismus. So will z.B. der evangelische Erwachsenenkatechismus „in theologischen und religiösen Fragen der Gegenwart Orientierungshilfe leisten" und „den Weg zu eigenen Positionen aufzeigen". Moralische Entscheidungen sollen nicht anhand von universellen Prinzipien getroffen werden, sondern jede Situation muss einzeln beurteilt werden. Dies wird auch als „Situationsethik" bezeichnet.

## ☐ Judentum

### ■ Tora und Talmud

Die bedeutendste heilige Schrift der Juden ist die Tora. Darin wird berichtet, wie Moses auf dem Berg Sinai von Gott die grundlegenden Gesetze und Regeln offenbart wurden, die er dann an das jüdische Volk weitergeben sollte. Wichtigster Bestandteil dieser Überlieferung sind die Zehn Gebote. Moses erhielt die Gesetze Gottes, als er sein Volk aus Ägypten durch die Wüste ins „Gelobte Land" führte. Schon bei seiner Ankunft in Israel verfügte das Volk der Juden also über die Tora als religiöse Grundlage.

Eine weitere Schrift, die den Juden hilft, moralische Entscheidungen zu treffen, ist der Talmud. Dort gibt es eine Sammlung ethischer Grundlehren des Judentums: „die Sprüche der Väter". Sie werden noch heute im Anschluss an den Sabbat-Gottesdienst rezitiert und sind in jedem jüdischen Gebetbuch abgedruckt.

Das Reformjudentum versucht, die alten Glaubenslehren der heiligen Schriften mit der heutigen Welt in Einklang zu bringen. Es hebt Gesetze auf, die im damaligen historischen Umfeld entstanden, die aber kein wesentlicher Bestandteil der Überlieferung Moses' und für das heutige Leben ungeeignet sind.

# kapitel 7
## religion und gesellschaft

## ☐ Islam

### ▍Koran und Sunna

Der Prophet Mohammed hinterließ keine eigene, für Muslime verbindliche Sammlung von Moralprinzipien. Muslime können anhand von zwei Quellen entscheiden, welches Handeln erlaubt ist und welches nicht.

Absolute Autorität hat der Koran, der als unmittelbares Diktat von Allah gilt. Sure 17,23–39 enthält eine Aufzählung von Gesetzen, die man mit den Zehn Geboten der Juden und Christen vergleichen kann.

Eine zweite Quelle, die Muslimen hilft, den Koran zu verstehen, ist die Sunna. In diesen Texten findet man Überlieferungen aus dem Leben Mohammeds, die so genannten Hadithen. Sie dienen Muslimen als Beispiel für ihr eigenes moralisches Handeln.

*Gebete helfen manchen Gläubigen dabei, eine moralische Entscheidung zu treffen.*

(?) Versuche herauszufinden, in welchem Zusammenhang Tora, Bibel und Koran zueinander stehen.

(?) a. Können wir uns heute noch auf so alte Schriften wie Tora, Bibel und Koran berufen, wenn wir entscheiden wollen, was moralisch richtig ist? Was spricht dafür, was dagegen?
b. Wie reagieren die einzelnen Religionen auf dieses Problem?

(?) Wie beurteilst du, ob ein bestimmtes Verhalten moralisch vertretbar ist oder nicht? Wer oder was hilft dir dabei?

## Zusammenfassung

▸▸ **Christen** berufen sich auf die **Bibel**, wenn sie moralische Entscheidungen treffen. Im Katholizismus gilt, dass nur die Kirche die Bibel interpretieren kann und ihre moralische Lehre daher befolgt werden muss.

▸▸ **Juden** helfen **Tora** und **Talmud** bei der Entscheidung, welches Handeln richtig oder falsch ist. Reformjuden versuchen, die alten Glaubenslehren an die heutige Welt anzupassen.

▸▸ Oberste Autorität im **Islam** ist der **Koran**. Er legt fest, wie Muslime sich verhalten müssen.

# Religion und Staat

## ☐ Christentum

*"Meine Brüder, was nützt es, wenn einer sagt, er habe Glauben, aber es fehlen die Werke? Kann etwa der Glaube ihn retten? Wenn ein Bruder oder eine Schwester ohne Kleidung ist und ohne das tägliche Brot und einer von euch zu ihnen sagt: ‚Geht in Frieden, wärmt und sättigt euch!', ihr gebt ihnen aber nicht, was sie zum Leben brauchen – was nützt das?"*

Bibel, Jakobus 2,14–16

### ■ Politisches Engagement

Viele Christen denken, dass sie ihren Glauben in allen Bereichen des Lebens in die Tat umsetzen sollten, also auch in der Politik. Sie sehen es – im Sinne des Gebots der Nächstenliebe – als ihre Aufgabe, Menschen in Not zu helfen. Um dies tun zu können, ist es oft nötig, die Gesellschaft zu verändern. Das geht aber nur, wenn man politische Macht besitzt.

Christen, die sich politisch engagieren, berufen sich auf das Evangelium: Jesus hat sich an keiner Stelle gegen politisches Handeln ausgesprochen. Als er die Geldwechsler aus dem Tempel warf, war dies eher eine politische als eine religiöse Handlung. Und er wusste, dass die religiösen und politischen Machthaber seiner Zeit das auch so sehen würden.

### ■ Abgrenzung von der Politik

Manche Christen glauben, dass Religion und Politik klar voneinander getrennt werden sollten. Ein Grund dafür ist, dass sich die Gesellschaft aus ganz unterschiedlichen Gruppen zusammensetzt. Einige davon haben gar keinen religiösen Glauben, andere gehören einer anderen Religion als dem Christentum an. Die Politiker müssen im Interesse aller dieser Gruppen handeln, was nicht immer einfach ist für jemanden, der sich dabei seinem eigenen Glauben verpflichtet fühlt.

**Im Neuen Testament gibt es zwei Aussagen zum Verhältnis von Religion und Politik:**

- In Markus 12,13–17 wird Jesus von Pharisäern und Anhängern des Herodes gefragt, ob man dem Kaiser Steuern zahlen sollte oder nicht. Die Antwort Jesu kann man so deuten, dass einige Teile des Lebens in den politischen Bereich und andere Teile in den religiösen Bereich gehören: *"So gebt dem Kaiser, was dem Kaiser gehört, und Gott, was Gott gehört!"*

- An einer anderen Stelle rät Paulus den Christen in Rom: *"Jeder leiste den Trägern der staatlichen Gewalt den schuldigen Gehorsam. Denn es gibt keine staatliche Gewalt, die nicht von Gott stammt; jede ist von Gott eingesetzt."* (Römer 13,1) Daraus schließt man, dass man den politischen Regierungen folgen muss, weil sie von Gott eingesetzt wurden. Niemand sollte die politischen Entscheidungen einer Regierung anzweifeln.

### ■ Trennung von Staat und Kirche

In Deutschland ist die Trennung von Kirche und Staat zwar im Grundgesetz verankert, aber es gibt eine enge Zusammenarbeit der beiden Institutionen in mehreren Bereichen.

Dazu gehört die Kirchensteuer, die der Staat im Auftrag der Kirchen einzieht, und der Religionsunterricht, der auch an staatlichen Schulen gewährleistet werden muss.

Christliche Feiertage sind durch die Verfassung geschützt. Im Grundgesetz ist auch die **Religionsfreiheit** geschützt. Religiöse Symbole sind im öffentlichen Raum (z.B. in der Schule) zulässig. Oft werden aber auch religiöse Symbole in staatlichen Räumen angebracht. Dies ist jedoch umstritten: 1995 bezeichnete beispielsweise ein Beschluss des Bundesverfassungsgerichts das Anbringen von Kreuzen in Gerichtssälen als „Neutralitätsverletzung".

Deutschland unterscheidet sich von **laizistischen Staaten** wie Frankreich und der Türkei, in denen religiöse Symbole im öffentlichen Raum verboten sind.

# kapitel 7
## religion und gesellschaft

- ❓ Welche Gründe gibt es für die Trennung von Staat und Kirche?

- ❓ Kennst du Länder, in denen Staat und Religion nicht voneinander getrennt sind?

- ❓ Religiöse Symbole sind in Frankreich und in der Türkei im öffentlichen Raum verboten. Suche Informationen zu diesem Thema. Was könnten mögliche Gründe für dieses Verbot sein?

- ❓ Informiere dich über das so genannte „Kruzifixurteil" und den „Kopftuchstreit". Welcher Konflikt tritt in beiden Fällen zutage?

*Der englische Premierminister Tony Blair und seine Ehefrau sind Christen. Für viele Christen ist es unverzichtbar, sich an politischen Prozessen zu beteiligen.*

### Wichtiger Begriff

**Laizismus** → Weltanschauung, die die strikte Trennung von Staat und Kirche fordert. Laizismus bedeutet sowohl die Verwirklichung der Trennung von Staat und Kirche (Religion) als auch die Neutralität des Staates.

## Zusammenfassung

▸▸ Viele Christen meinen, dass sie sich politisch betätigen sollten, um nötige Veränderungen in der Gesellschaft herbeizuführen. Andere vertreten die Ansicht, dass Religion und Politik voneinander getrennt werden sollten.

▸▸ In Deutschland ist die Trennung von Staat und Kirche im Grundgesetz verankert. Trotzdem gibt es eine enge Zusammenarbeit zwischen den beiden Institutionen.

▸▸ Deutschland ist im Gegensatz zu Frankreich und der Türkei kein laizistischer Staat. Religiöse Symbole im öffentlichen Raum sind erlaubt.

# Religion und Staat

☐ Judentum

## Diaspora und Gelobtes Land

Die mehrheitlich christliche oder muslimische Bevölkerung vieler Länder prägte die Politik und Gesetzgebung der jeweiligen Staaten.

Juden dagegen lebten, seit sie von den Römern aus Judäa vertrieben worden waren, jahrhundertelang in der „Diaspora", über viele Länder verstreut. In all diesen Ländern waren Juden immer eine Minderheit, deren Religion auf die Politik des Aufenthaltsstaates keinen nennenswerten Einfluss hatte.

Die Beziehung zwischen Religion und Staat im Judentum ist erst seit Gründung des Staates Israel nach dem Zweiten Weltkrieg wieder aktuell. Die Forderung nach einem eigenen Staat hatte eindeutig religiöse Wurzeln: Sie liegen in der Verheißung Gottes an Abraham: *„Deinen Nachkommen gebe ich dieses Land."* (Genesis 12,7)

Für viele Juden blieb die Sehnsucht nach einer Rückkehr ins Heilige Land stets ein wichtiges, religiöses Ziel, das auch in Gebeten Ausdruck fand. Religion und (Gelobtes) Land stehen also im Judentum in einer sehr engen Verbindung miteinander. Trotzdem besteht in Israel die Trennung zwischen Religion und Staat und es herrscht Religionsfreiheit.

### Fakt

*67 % aller israelischen Staatsbürger befürworten die Trennung von Religion und Staat. Bei der arabischen Bevölkerung beträgt der Anteil 75 %, bei den ultra-orthodoxen Juden dagegen nur 15 %.*

Quelle: Meinungsumfrage des Israelischen Demokratie-Instituts (IDI), zit. nach http://server.hagalil.com/hagalil/israel/politik/demokratie.htm

## Die Halacha

Die „Halacha" umfasst das gesamte gesetzliche System des Judentums, das in heiligen Schriften oder durch die mündliche Tradition überliefert wurde. Sie beschreibt, an welchen Geboten Juden ihre Lebensführung ausrichten sollen, und kennt keine Trennung zwischen Weltlichem und Religiösem. Laut einer Meinungsumfrage des Israelischen Demokratie-Instituts (IDI) wünschen sich 38 % aller Israelis einen Staat, der auf den Gesetzen der Halacha gründet. (Ultra-orthodoxe Juden wünschen sich einen solchen halachischen Staat zu 100 %.)

# kapitel 7
## religion und gesellschaft

## ☐ Islam

*„O Gläubige, gehorcht Allah, gehorcht seinem Gesandten und euren Vorgesetzten, und seid ihr in irgendetwas uneinig untereinander, so bringt es vor Allah und seinen Gesandten ..."*

Koran 4,60

Im Islam gilt der Grundsatz: *„Islam ist Religion und politische Macht."* Solange der Prophet Mohammed die muslimische Gemeinschaft regierte, entsprach die von Allah gewollte Einheit von Religion und Politik der Realität, denn Mohammed war zugleich religiöses und politisches Oberhaupt.

Heute sind Staaten, deren Bevölkerung mehrheitlich muslimisch ist, unterschiedlich stark vom Islam geprägt. In der Türkei sind Religion und Staat streng voneinander getrennt. Dies geht so weit, dass zum Beispiel das Tragen von Kopftüchern in öffentlichen Gebäuden verboten ist. Andere Staaten, wie Pakistan oder der Sudan, haben die Scharia, die aus Koran und Sunna hergeleiteten islamischen Gesetze, zur Grundlage ihrer Rechtsprechung gemacht. In diesen Staaten sind Religion und Politik also eng miteinander verflochten.

**Zur Scharia gehören unter anderem folgende Regelungen:**

- Frauen müssen ihre körperlichen Reize vor Fremden bedecken. Es gibt unterschiedliche Arten von Schleiern, vom Kopftuch bis zur Burka (Ganzkörperschleier).

- Diebstahl wird durch Amputation der rechten Hand bestraft, Verleumdung oder Alkoholkonsum durch Peitschen- oder Stockhiebe.

- Frauen droht nach außerehelichem Geschlechtsverkehr lebenslanger Hausarrest oder Steinigung. Allerdings verlangt der Koran vier erwachsene männliche Zeugen für die Tat.

Die Scharia ist seit der „Kairoer Erklärung der Menschenrechte im Islam" im Jahr 1990 wieder Grundlage in vielen islamischen Ländern, die praktische Umsetzung variiert aber sehr stark von Land zu Land.

**? Vergleiche das Verhältnis zwischen Religion und Staat im Judentum, Christentum und Islam. Warum nimmt das Judentum eine Sonderstellung ein?**

**? „Israelis und Juden – das ist doch dasselbe!" Was meinst du dazu? Informiere dich über die Bevölkerung Israels.**

**? Suche Informationen über islamische Staaten, in denen die Scharia angewandt wird.**

## Zusammenfassung

▸▸ *Für Juden stellte sich die Frage nach der Trennung von Staat und Religion jahrhundertelang gar nicht, da sie verstreut über viele Länder in der Diaspora lebten.*

▸▸ *In Israel sind Staat und Religion voneinander getrennt. Mehr als ein Drittel der Israelis hätte aber gern einen Staat, der auf den jüdischen Gesetzen der Halacha gründet.*

▸▸ *In muslimischen Ländern wird die Scharia, die islamische Gesetzgebung, unterschiedlich streng angewandt. Im Sudan wird sie fast vollständig durchgesetzt, in der Türkei dagegen sind Religion und Staat streng voneinander getrennt.*

### Wichtige Begriffe

**Diaspora** (griechisch „Zerstreuung") → Bezeichnet seit dem späten 20. Jahrhundert ethnische Gruppen, die zwangsweise ihre traditionelle ethnische Heimat verlassen mussten und zerstreut sind über andere Teile der Welt. Ursprünglich meinte die Bezeichnung Diaspora speziell das jüdische Volk. Seit der frühen Neuzeit wird der Begriff auch auf konfessionelle Minderheiten des Christentums bezogen.

**Halacha** → Jüdische Gesetze, die die Lebensführung der Juden regeln und Weltliches nicht von Religiösem trennen. Die Halacha umfasst die Gebote und Verbote der mündlichen und schriftlichen Überlieferung.

**Scharia** → Aus Koran und Sunna hergeleitete islamische Gesetze. Die Scharia umfasst die das Leben eines Gläubigen bestimmenden Gesetze und Regelungen.

# Soziales Handeln

## ☐ Christentum

In einem Sozialstaat wird versucht, die sozialen Unterschiede zwischen den Bürgern auszugleichen, damit alle bis zu einem gewissen Grad am Wohlstand der Gesellschaft teilhaben können. Alte, kranke, erwerbsunfähige und arbeitslose Menschen werden so unterstützt. In den heiligen Schriften der verschiedenen Weltreligionen finden sich Regelungen, die sich gar nicht so sehr von den Prinzipien des heutigen Sozialstaats unterscheiden.

**Christen finden in der Bibel Anhaltspunkte, wie soziales Handeln im Sinne ihrer Religion aussehen sollte.**

## ■ Die Zehn Gebote

Die Zehn Gebote, die auch als Dekalog bezeichnet werden, sind das am meisten geachtete Gesetzbuch. Sein Einfluss geht weit über Judentum und Christentum hinaus. Die ersten vier Gebote über die Beziehung der Gläubigen zu Gott erscheinen heute veraltet. Die meisten Menschen halten sich jedoch an die anderen sechs Gebote. Darin geht es um die zwischenmenschlichen Beziehungen: Man soll seine Eltern ehren, nicht stehlen, keine Gewalt anwenden und nicht den Besitz anderer Menschen begehren. Viele Christen denken, dass diese Gebote vom Staat unterstützt werden sollten. Vor allem sollte ihrer Meinung nach der Zusammenhalt in der Familie gestärkt werden.

*Die Bibel Christians III. von Dänemark, Kopenhagen, 1550.*

## ■ Die Goldene Regel

Jesus stellte sich immer auf die Seite der Armen und sozial Benachteiligten. Er lehrte seine Jünger, was man später die „Goldene Regel" nannte (siehe Bibelzitat S. 100). Als einfacher Ratgeber, wie man leben sollte, ist sie unübertroffen: Wir sollen andere Menschen so behandeln, wie wir selbst behandelt werden wollen. Der Sozialstaat gründet auf dem Prinzip, dass diejenigen, die arbeiten und Geld verdienen, denen helfen, die dafür zu alt oder zu krank sind. Dahinter steckt der Gedanke, dass die, die jetzt arbeiten und Geld verdienen, eines Tages auch alt oder krank sein werden – und dann selbst Hilfe benötigen werden. Dieses Grundprinzip des Sozialstaats findet man auch in vielen jüdischen Schriften. Dort wird es aber umgekehrt ausgedrückt: „Tue anderen nicht an, was sie dir nicht antun sollen."

## ■ Die Geschichte vom Weltgericht

Die Geschichte vom Weltgericht im Neuen Testament hat in der christlichen Kirche viele soziale Taten herausgefordert. Sie beschreibt, wie jeder einzelne Mensch am Ende der Zeit vor Jesus, seinem Richter, steht. Dabei werden die Menschen in zwei Gruppen aufgeteilt: die Schafe und die Böcke. Die Schafe werden in Gottes Reich aufgenommen. Jesus begründet dies damit, dass sie ihm Nahrung und Kleidung gegeben hatten, als er sie brauchte. Die Schafe können sich gar nicht daran erinnern und fragen nach.

---

### Die Zehn Gebote   2. Buch Mose, Kapitel 20, Verse 1 bis 17

- **Dann** redete Gott: „Ich bin der Herr, dein Gott [...]. Du sollst außer mir keine anderen Götter verehren!
- **Fertige** dir keine Götzenstatue an, auch kein Abbild von irgendetwas am Himmel, auf der Erde oder im Meer [...].
- **Du sollst** meinen Namen nicht missbrauchen, denn ich bin der Herr, dein Gott! [...]
- **Achte** den Sabbat als einen Tag, der mir allein geweiht ist!
- **Sechs Tage** sollst du deine Arbeit verrichten, aber der siebte Tag ist ein Ruhetag, der mir, dem Herrn, deinem Gott, gehört. An diesem Tag sollst du nicht arbeiten [...].
- **Ehre** deinen Vater und deine Mutter, dann wirst du lange in dem Land leben, das ich, der Herr, dein Gott, dir gebe.
- **Du sollst** nicht töten!
- **Du sollst** nicht die Ehe brechen!
- **Du sollst** nicht stehlen!
- **Sag nichts** Unwahres über deinen Mitmenschen!
- **Begehre nicht**, was deinem Mitmenschen gehört: weder sein Haus noch seine Frau, seinen Knecht oder seine Magd, Rinder oder Esel oder irgendetwas anderes, was ihm gehört."

## kapitel 7
### religion und gesellschaft

Darauf antwortet Jesus ihnen, dass sie, jedes Mal wenn sie einem anderen Menschen in Not geholfen hatten, in Wirklichkeit ihm geholfen hatten.
Daraus ergibt sich eine Verantwortung, die die Kirche immer sehr ernst genommen hat. Seit langem bemüht sie sich, den Hungrigen Nahrung und den Durstigen Wasser zu geben, die Nackten zu bekleiden, die Kranken zu versorgen und die Gefangenen zu besuchen.

Die Kirche erkennt an, dass der Sozialstaat sich nicht um alles kümmern kann und es weiterhin Menschen in Not geben wird.

### Wichtige Begriffe

**Dekalog** → Die Zehn Gebote (Zehn Wörter), die Moses auf dem Berg Sinai von Gott erhielt; den biblischen Bericht über diese Gebote findet man im Deuteronomium 5 und Exodus 19–20.

**Goldene Regel** → Ein wichtiges Prinzip, das Jesus lehrte; es lautet: „Verhalte dich anderen gegenüber, wie sie sich dir gegenüber verhalten sollen."

---

*„Denn ich war hungrig und ihr habt mir zu essen gegeben; ich war durstig und ihr habt mir zu trinken gegeben; ich war fremd und obdachlos und ihr habt mich aufgenommen; ich war nackt und ihr habt mir Kleidung gegeben; ich war krank und ihr habt mich besucht; ich war im Gefängnis und ihr seid zu mir gekommen. Dann werden ihm die Gerechten antworten: Herr, wann haben wir dich hungrig gesehen und dir zu essen gegeben, oder durstig und dir zu trinken gegeben? Und wann haben wir dich fremd und obdachlos gesehen und aufgenommen, oder nackt und dir Kleidung gegeben? Und wann haben wir dich krank oder im Gefängnis gesehen und sind zu dir gekommen? Darauf wird der König ihnen antworten: Amen, ich sage euch: Was ihr für einen meiner geringsten Brüder getan habt, das habt ihr mir getan."*

Bibel, Matthäus 25,35–40

*Geistliche und Patientin in einer Krankenhauskirche. Viele Christen nehmen ihre Verantwortung für Not leidende Menschen sehr ernst.*

---

? **Was ist die „Goldene Regel"? Wie könnte die Goldene Regel einen Christen zum sozialen Handeln motivieren?**

? **Lies dir die Zehn Gebote durch (Exodus 20, 1–17 und Deuteronomium 5,6–21).**

? **Welche Gebote findest du heutzutage noch wichtig für das soziale Verhalten der Menschen untereinander. (Die Bibel findest du übrigens auch im Internet unter:** http://alt.bibelwerk.de/bibel/index.htm**)**

? **a. Was verstehst du unter sozialem Handeln?**
**b. Finde Beispiele von sozialem Verhalten in deinem Alltagsleben (Schule, Familie, Freundeskreis …).**

### Zusammenfassung

▸▸ *Die christliche Kirche hat ihre Verantwortung für die Bedürftigen immer ernst genommen.*

▸▸ *Die Zehn Gebote beschreiben die Verantwortungen, die die Menschen in ihren Beziehungen zueinander haben.*

▸▸ *Die Goldene Regel bringt die Lehre Jesu auf den Punkt: Wir sollten andere behandeln, wie wir von ihnen behandelt werden wollen.*

▸▸ *Die Geschichte vom Weltgericht erklärt, dass die Anhänger Jesu in Wirklichkeit ihm helfen, wenn sie einem anderen Menschen helfen.*

# Soziales Handeln

## ☐ Judentum

*„Wenn dein Bruder verarmt und sich neben dir nicht halten kann, sollst du ihn, auch einen Fremden oder Halbbürger, unterstützen, damit er neben dir leben kann."*

Tora, Levitikus 25,35

*„Stets bete der Mensch, vom Schicksal der Armut verschont zu werden; denn wenn es ihn nicht heute trifft, kann es ihn morgen treffen, und wenn nicht ihn, dann seine Kinder oder Enkel; denn: ein Rad dreht sich in der Welt."*

Talmud

## ■ Das Gebot der Nächstenliebe

Im dritten Buch der Tora, Levitikus, werden Gebote aufgezählt, die das soziale Verhalten der Menschen untereinander regeln. Dazu gehören unter anderem folgende Regeln:

- Jeder soll seinen Vater und seine Mutter ehren.

- Felder sollen nicht bis zum Rand abgeerntet werden, damit etwas für die Armen stehen bleibt.

- In Weinbergen sollen die Armen Nachlese halten und heruntergefallene Beeren einsammeln dürfen.

- Taube und Blinde sollen unterstützt und nicht noch zusätzlich behindert werden.

Die Auflistung endet mit dem Gebot der Nächstenliebe: *„Du sollst deinen Nächsten lieben wie dich selbst."* (Levitikus 19,18) Dieses Gebot sehen viele Juden als Grundlage ihres sozialen Handelns.

Immer wenn in den jüdischen heiligen Schriften Unterstützung für die Armen und Hilfsbedürftigen gefordert wird, werden ausdrücklich auch die Fremden miteinbezogen.

## ■ Das Rad des Schicksals

Im jüdischen Glauben wird soziales Handeln nicht nur durch das Gebot der Nächstenliebe, sondern auch durch die Vorstellung vom Schicksalsrad begründet. Darin wird die Welt mit einem Schöpfrad verglichen, dessen Gefäße sich abwechselnd füllen und wieder leeren. Für das Leben des einzelnen Menschen bedeutet das, dass jeder Reiche arm, jeder Gesunde krank werden kann. Armen und Kranken sollte also schon allein deshalb geholfen werden, weil niemand sicher sein kann, dass er sich nicht bald in einer ähnlichen Notlage befinden wird.

# kapitel 7
## religion und gesellschaft

## ☐ Islam

Auch im Islam bestimmt das Gebot der Nächstenliebe das soziale Handeln. Dieses bezieht sich aber zuallererst auf die Gemeinschaft der Muslime, die Umma. Alle, die dieser Glaubensgemeinschaft angehören, sind Brüder und müssen sich daher solidarisch miteinander verhalten. Dazu gehört, dass jeder Muslim die anderen, und vor allem die Armen, an seinem Reichtum teilhaben lässt. Zuwendung zu den Armen, Waisen und Schwachen gilt als Zeichen wahrer Frömmigkeit.

> „Nur die gläubigen Männer und die gläubigen Frauen sind untereinander Freunde, […] und sie verrichten das Gebet und geben Almosen und gehorchen Allah und seinem Gesandten."
>
> *Koran 9,71*

### ■ Die Erhebung der Zakat

Schon lange bevor es moderne Sozialstaaten gab, entwickelte sich in den muslimischen Gesellschaften die obligatorische Armensteuer (Zakat).
Aus der Forderung des Korans, den Armen zu helfen, entstand ein regelrechtes Fürsorgesystem: Jeder Gläubige, dem es gut ging, gab einen Teil seines Besitzes an ärmere Glaubensbrüder ab.

**Abgaben wurden entrichtet auf:**
- Getreide und Obst zur Erntezeit,
- Vieh, wenn es ein Jahr lang geweidet hatte,
- Edelmetalle, die ein Jahr im Besitz des Eigentümers waren,
- Handelswaren, die am Jahresende noch im Lager verblieben.

Die obligatorische Sozialabgabe wird in manchen muslimischen Staaten bis heute erhoben, zum Beispiel in Saudi-Arabien oder Pakistan. In der Türkei besteht die Regelung nicht, dort verteilen die Gläubigen vor allem im Fastenmonat Ramadan oder zu islamischen Feiertagen Almosen auf freiwilliger Basis.

### Wichtiger Begriff

**Zakat** → Eine nach den Vorschriften des Korans von den Gläubigen zu zahlende Armenabgabe. Eine der fünf Säulen des Islams und damit eine Glaubenspflicht.

❓ **Worauf gründet soziales Handeln in Judentum, Christentum und Islam? Wo gibt es Unterschiede, wo Gemeinsamkeiten?**

❓ **Wie wird das Gebot der Nächstenliebe in den drei Religionen ausgelegt?**

❓ „Zakat hat die Einrichtung eines modernen Sozialstaates um Jahrhunderte vorweggenommen." **Was meinst du dazu?**

## Zusammenfassung

▸▸ Im Judentum gründet soziales Handeln auf dem Gebot der Nächstenliebe, das sich ausdrücklich auch auf Fremde bezieht, und auf der Vorstellung vom Rad des Schicksals.

▸▸ Muslime haben die religiöse Pflicht, Not leidenden Glaubensbrüdern zu helfen. Die Almosensteuer Zakat war schon vor vielen Jahrhunderten Grundlage eines muslimischen Fürsorgesystems.

# Empfehlenswerte Literatur und Links

## ☐ Literatur

*Elisabeth Beck-Gernsheim:*
**Wir und die Anderen.**
Suhrkamp 2004.
ISBN 3-51841-607-3

*Arnulf Zitelmann, Ilona Schulz, Robert Missler, Gerhard Garbers:*
**Die Weltreligionen.**
4 Audio-CDs. Hörcompany 2002.
ISBN 3-93503-636-1

## ☐ Links

■ **www.domit.de/index.php**
Dokumentationszentrum über die Migration aus der Türkei, Links zum Thema Migration.

■ **www.islam.de**
Publikationen des Zentralrats der Muslime in Deutschland zu Themen wie Integration, Stellung der Frau, Kopftuch-Debatte, Schächten usw.

■ **www.integrationsbeauftragte.de**
Informationsangebot der Bundesbeauftragten für Migration, Flüchtlinge und Integration zu Fragen der Ausländer-, Migrations- und Flüchtlingspolitik und zur Tätigkeit der Integrationsbeauftragten.

■ **www.bamf.de**
Bundesamt für Migration und Flüchtlinge; entscheidet über Asylanträge und Abschiebeschutz von Flüchtlingen. Fördert und koordiniert die sprachliche, soziale und gesellschaftliche Integration in Deutschland.

kapitel 8
# krieg

# Krieg – die Fakten

> „Ich verfolge meine Feinde und hole sie ein, ich kehre nicht um, bis sie vernichtet sind. Ich schlage sie nieder; sie können sich nicht mehr erheben, sie fallen und liegen unter meinen Füßen."
>
> Bibel, Psalm 18,38–39

Krieg war schon immer Bestandteil des Lebens. Auch heute gibt es keinen Grund zu der Annahme, dass es den Menschen irgendwann gelingen wird, ihre Meinungsverschiedenheiten friedlich beizulegen. Denn die Zeit nach dem Zweiten Weltkrieg war stärker von Konflikten geprägt als jede andere Zeit zuvor. Die Anzahl der Kriege und laufenden Konflikte ist seit 1945 von 76 kontinuierlich auf 218 erfasste politische Konflikte im Jahr 2003 angestiegen, darunter 14 Kriege und 21 ernste Krisen mit hohem Gewalteinsatz. Seit dem Ende des Zweiten Weltkriegs 1945 gab es bis zum Jahr 2004 weltweit rund 420 Kriege.

## ■ Verschiedene Arten von Krieg

Im 20. Jahrhundert starben mehr als 100 Millionen Menschen an den direkten Folgen eines Krieges. Kriege haben sich in den letzten hundert Jahren grundlegend verändert. Während im Ersten Weltkrieg (1914–1918) noch 95 % der Opfer Soldaten waren, kamen in den Kriegen der letzten Jahrzehnte bis zu 90 % der Getöteten aus der Zivilbevölkerung. Im Ersten Weltkrieg gab es 9 Millionen Tote und mehr als 21 Millionen Schwerverletzte.
Im Zweiten Weltkrieg starben 55 Millionen Menschen: 16 Millionen Soldaten und 39 Millionen Zivilpersonen. Die heutige Kriegsführung mit modernen Waffen führt dazu, dass im Krieg immer mehr Zivilpersonen und immer weniger Soldaten ums Leben kommen.

Ein Krieg ist laut Definition ein **bewaffneter Konflikt, der länger als 60 Minuten dauert** und an dem die Armee zumindest einer Seite beteiligt ist. Kriege kann man in drei Kategorien einteilen:

### Konflikte zwischen Nationen
Seit 1945 gab es mehr als 270 solcher bewaffneter Konflikte.

### Bürger- und Befreiungskriege
Im Bürgerkrieg in Ruanda in den 1990er Jahren kam es zu einem Völkermord, bei dem ein Stamm schätzungsweise mehr als eine Million Menschen eines anderen Stammes tötete.

### Krieg gegen Terrorismus
Die Konflikte in Afghanistan und im Irak gehören in diese Kategorie. Diese Kriege begannen nach den Ereignissen des 11. September 2001.

## ■ Die Kosten eines Krieges

Die Kosten eines Krieges werden an folgenden Faktoren gemessen:

### Zerstörung
Will man die Kosten eines Krieges errechnen, muss man die Zahl der Toten und Verletzten sowie die Zerstörung von Städten, Dörfern und anderen Gebieten berücksichtigen. Als 1991 im Golfkrieg die Alliierten unter Leitung der USA und Großbritanniens gegen den Irak Krieg führten, wurden die Kosten auf 71 Milliarden Dollar geschätzt. Dies beinhaltete aber noch nicht die Kosten für den Wiederaufbau des verwüsteten Landes.

### Flüchtlinge
Kriege zwingen Tausende von Menschen dazu, ihre Häuser und oft auch ihr Land zu verlassen. Sie werden zu Flüchtlingen, zu Menschen ohne Heimat. Dies ist eine der Langzeitfolgen von Krieg, denn manche Flüchtlinge können erst nach geraumer Zeit oder nie wieder in ihre Heimat zurückkehren.

### Wirtschaftliche Folgekosten
In jedem Krieg werden Häuser, Ernten, Wasser- und Energiespeicher, Industrieanlagen, Krankenhäuser und Schulen zerstört. All dies ist aber lebensnotwendig und muss nach dem Krieg wieder aufgebaut werden. Die Kosten dafür sind sehr hoch und können von vielen armen Ländern nicht getragen werden. Angola, ohnehin eines der ärmsten Länder der Welt, litt zum Beispiel in den 1980er und 1990er Jahren schwer unter einem Bürgerkrieg. Die Entwicklungsländer geben 22-mal mehr Geld für Waffen aus als für die Versorgung der Armen und für den Aufbau von gemeinnützigen Einrichtungen.

# kapitel 8
## krieg

*1991 flohen Kurden aus dem Irak und lebten in der Türkei in Flüchtlingslagern.*

## Fakt

*2001 gab es weltweit schätzungsweise 12 Millionen Flüchtlinge. Manche Palästinenser sind schon heimatlos, seit sie bei der Gründung des Staates Israel 1948 enteignet wurden. Sie haben kein eigenes Land mehr. „Der Rüstungswettlauf ist eine der schrecklichsten Wunden der Menschheit, er schädigt unerträglich die Armen."*

Katechismus der katholischen Kirche, 1993

- **Wie hat sich im 20. Jahrhundert die Art der Kriegsführung verändert? Welche Folgen hatte das?**

- **Das Flüchtlingsproblem ist eine der größten Herausforderungen der heutigen Zeit. Was könnten die Gründe dafür sein?**

- **Zu den Kosten von Krieg gehören in weiterem Sinne auch die Militärausgaben. Versuche herauszufinden, wie viel Deutschland, Frankreich und die USA dafür ausgeben.**

## Zusammenfassung

▸▸ *Heute werden Kriege anders geführt als in früheren Jahrhunderten. Die Zahl der Zivilopfer ist viel höher als früher.*

▸▸ *Es gibt verschiedene Arten von Kriegen: Kriege zwischen Nationen, Bürgerkriege und Kriege gegen Terrorismus.*

▸▸ *Die Kosten eines Krieges werden bestimmt durch die Zerstörung, die Zahl der Flüchtlinge und die wirtschaftlichen Folgen für die betroffenen Länder.*

# Der Nahe Osten und Afghanistan

*Am 5. Juni 2002 rollten israelische Panzer in die Stadt Dschenin (Westjordanland). Bei einem Selbstmordanschlag waren durch die Explosion eines Autos an einer Bushaltestelle 17 Israelis getötet worden. Wenige Stunden später rückten die Panzer in die Heimatstadt des Attentäters ein.*

Nach dem Zweiten Weltkrieg wurden in New York die Vereinten Nationen gegründet. Ihr Ziel ist es, sich international für Frieden und Sicherheit einzusetzen und „künftige Geschlechter vor der Geißel des Krieges zu bewahren". Die Vereinten Nationen fördern auch die Zusammenarbeit zwischen den Ländern beim Kampf gegen wirtschaftliche, soziale und humanitäre Probleme. Außerdem setzen sie sich weltweit für die Menschenrechte ein.

Die meisten Menschen denken heute, dass das Hauptziel der Vereinten Nationen – Kriege zu verhindern und den Frieden zu sichern – zu hoch gesteckt war. Es stand nie wirklich in der Macht dieser Organisation, den Weltfrieden zu sichern. Gelegentlich verhandeln Nationen miteinander, anstatt ihre Konflikte mit Gewalt zu lösen. Zu oft greifen sie jedoch zu den Waffen, ohne eine friedliche Regelung angestrebt zu haben.

> „Es ist unser Schicksal, in einem Land miteinander zu leben. Wir sagen euch heute laut und deutlich: ‚Genug Blut und Tränen. Genug. Wir wollen keine Vergeltung, wir hassen euch nicht. […] Wir geben heute dem Frieden eine Chance.'"
>
> *Yitzhak Rabin (1922–1995), ehemaliger israelischer Premierminister, bei einer Ansprache an die Palästinenser 1993*

## ▋ Der Nahe Osten

Seit den 1990er Jahren ist der Konflikt zwischen Israelis und Palästinensern einer der schlimmsten weltweit.

- Die Juden glauben, dass ihnen das Land Israel, das „Gelobte Land", vor langer Zeit von Gott geschenkt wurde. Etwa 1 000 v. Chr. eroberte nach biblischer Überlieferung König David die Stadt Jerusalem und machte sie zur Hauptstadt Israels. 132 n. Chr. vertrieben die Römer die Juden aus Judäa. Dieses Gebiet erhielt den Namen Palästina.

- Jahrhunderte später wurde aus dem ehemaligen Israel ein arabischer Staat. Im Ersten Weltkrieg eroberten

*Was Weltreligionen zu Alltagsthemen sagen*

# kapitel 8
## krieg

die Briten das Land. Sie boten 1917 in der Balfour-Erklärung an, den Juden dort eine Heimstätte zu errichten. Gleichzeitig versprachen sie den Palästinensern einen unabhängigen Staat.

- Nach dem Ersten Weltkrieg wanderten immer mehr Juden aus Osteuropa ein. Das Gebiet wurde zu dieser Zeit immer noch von den Briten regiert. Nach dem Zweiten Weltkrieg rebellierten die Juden und riefen 1948 den Staat Israel aus. Die Briten mussten das Land verlassen. Viele Palästinenser zogen ins heutige Jordanien, andere leben heute noch als Flüchtlinge.

- Im Sechstagekrieg 1967 besiegte Israel seine arabischen Nachbarn. Es besetzte daraufhin das Land westlich des Flusses Jordan (Westjordanland). Auf diesem Gebiet sollte der geplante Palästinenserstaat gegründet werden.

- 1987 begannen mit einem Aufstand der Palästinenser (Intifada) im Westjordanland die gewalttätigen Unruhen. Nach langen Friedensverhandlungen herrschte in den 1990er Jahren zeitweise relative Ruhe. 2001 lebte der Konflikt jedoch wieder auf. Es gab zahlreiche Selbstmordattentate und Hunderte von Palästinensern und Israelis kamen in der Folge zu Tode. Die israelische Armee rückte auf der Jagd nach Terroristen in die Städte des Westjordanlandes ein. Auch dabei gab es zahlreiche Tote in der Zivilbevölkerung.

Die Israelis fordern von den Palästinensern, ihre Grenzen anzuerkennen und ihnen Sicherheit zu gewähren. Die Palästinenser verlangen einen unabhängigen Staat. Beide Seiten streiten sich um die Stadt Jerusalem, da dort verschiedene heilige Stätten liegen. Viele Palästinenser glauben, dass die Israelis jüdische Siedlungen in den besetzten Gebieten aufbauen, weil sie langfristig dort bleiben möchten.

## Afghanistan

1978 kam in der afghanischen Hauptstadt Kabul eine kommunistische Regierung an die Macht. Sie wurde von der UdSSR durch Waffenlieferungen und Soldaten unterstützt. 1979 entsandte die UdSSR ihre Armee nach Afghanistan, um dort gegen die Mudschaheddin (Gotteskrieger) zu kämpfen. Dies gelang der Armee jedoch nicht und sie zog sich 1989 wieder zurück. 1996 ergriff eine Gruppe muslimischer Extremisten, die Taliban, die Macht in Kabul. Sie zwangen der Bevölkerung eine sehr strenge islamische Lebensweise auf. Außerdem nahmen sie den Terroristen Osama bin Laden auf, der von Afghanistan aus terroristische Anschläge plante. Dazu gehörte auch der Anschlag auf das World Trade Center in New York am 11. September 2001. Dabei kamen mehr als 3 000 Menschen ums Leben. Drei Monate später wurden die Taliban in dem von den USA angeführten Krieg gegen Afghanistan gestürzt. Osama bin Laden wurde bis heute nicht gefunden.

❓ **Worum geht es in dem Konflikt zwischen Israel und den Palästinensern? Welche Rolle spielt Religion dabei?**

❓ **Informiere dich über den Friedensprozess im Nahen Osten. Wie sehen die neuesten Entwicklungen aus?**

❓ **Was weißt du über die Mudschaheddin und die Taliban? Informiere dich über die religiösen Vorstellungen dieser Gruppen.**

❓ **Jerusalem ist aus unterschiedlichen Gründen sowohl für Christen und Juden als auch für Muslime heilig. Finde heraus, warum das so ist und welche Konflikte es deshalb im Laufe der Zeit gegeben hat.**

## Zusammenfassung

▸▸ *Die Juden glauben, dass ihnen das Land Israel von Gott geschenkt wurde. Der Staat Israel wurde 1948 gegründet. Dabei nahmen die Israelis Gebiete ein, deren palästinensische Bevölkerung vertrieben wurde. Die Palästinenser fordern einen eigenen Staat. Die Israelis verlangen Frieden und Sicherheit für ihr Land.*

▸▸ *1996 übernahmen die Taliban die Macht in Kabul. Sie beherbergten Osama bin Laden, der für die Zerstörung des World Trade Centers im September 2001 verantwortlich ist. Die USA übten Vergeltung aus und griffen die Taliban in Afghanistan an. Osama bin Laden wurde nicht gefunden.*

# Der Krieg im Irak

**Im Irak hat es in den letzten Jahrzehnten drei Kriege gegeben:**

- **1979** kam im Irak Saddam Hussein an die Macht. Als im Nachbarland Iran ein islamistischer Gottesstaat errichtet wurde, begann Saddam Hussein 1980 einen Angriffskrieg gegen den Iran. Dabei wurde er unter anderem auch von den USA und Deutschland durch Waffenlieferungen unterstützt. Der Krieg dauerte acht Jahre und forderte über eine halbe Million Tote (darunter zahlreiche kurdische und iranische Giftgasopfer).

- **1990** ließ Saddam Hussein Kuwait besetzen. Der Sicherheitsrat der Vereinten Nationen forderte den sofortigen Rückzug der Truppen und Saddam Hussein, der zuvor jahrelang von den USA unterstützt worden war, wurde zum Feind der USA. 1991 begann eine internationale Koalition unter der Führung der USA mit Luftangriffen auf den Irak. Obwohl schon nach wenigen Wochen ein Waffenstillstand ausgehandelt wurde, forderte der Krieg und das dem Irak auferlegte Handelsembargo Hunderttausende von Opfern.

- Der Dritte Golfkrieg begann im März **2003**. Truppen der USA und einiger Verbündeter marschierten in den Irak ein und besetzten das Land. Als Grund für den Angriff gaben die USA an, dass der Irak im Besitz von Massenvernichtungswaffen sei und terroristische Organisationen unterstütze. Die Mehrheit des UN-Sicherheitsrates sprach sich gegen den Krieg aus.

> „Der Irak stellt weiterhin seine Feindseligkeit gegenüber Amerika zur Schau und unterstützt den Terror. […] Staaten wie diese und ihre terroristischen Verbündeten stellen eine Achse des Bösen dar, die sich bewaffnet, um den Frieden auf der Welt zu bedrohen. Diese Regime sind eine ernste und wachsende Gefahr, da sie den Besitz von Massenvernichtungswaffen anstreben. Sie könnten Terroristen ihre Waffen zur Verfügung stellen und ihnen damit die Mittel geben, ihren Hass zu verwirklichen."
>
> *George W. Bush (geb. 1946), Präsident der USA, 2002*

## ■ Die „Achse des Bösen"

Nach den Terroranschlägen auf das World Trade Center am 11. September 2001 kündigte George W. Bush den **Krieg gegen den Terrorismus** an, einen Kampf gegen Terroristen und Regierungen, die diese unterstützen. Auch den Krieg gegen den Irak setzte er in diesen Zusammenhang.
In einer Rede zur Lage der Nation 2002 prägte George W. Bush den Begriff **„Achse des Bösen"**. Darunter fasste er Staaten wie Nordkorea, den Iran und den Irak, die seiner Auffassung nach den Weltfrieden bedrohen, da sie aufrüsten und sich mit Terroristen verbünden.

*Quelle: www.uni-kassel.de/fb5/frieden/regionen/USA/bush-rede.html*

## ■ Religion im Irak

Im Irak sind 95 % der Einwohner Muslime. Davon gehören 63 % der schiitischen, 34 % der sunnitischen Glaubensrichtung an. Die schiitische Mehrheit wurde unter Saddam Hussein massiv unterdrückt und durfte einige ihrer religiösen Bräuche nicht ausüben. Nach seinem Sturz gaben sie zu verstehen, dass sie bei der Bildung des neuen irakischen Staates ein Mitspracherecht haben wollen.
Da auch die muslimischen Führer im Iran Schiiten sind, befürchtet man, dass auch die irakischen Schiiten einen islamischen Gottesstaat aufbauen möchten. Die Sunniten genossen unter dem Regime Saddam Husseins eine privilegierte Stellung. Im neuen Irak sehen sie sich zunehmend in einer Minderheitenrolle.
Da sie eine Vorherrschaft der schiitischen Mehrheit befürchten, riefen sie dazu auf, die Regierungswahlen im Februar 2005 zu boykottieren. Außerdem sind Sunniten für zahlreiche Terroranschläge im Irak verantwortlich.

# kapitel 8
## krieg

- ❓ Was weißt du über Saddam Hussein und sein Regime im Irak?

- ❓ Kannst du dir vorstellen, warum sich Deutschland am Zweiten Golfkrieg beteiligte, am Dritten Golfkrieg aber nicht?

- ❓ George W. Bush brachte den Irak mit dem islamistischen Terror in Verbindung. Was denkst du darüber?

- ❓ Informiere dich über die aktuelle Lage im Irak.

- ❓ Welchen Zusammenhang siehst du zwischen den Ausgaben für Entwicklungshilfe und den Ausgaben für den Kampf gegen den Terrorismus?

*Die Terroranschläge auf das World Trade Center am 11. September 2001.*

## Fakt

Laut Jahresbericht des Stockholmer Instituts für Friedensforschung stiegen die Militärausgaben 2003 – im Jahr des Irak-Kriegs – weltweit um 11%. Die Rüstungsausgaben der Industrienationen übertrafen deren Ausgaben für Entwicklungshilfe um mehr als das Zehnfache. Die Liste der Staaten mit den höchsten Militärausgaben wurde 2003 von den USA angeführt (417 Milliarden Dollar), die nach den Terroranschlägen des 11. Septembers 2001 eine enorme Steigerung des Rüstungshaushaltes beschlossen.

Quelle: www.uni-kassel.de/fb5/frieden/themen/export/sipri2004.html

## Zusammenfassung

▸▸ Unter Saddam Hussein erlebte der Irak drei Kriege, die man auch als Ersten, Zweiten und Dritten Golfkrieg bezeichnet.

▸▸ George W. Bush prägte den Begriff „Achse des Bösen" und brachte den Irak mit dem islamistischen Terror in Verbindung.

▸▸ Nach dem Sturz Saddam Husseins gewann im Irak die von ihm unterdrückte schiitische Mehrheit der Bevölkerung wieder an Bedeutung. Im Gegenzug verlor die unter Saddam Hussein bevorzugte sunnitische Minderheit an Einfluss.

# Atomkrieg

> „Deshalb fordern Gerechtigkeit, gesunde Vernunft und Rücksicht auf die Menschenwürde dringend, dass der allgemeine Rüstungswettlauf aufhört; dass ferner die in verschiedenen Staaten bereits zur Verfügung stehenden Waffen auf beiden Seiten und gleichzeitig vermindert werden; dass Atomwaffen verboten werden; und dass endlich alle auf Grund von Vereinbarungen zu einer entsprechenden Abrüstung mit wirksamer gegenseitiger Kontrolle gelangen."
>
> *Pacem in terris, katholische Enzyklika, 1963*

Die ersten Atombomben wurden während des Zweiten Weltkrieges in den USA entwickelt. Sie wurden 1945 zum ersten – und bisher einzigen – Mal auf die japanischen Städte Hiroshima und Nagasaki abgeworfen.

*Pilzförmige Wolke einer nuklearen Explosion.*

## Die Atommächte

Als die ersten Atombomben abgeworfen wurden, waren nur die USA in der Lage, solche Waffen zu bauen. Es dauerte aber nicht lange, bis auch andere Länder das Material und die nötigen Technologien entwickelten, um zur Atommacht zu werden. Der Grundstoff, der bei der Herstellung von Atomwaffen benötigt wird, ist Plutonium. Dieses wird in Atomreaktoren gewonnen. Schnell erweiterte sich der Kreis der Atommächte. 1949 entwickelte und testete die UdSSR ihre ersten Atomwaffen. Daraufhin begann ein nukleares Wettrüsten zwischen den USA und der UdSSR, die versuchten einander mit immer größeren, besseren und stärkeren Atomwaffen zu übertreffen. Wenige Jahre später gehörten auch Frankreich, Großbritannien und China zum Kreis der Atommächte.
Dieser Kreis ist heute noch größer, denn auch Israel, Pakistan, Indien, Südafrika, der Iran und Nordkorea verfügen vermutlich über Atomwaffen. Von mehreren anderen Ländern nimmt man an, dass sie ebenfalls in der Lage sind, Atomwaffen zu bauen.

## Das Gleichgewicht des Schreckens

Obwohl es seit 1945 mehr als 270 bewaffnete Konflikte gab, hat sich aus keinem davon ein Weltkrieg entwickelt. Manche machen dafür das „Gleichgewicht des Schreckens" verantwortlich. Es hindert jede Atommacht daran, ihre Waffen einzusetzen, weil sie Angst vor der Vergeltung des angegriffenen Landes hat. Andere finden dieses Argument nicht überzeugend. Sie weisen darauf hin, dass es 1962 während der Kubakrise fast zu einer nuklearen Katastrophe gekommen wäre. Mit dem „Gleichgewicht des Schreckens" steht ihrer Ansicht nach der Weltfrieden auf einem hauchdünnen Fundament.

## Abrüstung

Es ist unbestritten, dass die Atommächte ihre gewaltigen Waffenarsenale eigentlich nicht brauchen und dass es ohne Abrüstung keinen Frieden auf der Welt geben kann. Es gibt zwei Möglichkeiten:

1. **Einseitige Abrüstung**
   Dabei wird von einem Land verlangt, dass es seine Waffen zuerst vernichtet – in der Hoffnung, dass die anderen Länder seinem Beispiel folgen werden.

2. **Mehrseitige Abrüstung**
   Dabei wird von allen Atommächten verlangt, dass sie gleichzeitig abrüsten. Hier wurden schon einige Schritte unternommen, der Weg zum Ziel ist jedoch noch weit.

> „Dieselben Naturkräfte, die uns ermöglichen, zu den Sternen zu fliegen, versetzen uns auch in die Lage, unseren Stern zu vernichten."
>
> *Wernher von Braun (1912–1977), deutsch-amerikanischer Raketenkonstrukteur*

# kapitel 8
## krieg

## Das Argument der Abschreckung

Im Streit über Atomwaffen wird oft die Frage gestellt, ob solche Waffen ein Mittel der Abschreckung sind oder nicht.

### Ein wirksames Abschreckungsmittel

Manche Befürworter von Atomwaffen argumentieren, dass ein Land, das Atomwaffen besitzt, andere Länder davon abschreckt, ihre Atomwaffen einzusetzen.

- Dies scheint zu funktionieren, da es seit 1945 keinen Weltkrieg mehr gegeben hat.
- Der Besitz von Atomwaffen muss abschreckend wirken, da der Einsatz solcher Waffen gegen eine andere Atommacht schlimme Konsequenzen haben würde.
- Atomwaffen bringen ein Land in eine gute Verhandlungsposition: Sie können diese Waffen vernichten, wenn sich auch die Gegenseite dazu bereit erklärt.

### Kein unbedenkliches Abschreckungsmittel

Gegner von Atomwaffen glauben, dass die Atommächte ein gefährliches Spiel spielen.

- Da es immer mehr Atommächte gibt, wird es immer wahrscheinlicher, dass Atomwaffen irgendwann auch eingesetzt werden.
- Den Einsatz nuklearer Waffen kann man unter keinen Umständen rechtfertigen. Die anderen Länder wissen das. Also kann das Argument der Abschreckung nicht greifen.
- Die riesigen Geldsummen, die für Atomwaffen ausgegeben werden, könnten besser für die Bekämpfung von Armut und Hunger verwendet werden.
- Trotz Abrüstungsmaßnahmen ist die Welt immer noch in einer gefährlichen Lage.

*„Vor der Bombe musste der einzelne Mensch mit dem Gedanken an seinen eigenen Tod leben. Von nun an muss die ganze Menschheit mit dem Gedanken an das Aussterben ihrer Art leben."*
Arthur Koestler (1905–1983), ungarischer Journalist und Schriftsteller

**? a.** Warum wird behauptet, dass das „Gleichgewicht des Schreckens" seit 1945 zum Weltfrieden beigetragen hat?
**b.** Wie fühlst du dich in einer Welt, in der Frieden nur durch ein solches Gleichgewicht aufrecht erhalten wird?

**?** Wie verstehst du das Zitat von Arthur Koestler?

**?** In den 1960er und 1970er Jahren fürchteten sich die Menschen vor dem Einsatz von Atomwaffen. Jetzt denken die meisten gar nicht mehr an diese Bedrohung. Trotzdem besteht die Gefahr auch heute noch. Warum machen sich die Menschen heute wohl weniger Sorgen? Hältst du Atomwaffen für notwendig?

**?** Am 6. August 1945 warfen die Streitkräfte der USA eine Atombombe über der japanischen Stadt Hiroshima ab, drei Tage später eine weitere Atombombe über der Stadt Nagasaki. Welche verheerenden Auswirkungen hatte die Atombombe auf die Menschen? Welche Gründe führten die USA für den Einsatz der Atombomben an?

### Wichtiger Begriff

**Atomwaffe** → Waffe, die ihre Explosionsenergie durch Kernspaltung oder Kernfusion gewinnt.

## Zusammenfassung

▶▶ Viele Länder besitzen Atomwaffen und es kommen immer neue dazu. Der erste und bisher einzige Einsatz von Atombomben fand im Zweiten Weltkrieg in Japan statt. Länder, die Atomwaffen besitzen, werden als Atommächte bezeichnet.

▶▶ Einige behaupten, dass der Weltfrieden seit 1945 durch das Gleichgewicht des Schreckens aufrecht erhalten wird.

▶▶ Es gibt überzeugende Argumente für und gegen den Besitz von Atomwaffen.

▶▶ In der Abrüstungsfrage werden zwei Ansätze diskutiert: die einseitige Abrüstung (ein Land rüstet zuerst ab) und die mehrseitige Abrüstung (alle Länder rüsten gleichzeitig ab).

# Heilige und gerechte Kriege

> *„Ruft den heiligen Krieg aus!*
> *Bietet eure Kämpfer auf!"*
> Bibel, Joël 4,9

Christen glauben, dass Kriege falsch sind. Manche meinen jedoch auch, dass sie manchmal ein notwendiges Übel sind, um das Böse zu besiegen. In der Bibel findet man widersprüchliche Aussagen zum Krieg. Auf der einen Seite wird vom „heiligen Krieg" gesprochen. Dem steht die Meinung Jesu entgegen: Er riet seinen Anhängern, die andere Wange hinzuhalten, wenn jemand sie auf die eine geschlagen hatte (Matthäus 5,39).

## ■ Heiliger Krieg

Die Vorstellung, dass im Namen Gottes ein heiliger Krieg geführt wird, ist im Alten Testament sehr geläufig. So mussten sich z.B. die Israeliten ihre Rückkehr ins Gelobte Land erkämpfen. Sie waren davon überzeugt, dass Gott ihnen dieses Land, das heute Israel heißt, geschenkt hatte. Im Namen Gottes führten sie zahlreiche Kriege, um das Land zu erobern.
Im 11. Jahrhundert kämpften christliche Armeen gegen Muslime.

> *„Ein gerechter Krieg ist in einem*
> *nuklearen Zeitalter unvorstellbar."*
> Papst Johannes XXIII. (1881–1963)

### Fakt
*Mahatma Gandhi (1869–1948) war ein Hindu, der an den gewaltlosen Widerstand glaubte. Seinen Anhängern riet er, mit friedlichen Mitteln für ihr Ziel, die Unabhängigkeit Indiens, einzutreten. Er selbst wählte mehrmals Hungerstreik als Zeichen des gewaltlosen Widerstandes.*

Diese blutigen Schlachten nannte man später Kreuzzüge. Papst Urban II. sagte damals den Christen,

- **dass sie aus einem heiligen und edlen Grund kämpfen,**
- **dass sie in ihrem Kampf von Gott geleitet werden,**
- **dass ihre Gegner Gottes Feinde sein müssen, da Gott ja auf ihrer Seite steht.**

Heilige Kriege sind meist Angriffskriege gegen vermeintliche Feinde eines bestimmten Glaubens. Früher führten Christen heilige Kriege. Heute behaupten muslimische Fanatiker, einen heiligen Krieg (Dschihad) zu führen. Die Mehrheit der Muslime glaubt jedoch, dass dabei die Lehre des Koran falsch ausgelegt wird.

## ■ Gerechter Krieg

Die meisten Christen waren immer der Meinung, dass Krieg sich nicht mit der Lehre Jesu vereinbaren lässt. Um ihn dennoch zu rechtfertigen, stellte der Heilige Augustinus im 4. Jahrhundert Regeln für einen gerechten Krieg auf. Diese wurden später von dem Dominikanermönch Thomas von Aquin (1225–1274) weiterentwickelt.

Er lehrte, dass ein gerechter Krieg ...

- **von der Regierung eines Staates erklärt werden muss,**
- **einen begründeten Anlass haben muss (wie die Verteidigung des eigenen Landes oder der Wiedergewinn eines verlorenen Gebietes),**
- **für das Gute und gegen das Böse gerichtet sein muss und Recht und Ordnung wiederherstellt.**

Die katholische Kirche fügte später noch zwei Regeln hinzu:

- **Der Krieg muss die letzte Möglichkeit sein.**
- **Es darf nicht mehr Gewalt als unbedingt nötig angewandt werden.**

Die meisten Christen stehen einem so genannten gerechten Krieg kritisch gegenüber, obwohl dieser Gedanke der Bibel nicht fremd ist. Sie denken, dass die Kriegsführung zur Zeit Thomas von Aquins im 13. Jahrhundert sich sehr von der heutigen Kriegsführung unterschied. Selbst zu jener Zeit hielt man es für notwendig, Konflikte zu begrenzen. Eine solche Begrenzung ist heute unmöglich, da modernen Kriegen viel mehr Zivilpersonen als Soldaten zum Opfer fallen.

## ■ Pazifismus

Ein Pazifist ist jemand, der gegen jeden Krieg ist und Gewalt in allen Situationen ablehnt. Nicht alle Pazifisten sind Christen, doch viele Christen sind Pazifisten.
Sie glauben, dass die Lehre Jesu eine feste Grundlage bildet für eine pazifistische Lebenseinstellung.

# kapitel 8
## krieg

*Ein muslimischer Anhänger der Bombay Peace Organisation am 28. Februar 2002 vor dem Churchgate Bahnhof in Bombay. Anhänger dieser Organisation demonstrierten für ein Ende der Gewalttaten, die den Tod von 58 Hindus bei einem Zugüberfall im westindischen Staat Gujarat rächen sollten.*

> „Ich bin nicht sicher, mit welchen Waffen der dritte Weltkrieg ausgetragen wird, aber im vierten Weltkrieg werden sie mit Stöcken und Steinen kämpfen."
>
> Albert Einstein (1879–1955), deutscher Physiker und Nobelpreisträger

### Wichtige Begriffe

**Heiliger Krieg** → Ein Krieg, der in dem Glauben geführt wird, dass er von Gott gewollt ist und daher von Erfolg gekrönt sein wird.

**Gerechter Krieg** → Ein Krieg, der in dem Glauben geführt wird, dass er einen gerechten Anlass hat und bestimmten gerechten Prinzipien gehorcht.

**Pazifismus** → Die Überzeugung, dass Krieg und Gewalt in jeder Situation unvertretbar sind.

❓ **Welche der Kriege in der Vergangenheit und in der Gegenwart kann man deiner Meinung nach als heilige Kriege bezeichnen?**

❓ **Welche bekannten Persönlichkeiten waren Pazifisten? Suche Informationen.**

### Zusammenfassung

▸▸ *Ein heiliger Krieg ist ein Kampf, der im Namen Gottes geführt wird. Daher ist der Sieg von Anfang an sicher und gerechtfertigt.*

▸▸ *Ein gerechter Krieg wird aus einem gerechten Anlass geführt. Dabei werden bestimmte Regeln befolgt. Außerdem muss die Sicherheit der Zivilbevölkerung garantiert werden.*

▸▸ *Pazifisten lehnen Gewalt ab.*

# Religion und Krieg

## ☐ Christentum

> *„Selig, die Frieden stiften; denn sie werden Söhne Gottes genannt werden."*
> Bibel, Matthäus 5,9

> *„Krieg soll nach Gottes Willen nicht sein. Nicht nur die mit Waffengewalt betriebene Austragung von Konflikten, sondern auch eine angemaßte ‚Rettung' Bedrohter und eine angemaßte Bestrafung von Aggressoren fallen unter dieses Verdikt."*
> Evangelische Kirche Deutschland (EKD), 1994

## ■ Krieg und Frieden

Die Vorstellung von einem heiligen oder gerechten Krieg wurde jahrhundertelang mit dem Christentum in Verbindung gebracht. Nichts in der Lehre Jesu unterstützt dies jedoch.

Obwohl sich Jesus deutlich für eine pazifistische Lebenseinstellung aussprach, sind nicht alle Christen Pazifisten. Alle Christen wünschen sich jedoch Frieden. Die Bibel nennt Gott den „Gott des Friedens" und Jesus den „Prinzen des Friedens".

Das Alte Testament spricht oft von der lang ersehnten Ankunft des Messias, der dem Propheten Micha zufolge eine Zeit des Friedens einleiten wird. Paulus sagte, dass Menschen, die durch ihren Glauben Frieden mit Gott geschlossen haben, „Frieden mit Gott durch Jesus Christus" haben *(Römer 5,1)*. Der Bibel zufolge führt Frieden mit Gott zum Frieden mit anderen Menschen.

Frieden ist viel mehr als das Gegenteil von Krieg. Die christliche Botschaft beinhaltet den Glauben, dass Jesus den Menschen Frieden mit Gott und mit sich selbst brachte. Dies verdeutlichte Jesus, als er von den Friedensstiftern sprach, die „Söhne Gottes" heißen sollten (siehe Zitat oben). Sie sollten so genannt werden, weil der Frieden zwischen Gott und den Menschen der Kern der Botschaft ist, die Jesus den Menschen überbrachte. **Wer sich für den Frieden mit Gott und den Menschen einsetzt, führt aus christlicher Sicht das Werk weiter, für das Jesus starb.** Frieden in der Gesellschaft wird nicht zufällig erreicht. Man muss ihn erarbeiten, indem man Ungerechtigkeit, Armut und Hunger bekämpft. Frieden ist nur möglich in einer gerechten und humanen Gesellschaft, in der alle Menschen ihren Platz haben.

*Im Ersten Weltkrieg verweigerten Pazifisten den Kriegsdienst und arbeiteten stattdessen für das Rote Kreuz.*

*Was **Weltreligionen** zu **Alltagsthemen** sagen*

# kapitel 8
## krieg

## ■ Gewalt ist unvertretbar

Im Urchristentum berief sich die Kirche auf die Lehre Jesu und war fast vollkommen pazifistisch eingestellt. Nur wenige Christen traten in die Armee ein, bevor sich im 4. Jahrhundert *Kaiser Konstantin* zum Christentum bekannte. Erst als das Christentum Staatsreligion des Römischen Reiches wurde, war es für einen Christen vertretbar, Soldat zu werden.

Heute würden viele Christen behaupten, dass dies eine Abkehr von den Idealen war, die Jesus predigte. Sie würden das Gebot *„Du sollst nicht töten!"* zitieren und darauf hinweisen, dass Töten dem christlichen Ideal der Nächstenliebe widerspricht.

**Dabei würden sie sich vor allem auf zwei Stellen im Evangelium berufen:**

*„Steck dein Schwert in die Scheide; denn alle, die zum Schwert greifen, werden durch das Schwert umkommen."*
Bibel, Matthäus 26,52

### Matthäus 5,38–46

Das jüdische Recht gründet auf dem Prinzip, dass Gleiches mit Gleichem vergolten wird: *„Auge für Auge und Zahn für Zahn."*
Jesus ersetzte dies durch ein anderes Prinzip: Gewalt soll niemals erwidert werden. Seine Anhänger sollten sogar noch einen Schritt weiter gehen und eine Gewalttat mit Liebe erwidern.

### Lukas 22,35–51

Beim Abendmahl erklärte Jesus seinen Jüngern, dass die Lage sich zugespitzt hatte. Dabei sprach er symbolisch vom Kauf eines Schwertes. Seine Jünger verstanden dies falsch und glaubten, dass er sie bat, ihn zu verteidigen. Als er später im Garten Gethsemane gefangen genommen wurde, verbot er seinen Jüngern zu kämpfen. Einer von ihnen, Petrus, schlug jedoch einem Diener des Hohepriesters ein Ohr ab. Jesus befahl ihm, damit aufzuhören und heilte den Mann. Außerdem sagte er, dass diejenigen, die mit dem Schwert leben, durch das Schwert umkommen werden. Diese Stellen werden so ausgelegt, dass Jesus Pazifist war und von seinen Anhängern ein ähnliches Verhalten wünschte.

*Diese Kerze soll Christen daran erinnern, für alle Menschen zu beten, die Ungerechtigkeit oder Brutalität ausgeliefert sind.*

❓ Ist eine pazifistische Einstellung zu Krieg und Gewalt unrealistisch oder mutig?

❓ Wenn Frieden nicht nur das Gegenteil von Krieg ist, was ist er dann?

❓ Was würdest du einem Weltherrscher raten, um für alle zukünftigen Generationen eine friedliche Welt zu schaffen?

## Zusammenfassung

▸▸ *Obwohl es im Christentum immer die Vorstellung von heiligen oder gerechten Kriegen gab, steht der Pazifismus der Lehre Jesu viel näher.*

▸▸ *Wahrer Frieden bedeutet Frieden mit Gott und mit seinen Mitmenschen. Jesus bezeichnete die Friedensstifter als Kinder Gottes.*

▸▸ *Mehrere Aussagen Jesu beinhalten, dass es unter seinen Anhängern Gewalt und Krieg nicht geben darf. Seine Antwort auf Gewalt war, dem Gegner auch „die andere Wange" hinzuhalten.*

# Religion und Krieg

*Israelis und Palästinenser demonstrieren gemeinsam für Frieden.*

## ☐ Judentum

*„Wenn jemand beabsichtigt dich zu töten, sei du der erste, der tötet."*
*Talmud, heiliges Buch der Juden*

In den jüdischen Schriften gibt es viele Beispiele für heilige Kriege. Sie fanden statt, als die Juden in frühen Zeiten das Gelobte Land Israel erobern und zu ihrer Heimat machen wollten. Die Schriften lehren, dass Kriege erst eingesetzt werden dürfen, wenn alle anderen Versuche fehlgeschlagen sind.

Der Schaden, der durch Gewalt verursacht wird, muss eng begrenzt werden. Ein Präventivschlag ist erlaubt, wenn ein anderes Land einen Angriff auf Israel plant. Dies war 1967 der Fall: Israel griff Ägypten und Syrien an, um den Angriffen dieser Staaten zuvorzukommen. Es kam zum Sechstagekrieg. **Im Judentum gibt es keine pazifistische Tradition**. Trotzdem wird Frieden immer als wünschenswert betrachtet. So sehnte schon der jüdische Prophet Jesaja das ewige Königreich des Friedens herbei, das der von Gott erwählte Messias am Ende der Zeit gründen sollte (siehe Zitat). Die Juden glauben, dass man seinem Gegner immer vergeben sollte. Niemand kann aber im Namen eines anderen Vergebung gewähren. Einige Verbrechen, wie der Holocaust, sind so schlimm, dass nur Gott sie vergeben kann.

*„Er spricht Recht im Streit der Völker, er weist viele Nationen zurecht. Dann schmieden sie Pflugscharen aus ihren Schwertern und Winzermesser aus ihren Lanzen. Man zieht nicht mehr das Schwert, Volk gegen Volk, und übt nicht mehr für den Krieg."*
*Neviim, Jesaja 2,4*

# kapitel 8
## krieg

## ☐ Islam

*„Hasse deinen Feind nur ein wenig; er könnte eines Tages dein Freund werden."*

Hadith, Überlieferung des Propheten Mohammed

**Das Wort Islam bedeutet eigentlich Unterwerfung**, es hat aber auch eine zweite Bedeutung: **Frieden**.

Dieser Frieden ist nicht unbedingt das Gegenteil von Krieg. Manchmal ist Krieg notwendig, um Frieden herbeizuführen. Das ist der Fall, wenn man sich gegen die Feinde des Islam zur Wehr setzen muss. In einer wirklich friedlichen Gesellschaft hat jeder das Recht, in Freiheit und ohne Bedrohung zu leben. In diesem neuen Staat werden aus muslimischer Sicht alle Menschen unter der Herrschaft Allahs in Frieden und Harmonie leben.
Im Islam gibt es die Vorstellung vom Dschihad. Der Begriff wird oft mit heiliger Krieg übersetzt, hat aber zwei verschiedene Bedeutungen:

1. Der innere oder große Dschihad bezeichnet den Kampf gegen das eigene Innere, gegen das Böse allgemein.

2. Der äußere oder kleine Dschihad umfasst den Krieg gegen die Feinde des Islam. Eine Lehre besagt, dass ein solcher Krieg nur gegen einen Angreifer geführt werden darf, der den Islam direkt bedroht. Eine andere Lehre beruft sich auf Suren wie die nebenstehende und erlaubt auch einen offensiven Krieg gegen die Götzendiener (die Ungläubigen). Wer in einem heiligen Krieg stirbt, kommt nach muslimischer Vorstellung sofort in den Himmel.

## ■ Terror und Selbstmordattentate

Viele Terroranschläge werden von islamistischen Organisationen als **Dschihad** bezeichnet. Diese Gruppen nehmen teilweise sogar den Begriff „Dschihad" in ihren Namen auf.
So kämpft beispielsweise die Terrororganisation *„Palästinensischer Islamischer Dschihad"* gegen den „jüdischen Feind des Islam" in Israel.

Ein Mittel des islamistischen Terrors sind Selbstmordattentate. Wer als Glaubenskrieger bei einem Selbstmordattentat ums Leben kommt, ist nach fundamentalistischer Vorstellung ein Märtyrer und kommt nach seinem Tod sofort ins Paradies.

*„Sind aber die heiligen Monate, in welchen jeder Kampf verboten ist, verflossen, dann tötet die Götzendiener, wo ihr sie auch finden mögt; oder nehmt sie gefangen oder belagert sie und lauert ihnen auf allen Wegen auf. Bereuen (bekehren) sie (sich) dann, verrichten das Gebet zur bestimmten Zeit und geben Almosen, dann lasst sie frei ausgehen; denn Allah ist verzeihend und barmherzig."* Koran 9,5

## Zusammenfassung

▸▸ *In den jüdischen Schriften gibt es die Vorstellung vom heiligen Krieg. Die Juden warten aber auch auf das Friedensreich des Messias, das allen Auseinandersetzungen ein Ende bereiten wird.*

*„Immer weniger Menschen in den Ländern des Südens sind in der Lage, sich und ihre Familie zu ernähren und andere elementare Grundbedürfnisse zu befriedigen. […] Dies ist der ideale Nährboden für die Verbreitung von radikalem Gedankengut, antiwestlichen Feindbildern und islamistischer Ideologie. Hier liegt das Sympathie- und Rekrutierungsumfeld für künftige Terroristen."*

Bundeszentrale für politische Bildung
Quelle: www.bpb.de/themen/9SG846,,0, Reichtumsgef%E4lle_und_Terrorismus.html

❓ **Unterscheiden sich die jüdischen, christlichen und muslimischen Vorstellungen von Krieg und Frieden voneinander?**

❓ **Was weißt du über Selbstmordattentäter?**

❓ **Lies dir das Zitat der Bundeszentrale für politische Bildung durch. Wie verstehst du es? Was ist deine Meinung zu diesem Thema?**

❓ **Was versteht der Koran wohl unter Götzendienern? Wie ist die Stellung von Juden und Christen im Islam?**

▸▸ *Im Islam gibt es die Vorstellung vom Dschihad. Einige Islamisten legen den Begriff so aus, dass Muslime einen offensiven Krieg gegen die Feinde des Islam führen müssen. Dazu gehören vor allem Terrororganisationen und Selbstmordattentäter.*

# Empfehlenswerte Literatur und Links

☐ Literatur

☐ Links

*Thur Al-Windawi:*
**Thuras Tagebuch.**
Oetinger 2004.
ISBN 3-78915-120-3

*Michael Gallagher:*
**Israel und Palästina.**
Fakten und Hintergründe.
Verlag an der Ruhr 2005.
ISBN 3-86072-981-0

*Keiji Nakazawa:*
**Barfuß durch Hiroshima.**
Carlsen 2004.
ISBN 3-551-77501-X

*Carola Stern:*
**Eine Erdbeere für Hitler.**
Fischer 2005.
ISBN 3-10-009646-0

- **www.icj-cij.org/icjwww/ icjhome.htm**
  Englischsprachige Website des Internationalen Gerichtshofes in Den Haag.

- **www.bundesregierung.de/ Gesetze/-,7214/Gesetze-A-Z.htm**
  Hier werden die wichtigsten Gesetze und Rechtsverordnungen der Bundesregierung zum Lesen und Herunterladen zur Verfügung gestellt.

- **www.uni-kassel.de/fb5/frieden/**
  Informationen und aktuelle Meldungen zum Nahen Osten, Afghanistan u.a. Mit Weltarchiv.

# kapitel 9
# verbrechen und justiz

# Gesetz und Justiz

> „So gebt dem Kaiser, was dem Kaiser gehört, und Gott, was Gott gehört!"
> Bibel, Markus 12,17

## Warum sind Gesetze notwendig?

**Gesetze werden von einer Gesellschaft aufgestellt, um das Verhalten ihrer Bürger zu regeln.** Die Gesetze zeigen den Menschen, welches Verhalten von der Gesellschaft für richtig oder für falsch gehalten wird. Sie bestimmen auch, wie Gesetzesübertretungen bestraft werden.

Straftaten und Gesetzesübertretungen, faszinieren und stören uns gleichermaßen. Sie faszinieren uns, wenn sie zum Beispiel in Fernsehsendungen als spannend dargestellt werden. Wir finden den ewigen Kampf zwischen den Mächten des Guten und des Bösen aufregend. Aber wenn wir ernsthaft darüber nachdenken, machen Verbrechen uns auch Angst, weil sie die Grundfesten unserer Gesellschaft bedrohen. Manchmal werden wir oder unsere Bekannten selbst Opfer einer Straftat. Die steigende Zahl von Gewalttaten ist in der heutigen Gesellschaft ein großes Problem.

In den Gesetzen eines Landes spiegeln sich die Regierungsform und der religiöse Hintergrund des Landes wider. Deutschland und die anderen EU-Staaten haben eine **demokratische Regierung und einen christlichen Hintergrund**. Einige Länder werden jedoch von **totalitären Diktaturen** regiert. Auch dies zeigt sich in den Gesetzen, die in diesen Ländern herrschen. Einige muslimisch regierte Länder haben Gesetze und Strafformen, denen die **Scharia-Gesetze des Koran** zugrunde liegen. Viele muslimische Länder haben aber eine Mischung aus bürgerlichen Gesetzen und Gesetzen, die aus dem Koran stammen.

Das Gesetz hat in den meisten Gesellschaften das Ziel, seine verletzlichsten Mitglieder zu schützen. Jeder gesetzestreue Bürger ist irgendwann verletzlich, z.B. wenn er einem bewaffneten Räuber, einem Mörder oder einem Vergewaltiger gegenübersteht. Also ist das Gesetz wichtig für den Schutz jeder einzelnen Person. Besonderen Schutz brauchen ganz junge und alte Menschen und diejenigen, die beim Kampf gegen die Kriminalität in der ersten Reihe stehen. Das Gesetz ist nötig, um das Leben in einer Gemeinschaft so sicher wie möglich zu machen.

## Gesetzgebung und Justiz

> „Vor den Trägern der Macht hat sich nicht die gute, sondern die böse Tat zu fürchten; willst du also ohne Furcht vor der staatlichen Gewalt leben, dann tue das Gute, sodass du ihre Anerkennung findest. Sie steht im Dienst Gottes und verlangt, dass du das Gute tust. Wenn du aber Böses tust, fürchte dich! Denn nicht ohne Grund trägt sie das Schwert. Sie steht im Dienst Gottes und vollstreckt das Urteil an dem, der Böses tut. Deshalb ist es notwendig, Gehorsam zu leisten ..."
> Bibel, Römer 13,3–5

In Deutschland können drei Gremien (Bundesregierung, Bundestag und Bundesrat) neue Gesetze vorschlagen. Die ursprünglichen Gesetzesideen oder Entwürfe werden zu Gesetzestexten formuliert und anschließend durch Abstimmung im Bundestag und Bundesrat verabschiedet. Mit der Unterschrift des Bundespräsidenten tritt das neue Gesetz rechtswirksam in Kraft.

**Man unterscheidet zwei Arten von Gesetzen:**

1. Ein „**einfaches Gesetz**" ist nicht von der Zustimmung des Bundesrates abhängig. Nur der Bundestag muss dem Entwurf zustimmen. Der Gesetzesentwurf wird dem Bundesrat, der sich aus den einzelnen Bundesländern zusammensetzt, nur zur Kenntnisnahme vorgelegt.

2. Bei einem „**Zustimmungsgesetz**" muss nicht nur der Bundestag, sondern auch der Bundesrat dem Gesetzentwurf zustimmen.

Wenn ein Gesetz von der Regierung verabschiedet wurde, muss es durchgesetzt werden. Die Polizei sorgt dafür, dass Gesetze eingehalten und Straftäter festgenommen werden. Anschließend ist es die Aufgabe des Gerichts, das Gesetz anzuwenden und die Schuld des Verdächtigen zu bestimmen. Es verhängt die vom Parlament festgelegte Strafe.

# kapitel 9
## verbrechen und justiz

**?** Warum hat jedes Land eigene Gesetze?

**?** „Die Gesetze eines Landes spiegeln seine Regierungsform und seinen religiösen Hintergrund wieder."
**Versuche Beispiele zu finden, die diese Aussage belegen.**

**?** Warum sind Gesetze wichtig?

**?** Welche Gesetze würdest du persönlich verabschieden, um das Leben für alle sicherer und angenehmer zu machen?

**?** Was ist der Unterschied zwischen einem Verbrechen und einer Sünde?

**?** Kannst du dir vorstellen, in einer Gesellschaft zu leben, in der Gesetze nicht existieren oder nicht durchgesetzt werden?

## Zusammenfassung

▸▸ *Jede Gesellschaft braucht Gesetze, um das Zusammenleben der Menschen zu regeln.*

▸▸ *Deutschland ist eine Demokratie mit christlichem Hintergrund. Die meisten Gesetze spiegeln dies wider. Gesetze sind dazu da, die verletzlichsten Mitglieder einer Gesellschaft zu schützen.*

▸▸ *Gesetze werden von der Regierung verabschiedet. Die Polizei sorgt dafür, dass Gesetze eingehalten und Straftäter gefasst werden. Die Justiz entscheidet über Schuld oder Unschuld eines Angeklagten.*

### Wichtige Begriffe

**Verbrechen** → Verstoß gegen das Gesetz eines Landes.

**Justiz** → Staatliches Rechtswesen, zuständig für die Rechtsprechung.

**Gesetz** → Rechtsetzung; Regeln einer Gemeinschaft oder eines Staates.

**Sünde** → Verstoß gegen die Gesetze Gottes.

*Oberster Gerichtshof in Islamabad (Pakistan).*

# Warum bestrafen?

> „Richtet nicht, damit ihr nicht gerichtet werdet! Denn wie ihr richtet, so werdet ihr gerichtet werden ..."
> *Bibel, Matthäus 7,1–2*

## ■ Welchen Zweck erfüllt Bestrafung?

**Auf diese Frage gibt es fünf Antworten:**

Durch Bestrafung zwingt die Gesellschaft einen Straftäter dazu, für seine Taten zu zahlen. Diese Bezahlung kann den Verlust der Freiheit (Gefängnis), die Einschränkung der Freiheit (Bewährungsstrafe, gemeinnützige Arbeit) oder das Zahlen einer Geldsumme (Geldstrafe) beinhalten.

### Sühne

Der Täter soll für das Verbrechen, das er begangen hat, zahlen. Er trägt der Gesellschaft gegenüber eine Schuld: je schlimmer das Verbrechen, desto größer die Schuld. Das Problem liegt darin, zu entscheiden, welche Strafe für die jeweilige Straftat angemessen ist. Dies ist besonders schwierig, wenn es um die Verhängung der Todesstrafe geht.

### Abschreckung

Strafe soll den Täter davon abschrecken, noch einmal eine Straftat zu begehen. Sie soll auch anderen Menschen vor Augen führen, was sie erwartet, wenn sie eine solche Tat begehen. Man ist sich nicht einig darüber, wie wirksam eine solche Abschreckung ist, denn viele Gesetzesbrecher kommen immer wieder ins Gefängnis (Wiederholungstäter). Auch die Todesstrafe sollte hauptsächlich der Abschreckung dienen. Dennoch gab es in den USA unzählige Morde, seit die Todesstrafe 1976 wieder eingeführt wurde. Als einfaches Abschreckungsmittel hat sie also versagt.

### Schutz der Gesellschaft

Straftäter bedrohen das Gleichgewicht einer Gesellschaft und ihre schwächsten Mitglieder. Diese müssen also vor Verbrechen geschützt werden. Solange Straftäter im Gefängnis sind, ist die Gesellschaft vor ihnen in Sicherheit. Die meisten Menschen halten dies für das wichtigste Ziel einer Freiheitsstrafe. Dem steht aber entgegen, dass der Täter während seines Gefängnisaufenthaltes mit anderen Straftätern in Kontakt kommt und dadurch womöglich in seiner Gewaltbereitschaft noch bestärkt wird.

*Gefängnisstrafen sollen Täter davon abhalten, noch einmal eine Straftat zu begehen.*

> „Ihr habt gehört, dass gesagt worden ist: Auge für Auge und Zahn für Zahn. Ich aber sage euch: Leistet dem, der euch etwas Böses antut, keinen Widerstand, sondern wenn dich einer auf die rechte Wange schlägt, dann halt ihm auch die andere hin."
> *Bibel, Matthäus 5,38–39*

# kapitel 9
## verbrechen und justiz

*„Im Vollzug der Freiheitsstrafe soll der Gefangene fähig werden, künftig in sozialer Verantwortung ein Leben ohne Straftaten zu führen (Vollzugsziel). Der Vollzug der Freiheitsstrafe dient auch dem Schutz der Allgemeinheit vor weiteren Straftaten."* Strafvollzugsgesetz

### Resozialisierung

Wenn ein Straftäter im Gefängnis ist, muss er laut Strafvollzugsgesetz während dieser Zeit auf ein künftiges Leben ohne Straftaten vorbereitet werden. Dies ist besonders wichtig bei Jugendlichen. Der Versuch, sie zu resozialisieren, bevor sie zu Kriminellen werden, ist von großer Bedeutung. In manchen Gefängnissen gibt man sich große Mühe, die Insassen weiterzubilden. Sie können ein Handwerk lernen und man hilft ihnen nach der Entlassung bei der Wohnungs- und Arbeitssuche. Ihnen wird auch deutlich gemacht, welche Auswirkungen ihre Straftat auf die Betroffenen hatte. Oft sind die Gefängnisse jedoch überfüllt. Dadurch wird die Erziehungsarbeit erschwert oder gar unmöglich gemacht.

### Verteidigung des Gesetzes

Kaum jemand möchte in einer gesetzlosen Gesellschaft leben, in der Chaos herrscht. Wenn jemand das Gesetz bricht, muss ihm vor Augen geführt werden, was er getan hat und welche Strafe er dafür zu erwarten hat. Durch die Bestrafung soll das Gesetz verteidigt und aufrechterhalten werden.

*Tagging wird in Großbritannien angewandt, um Straftäter zu überwachen, ohne sie ins Gefängnis zu sperren.*

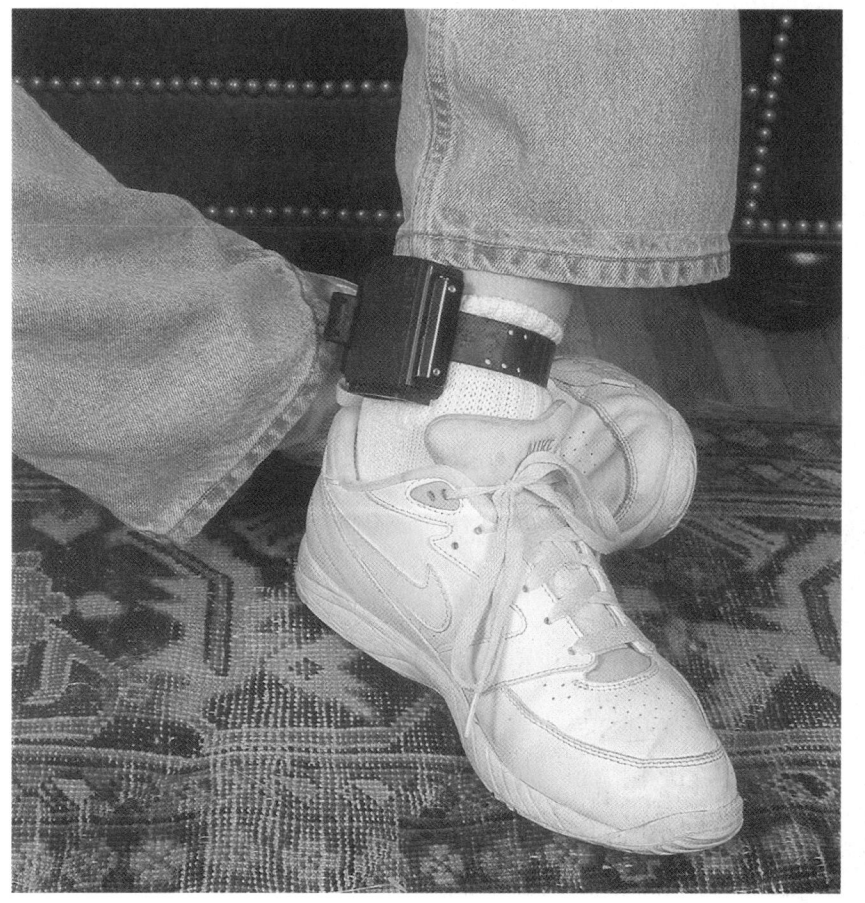

---

**?** Bestrafung erfüllt mehrere Zwecke. Welcher davon ist deiner Meinung nach am wichtigsten?

**?** Informiere dich über deutsche Gefängnisse.
a. Wie überfüllt sind sie?
b. Gibt es in vielen Haftanstalten die Möglichkeit der Resozialisierung?
c. Wie sieht normalerweise der Tagesablauf der Häftlinge aus?

**?** Stell dir vor, du bist Innenminister. Der Bundeskanzler möchte, dass du für die Absenkung der Kriminalitätsrate im Land sorgst.
Welche Maßnahmen würdest du ergreifen?

**?** „Tagging" nennt sich eine neue Methode, die z.B. in Großbritannien angewandt wird. Dabei bekommt ein Straffälliger ein elektronisches Gerät, dass er ständig tragen muss. Dadurch wissen die Behörden immer, wo er sich gerade befindet. Was hältst du von dieser Methode?

**?** Einige Mörder sollen niemals mehr aus dem Gefängnis entlassen werden. Ist dies deiner Meinung nach sinnvoll?

### Zusammenfassung

▸▸ Durch Bestrafung zwingt die Gesellschaft einen Straftäter dazu, für seine Taten zu zahlen.

▸▸ Bestrafung erfüllt folgende Zwecke: Sühne, Abschreckung, Schutz der Gesellschaft, Resozialisierung und Verteidigung des Gesetzes.

# Die Todesstrafe

## Die Todesstrafe – Fakten

Die Todesstrafe für Schwerverbrecher und Mörder gibt es schon lange. Die Römer z.B. kreuzigten Mörder und Verräter, wenn sie keine römischen Staatsbürger waren, und köpften sie, wenn sie es waren.

In Deutschland kam die Abschaffung der Todesstrafe erstmals während der Weimarer Republik in die Diskussion. Im Dritten Reich dagegen wurde die Zahl der Gesetzesübertretungen, die mit dem Tode bestraft wurden, immer weiter erhöht. 1949 wurde die Todesstrafe durch das Grundgesetz der Bundesrepublik abgeschafft. In der DDR gab es die Todesstrafe noch bis 1987.

**Die Todesstrafe ist heute in ganz Europa abgeschafft.** Es gibt sie aber noch: Insgesamt halten noch 76 Länder an der Todesstrafe fest, 120 haben sie im Gesetz oder in der Praxis abgeschafft. Nach Erkenntnissen der Menschenrechts- und Gefangenenhilfe-Organisation *amnesty international* (ai) sind vier Länder für 97% aller Hinrichtungen auf der Welt verantwortlich: China, Iran, Vietnam und die USA.

In keinem anderen Land werden so viele Menschen hingerichtet wie in der Volksrepublik China. Im Jahr 2004 wurde in China an mindestens 3400 Menschen die Todesstrafe vollstreckt. Im Iran sind mindestens 159, in Vietnam mindestens 64 und in den USA 59 Menschen hingerichtet worden.

Die Todesstrafe für minderjährige Täter wurde in den USA im März 2005 abgeschafft. Insgesamt wurden laut *amnesty international* 2004 in 25 Ländern mindestens 3797 Menschen hingerichtet. Weitere 7395 Menschen sind im vergangenen Jahr in 64 Ländern zum Tode verurteilt worden. In fünf Ländern – Bhutan, Griechenland, Samoa, Senegal und Türkei – wurde im Jahr 2004 die Todesstrafe für alle Vergehen abgeschafft. Die Regierungen im Irak und in Sri Lanka dagegen haben die Vollstreckung der Todesstrafe wieder eingeführt.

Die Todesstrafe ist ein sehr emotionelles Thema. Es ist schwer, Mitleid mit jemandem zu empfinden, der ein hilfloses Opfer umgebracht hat. Dennoch stellt sich die Frage, ob die Todesstrafe in einer zivilisierten Gesellschaft vertretbar ist.

*Eine Form der Todesstrafe in den USA ist die Hinrichtung durch die Giftspritze.*

### Fakt

*Im Jahre* **2004**

- wurde die Todesstrafe noch in **25 Ländern** vollstreckt.
- wurden in **64 Ländern** Menschen zum Tode verurteilt.
- hielten noch **76 Länder** an der Todesstrafe fest.
- verhängten noch **12 Länder** die Todesstrafe für außergewöhnliche Straftaten wie Kriegsverbrechen oder Verrat.
- wurde in **36 Ländern** die Todesstrafe in der Praxis abgeschafft, war im Gesetz jedoch weiter verankert.
- schafften **84 Länder** die Todesstrafe vollständig ab.

*Quelle: amnesty international 2005*

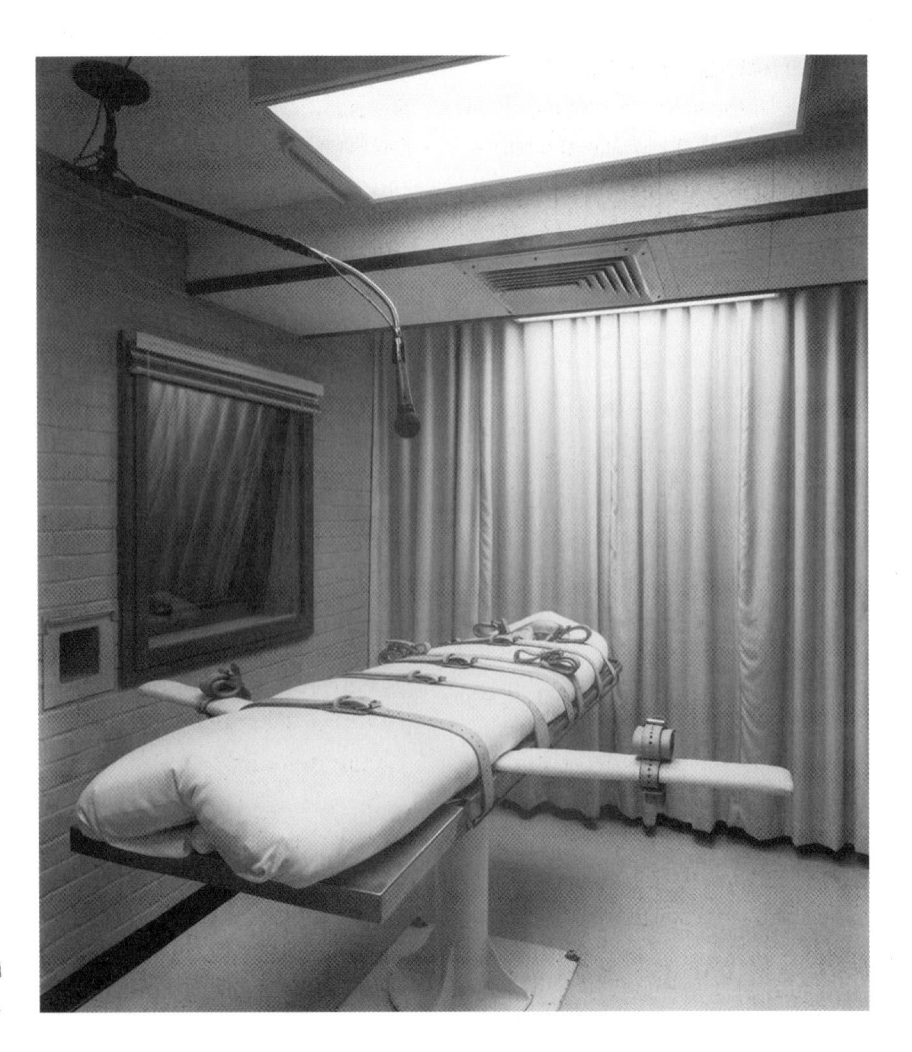

## kapitel 9
### verbrechen und justiz

**Stoppt die Todesstrafe! JETZT!!!**

*Amnesty International setzt sich für die Abschaffung der Todesstrafe ein.*

### Argumente für die Todesstrafe

- Die Todesstrafe ist die passendste Strafe für jemanden, der selbst getötet hat.
- Einige Menschen sind so brutal, dass sie nur die Sprache der Gewalt verstehen. Es ist die einzige wirkungsvolle Abschreckung für Gewalttäter.
- Einen Mörder hinzurichten, ist der einzig sichere Schutz für die Gesellschaft. Nur so kann er niemanden mehr töten.
- Die Gesellschaft muss ihre verletzlichsten Mitglieder schützen.
- Lebenslängliche Haft dauert meist nicht bis zum Lebensende. Die meisten Mörder werden vorzeitig entlassen. Sie sind dann wieder eine Bedrohung für die Gesellschaft.

### Argumente gegen die Todesstrafe

- Die Todesstrafe ist die grausamste, unmenschlichste und erniedrigendste Form der Bestrafung. Sie ist die Verweigerung des Rechts auf Leben, das in der internationalen Menschenrechts-Konvention festgelegt und von vielen Staaten anerkannt ist.
- Das Leben ist heilig, daher sollte in einer zivilisierten Gesellschaft niemand mit dem Tod bestraft werden. Eine Gesellschaft ist selbst nicht viel besser als der Mörder, den sie hinrichtet.
- Das Rechtswesen ist nicht unfehlbar. Es steht fest, dass in der Vergangenheit auch unschuldige Menschen hingerichtet wurden.
- Nur Gott allein darf das letzte Urteil sprechen. Er schenkte den Menschen das Leben, nur er kann es wieder nehmen.
- Es gibt keinen wissenschaftlichen Beweis dafür, dass die Todesstrafe eine wirksamere Abschreckung ist als eine langjährige Haftstrafe.
- 80 % aller Mörder kennen ihre Opfer persönlich. Oft sind es Familienangehörige. Mörder, die einen Angehörigen umgebracht haben, töten nur selten ein zweites Mal.
- Die Hinrichtung von politischen Attentätern würde diese zu Märtyrern machen. Weitere Tote könnten die Folge sein.

---

*„Die Todesstrafe verletzt das grundlegendste Recht eines Menschen, das Recht auf Leben. Dieses Recht ist unveräußerlich, es ist unverfügbar und es steht auch jenen zu, die schrecklichste Verbrechen begangen haben. Die Todesstrafe verletzt die Würde des Menschen, auch ihr Vollzug ist unmenschlich. Die Todesstrafe ist die unmenschlichste und grausamste Bestrafung – und sie ist unwiderruflich."*

*amnesty international*

---

❓ **Informiere dich über die Todesstrafe (z.B. unter www.amnesty-todesstrafe.de). Bist du für oder gegen die Todesstrafe?**

❓ **Versuche herauszufinden, warum Länder wie die USA noch an der Todesstrafe festhalten. Stimmt es, dass dort die Mehrheit der Bevölkerung für die Todesstrafe ist?**

❓ *„Hinrichtung ist nicht so erniedrigend wie lebenslange Haft."* **Stimmst du dem zu?**

❓ *„In einer zivilisierten Gesellschaft darf es keine Todesstrafe geben."* **Was meinst du dazu?**

### Zusammenfassung

▸▸ 1949 wurde in der Bundesrepublik Deutschland die Todesstrafe abgeschafft. In weltweit 76 Ländern ist sie noch im Gesetz verankert.

▸▸ Für die Todesstrafe spricht, dass sie von möglichen Straftaten abschreckt und so die verletzlichen Mitglieder einer Gesellschaft schützt.

▸▸ Gegen die Todesstrafe spricht, dass nicht nur Schuldige hingerichtet werden und dass sie ein primitives Mittel der Vergeltung ist.

# Gerechtigkeit und Vergebung

## ☐ Christentum

*„Da trat Petrus zu ihm und fragte: Herr, wie oft muss ich meinem Bruder vergeben, wenn er sich gegen mich versündigt? Siebenmal? Jesus sagte zu ihm: Nicht siebenmal, sondern siebenundsiebzigmal."*
Bibel, Matthäus 18,21–22

Wenn es um das Thema Bestrafung geht, suchen viele Christen einen Kompromiss zwischen der Verpflichtung, Recht walten zu lassen und dem Wunsch, Gnade und Vergebung zu gewähren. Sie lehnen eine endgültige, unwiderrufliche Art der Bestrafung ab. Für jeden Straftäter sollte die Möglichkeit bestehen, dass Gott und die Gesellschaft ihm vergeben – egal, was er getan hat.

## ■ Christen und Gerechtigkeit

Christen glauben an Gerechtigkeit, weil sie an einen gerechten Gott glauben. Im Alten Testament wird den Menschen immer wieder gesagt, dass sie in allen ihren Geschäftsbeziehungen fair handeln müssen. Sie dürfen niemanden betrügen, sonst werden sie von Gott verurteilt. Im Neuen Testament verbreiteten Jesus und Paulus die gleiche Botschaft.

Jesus legte aber großen Wert darauf, dass Gerechtigkeit immer durch Barmherzigkeit gemildert werden sollte:

- In den Seligpreisungen – den acht Sprüchen, die seine ganze Lehre zusammenfassen – sagt Jesus: *„Selig die Barmherzigen; denn sie werden Erbarmen finden."* (Matthäus 5,7)

- Auch das Gleichnis vom unbarmherzigen Gläubiger *(Matthäus 18, 23–35)* zeigt, wie wichtig aus christlicher Sicht Barmherzigkeit ist. Darin bittet ein Diener seinen Herrn, dem er viel Geld schuldet, um Mitleid. Seine Schuld wird ihm erlassen. Darauf trifft der Diener jemanden, der bei ihm Schulden hat und ihn nun seinerseits um Mitleid bittet. Er erlässt ihm seine Schuld aber nicht, sondern lässt ihn ins Gefängnis werfen. Als sein Herr dies erfährt, nimmt er den Schuldenerlass zurück und übergibt seinen Diener den Folterknechten. Jesus nutzte dieses Gleichnis, um seine Anhänger an ihre Schuld Gott gegenüber zu erinnern. Wenn Gott ihnen ihre Schuld vergeben soll, müssen auch sie ihren Schuldigern vergeben.

*„Vergeltet niemals Böses mit Bösem! Seid allen Menschen gegenüber auf Gutes bedacht! Soweit es euch möglich ist, haltet mit allen Menschen Frieden! Rächt euch nicht selber, liebe Brüder, sondern lasst Raum für den Zorn (Gottes); denn in der Schrift steht: Mein ist die Rache, ich werde vergelten, spricht der Herr."*
Bibel, Römer 12,17–19

## ■ Vergebung

Für Jesus war Vergebung ein sehr wichtiges Thema. Immer wieder erinnert er seine Zuhörer daran, dass Gott jedem vergibt, der seine Sünden bereut und um Vergebung bittet. Dafür gibt es mehrere Beispiele:

- Die drei Gleichnisse vom verlorenen Schaf, von der verlorenen Drachme und vom verlorenen Sohn in *Lukas 15* haben alle dieses Thema. Als das Schaf und die Drachme wiedergefunden werden und der Sohn zurückkehrt, ist die Freude groß. Im Gleichnis vom verlorenen Sohn ist der Vater überglücklich, als der Sohn nach Hause kommt und ihn um Vergebung bittet.

- Vergebung beruht auf Gegenseitigkeit. Ins „Vater Unser" nahm Jesus den Satz auf: *„Und erlass uns unsere Schulden, wie auch wir sie unseren Schuldnern erlassen haben."* Er fügte hinzu: *„Denn wenn ihr den Menschen ihre Verfehlungen vergebt, dann wird euer himmlischer Vater auch euch vergeben. Wenn ihr aber den Menschen nicht vergebt, dann wird euch euer Vater eure Verfehlungen auch nicht vergeben."* (Matthäus 6,14–15) Diese Worte kann man auch auf die Beziehung zwischen Straftäter und Opfer anwenden. Es ist fast unmöglich, ein so schweres Verbrechen wie Vergewaltigung oder Körperverletzung zu vergeben. Jesus sagte aber, dass alle Menschen Gottes Vergebung benötigen. Und Voraussetzung dafür ist die Fähigkeit jedes Einzelnen, anderen Menschen zu vergeben.

Paulus betonte, dass Christen keine Rache ausüben dürfen, auch wenn eine solche Reaktion oft verständlich ist. Er verbot den Christen, Böses mit Bösem zu vergelten und befahl ihnen, die Rache Gott zu überlassen. Christen sollen ihren Feinden zu essen und zu trinken geben. Wie Jesus zu Petrus sagte, soll die Vergebung, die Christen ihren Feinden gewähren, grenzenlos sein (siehe Zitat oben). Sie soll die Versöhnung zwischen dem Täter und seinen Mitmenschen bewirken. Strafe sollte immer zum Ziel haben, den Straftäter wieder in die Gesellschaft einzugliedern.

# kapitel 9
## verbrechen und justiz

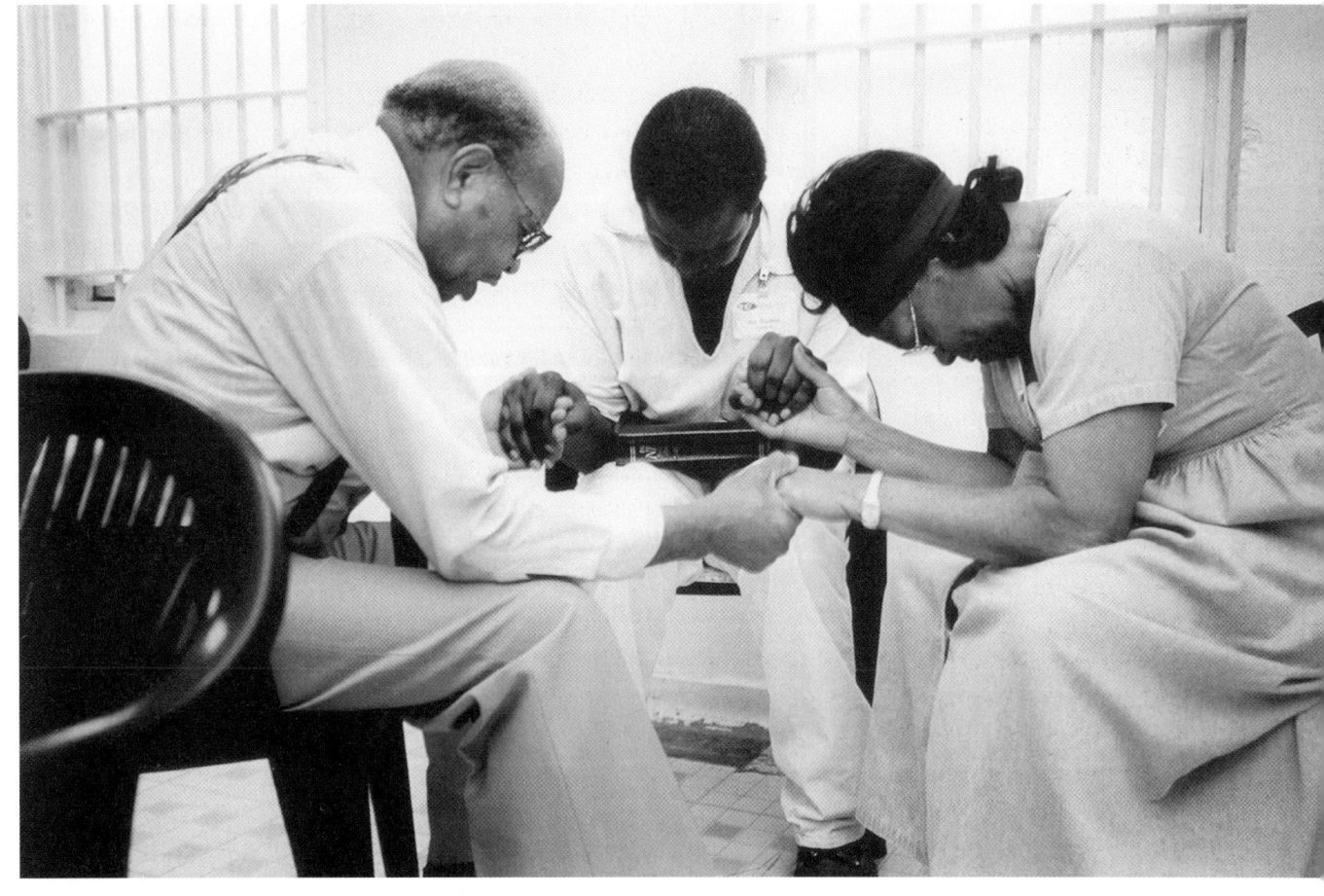

*Ein Gefängnispfarrer und seine Frau beten gemeinsam mit einem Häftling.*

**a. Warum suchen Christen einen Kompromiss zwischen der Verpflichtung, Recht walten zu lassen und dem Wunsch, Gnade und Vergebung zu gewähren?**
**b. Kann man beides miteinander vereinbaren?**

*„Einige Verbrechen sind so schlimm, dass sie niemals vergeben werden können."*
**Stimmst du dem zu?**

*„Mein ist die Rache, ich werde vergelten, spricht der Herr."*
**Wie verstehst du dieses Zitat aus Römer 12?**

**Wie könnte bei der Bestrafung eines Kriminellen Jesu Lehre über Vergebung zum Tragen kommen? Wie könnten sowohl Straftäter als auch Opfer und Gesellschaft davon profitieren?**

### Wichtige Begriffe

**Vergebung** → Eine Schuld verzeihen, eine Person dorthin zurückbringen, wo sie vor dem Fehltritt stand.

**Bestrafung** → Strafe, die jemand für seine Tat zahlen muss; jemanden leiden lassen, weil er das Gesetz gebrochen hat.

## Zusammenfassung

▸▸ Christen glauben, dass ihr Verhalten Straftätern gegenüber **sowohl von Gerechtigkeit als auch von Mitleid** geprägt sein sollte.
Gott behandelt alle Menschen gerecht, also sollten sie selbst das auch tun.

▸▸ Christen glauben, dass Gerechtigkeit immer durch Mitleid gemildert werden sollte. **Vergebung** war für Jesus ein wichtiges Thema. Vergebung beruht auf Gegenseitigkeit. Wer für sich Vergebung verlangt, muss anderen auch vergeben können. Gottes Vergebung hängt davon ab, ob jemand auch seinen Mitmenschen vergibt.

# Gerechtigkeit und Vergebung

## ☐ Judentum

*"Ist weiterer Schaden entstanden, dann musst du geben: Leben für Leben, Auge für Auge, Zahn für Zahn, Hand für Hand, Fuß für Fuß, Brandmal für Brandmal, Wunde für Wunde, Strieme für Strieme."*

Tora, Exodus 21,23–25

Traditionelle jüdische Strafen sollten hart, aber gerecht sein. Die Schriften verlangten, dass jeder Verdächtige einem fairen Gerichtsverfahren unterzogen wird. Die schwersten Verbrechen, zu denen neben Mord auch Götzenverehrung und Hexerei gehörten, wurden mit dem Tode bestraft. Zu den möglichen Hinrichtungsmethoden gehörten Steinigen und Verbrennen. Allerdings waren die Gerichtsverfahren so strengen Regeln unterworfen, dass selten ein Todesurteil zustande kam. Es mussten Augenzeugen des Verbrechens gefunden werden und ihre Aussagen durften sich in keinem Punkt widersprechen. Andere Verbrechen wurden mit 39 Peitschenhieben bestraft. Die Bestrafungen, die heute in Israel üblich sind, entstammen nicht mehr der Tora und dem Talmud.

Rabbiner sind davon überzeugt, dass jemandem vergeben wird, wenn er seine Sünden bereut. Es gibt drei Möglichkeiten, Reue zu zeigen:

1. Beten. Wenn jemand aufrichtig für die Vergebung seiner Sünden betet, kann er sicher sein, dass Gott und seine Mitmenschen ihm vergeben werden.

2. Spenden. Spenden ist für Juden eine religiöse Pflicht. Wer den Bedürftigen hilft, kann auch dadurch aufrichtige Reue ausdrücken.

3. Fasten. Fasten ist eine traditionelle religiöse Art, Reue zu zeigen.

### Fakt

*Im Talmud empfahl Rabbi Eliezer jedem, am Tag vor seinem Tod Buße zu tun. Jemand wandte ein, dass man ja nicht wissen könne, an welchem Tag man sterben wird. Darauf antwortete er: "Genau. Man sollte jeden Tag Buße tun."*

*"Reue, Barmherzigkeit und Hingabe können ein bitteres Schicksal ändern."*

Spruch zum Jom Kippur (Versöhnungstag)

## ☐ Islam

Der Islam lehrt, dass vor dem Gesetz alle Menschen gleich sind. Im Umgang mit seinen Mitmenschen muss jeder bedenken, dass er am Tag des Gerichts vor Allah, dem Allwissenden, Rechenschaft ablegen muss. Vier Straftaten werden im Koran besonders scharf verurteilt:
- Mord,
- Ehebruch,
- das Herstellen oder Trinken von Alkohol,
- Diebstahl.

Diese Verbrechen stellen eine große Gefahr für die Gesellschaft dar, weil sie meist unerwünschte Folgen haben. Strafen sollen die Menschen davon abhalten, die Grenzen zu übertreten, die Allah ihnen gesetzt hat.

*"O Gläubige, die ihr vermeint, euch sei bei Totschlag (Mord) Vergeltung vorgeschrieben: ein Freier für einen Freien, ein Sklave für einen Sklaven und Weib für Weib! Verzeiht aber der Bruder dem Mörder, so ist doch nach Recht billiges Sühnegeld zu erheben, und der Schuldige soll gutwillig zahlen. Diese Milde und Barmherzigkeit kommt von euerem Herrn. Wer aber darauf sich doch noch rächt, den erwartet harte Strafe."*

Koran 2,179

Laut Koran dürfen Mord und mehrere andere Verbrechen mit dem Tode bestraft werden. Nachdem ein Richter die Schuld festgestellt hat, wird der Mörder den Verwandten des Opfers übergeben, die die Todesstrafe als Vergeltung ausüben dürfen. Sie können aber auch auf dieses Recht verzichten und

## kapitel 9
### verbrechen und justiz

von dem Mörder ein Blutgeld verlangen. Vergebung spielt im Umgang mit dem Gesetzesbrecher eine wichtige Rolle. Nur Allah kann vergeben. Der Islam lehrt, dass Allah nur dem vergibt, der seine Tat aufrichtig bereut. Wer seine Reue zeigt, indem er anderen vergibt, wird am Tag des Gerichts belohnt werden.

> „Wer aber vergibt und sich aussöhnt, dessen Lohn ist bei Allah."
> Koran 42,41

## ■ Die Todesstrafe heute

In manchen muslimischen Ländern, in denen die Scharia gilt, wird die Todesstrafe heute noch angewandt. Besonders häufig geschieht dies in Saudi-Arabien, wo folgende Delikte mit dem Tod bestraft werden können: Mord, Vergewaltigung, bewaffneter Raubüberfall, Hochverrat, Drogenhandel, Ehebruch, Entführung, Gotteslästerung und Hexerei. Zusätzlich zu dieser Liste, die sich an der Scharia orientiert, werden auch Drogenhandel und Sabotageakte durch Hinrichtung bestraft. Die übliche Hinrichtungsart ist die Enthauptung durch das Schwert auf einem öffentlichen Platz. Auch Erschießung und Steinigung sind gesetzlich vorgesehen, wurden aber seit Mitte der 1980er Jahre nicht mehr vollzogen.

Quelle: www.todesstrafe.de/thema/laender/saudi-arabien/

*Mahatma Gandhi lehrte das Prinzip der Gewaltlosigkeit.*

❓ **Die harten Strafen aus Tora und Talmud wurden in der jüdischen Gemeinde seit Jahrhunderten nicht angewandt. Warum wird heute anders als früher bestraft?**

❓ **Laut Koran dürfen die Angehörigen eines Ermordeten den Mörder hinrichten. Was hältst du davon?**

❓ **Informiere dich über die Todesstrafe in muslimischen Ländern. Wo wird sie noch angewandt, wo wurde sie abgeschafft?**

### Zusammenfassung

▸ Früher gab es bei den Juden harte Strafen. Reue und Vergebung waren aber immer möglich.

▸ Laut Islam sind alle gleich vor Allah. Nur durch ihn ist wahre Vergebung möglich. Er vergibt aber nur demjenigen, der seine Tat aufrichtig bereut.

# Empfehlenswerte Literatur und Links

## ☐ Literatur

*Uwe Britten:*
**Ab in den Knast.**
Bertelsmann 2003.
ISBN 3-57026-147-6

*Jocelyne Sauvard:*
**Todesstrafe.**
Elefanten Press 2000.
ISBN 3-57014-592-1

## ☐ Links

- **www.uni-konstanz.de/rtf/kik/ Jugendkriminalitaet.htm**
  Bericht zur Jugendkriminalität in Deutschland.

- **http://amnesty-todesstrafe.de**
  Zahlenmaterial und andere Informationen zur Todesstrafe von amnesty international.

- **www.todesstrafe.de**
  Infos, Geschichte der Todesstrafe, aktuelle Bücher, Nachrichten, Forum, Todesstrafenatlas.

- **www.keinetodesstrafe.de/**
  Informationsportal zum Thema Todesstrafe.

- **www.knast.net**
  Bundesarbeitsgemeinschaft für Straffälligenhilfe. Bietet Hilfe für straffällig gewordene Menschen und vertritt überverbandliche Interessen der Straffälligenhilfe auf Bundesebene.

- **www.amnesty.de**
  Zahlen, Daten, Fakten.

# kapitel 10
# medizin und wissenschaft

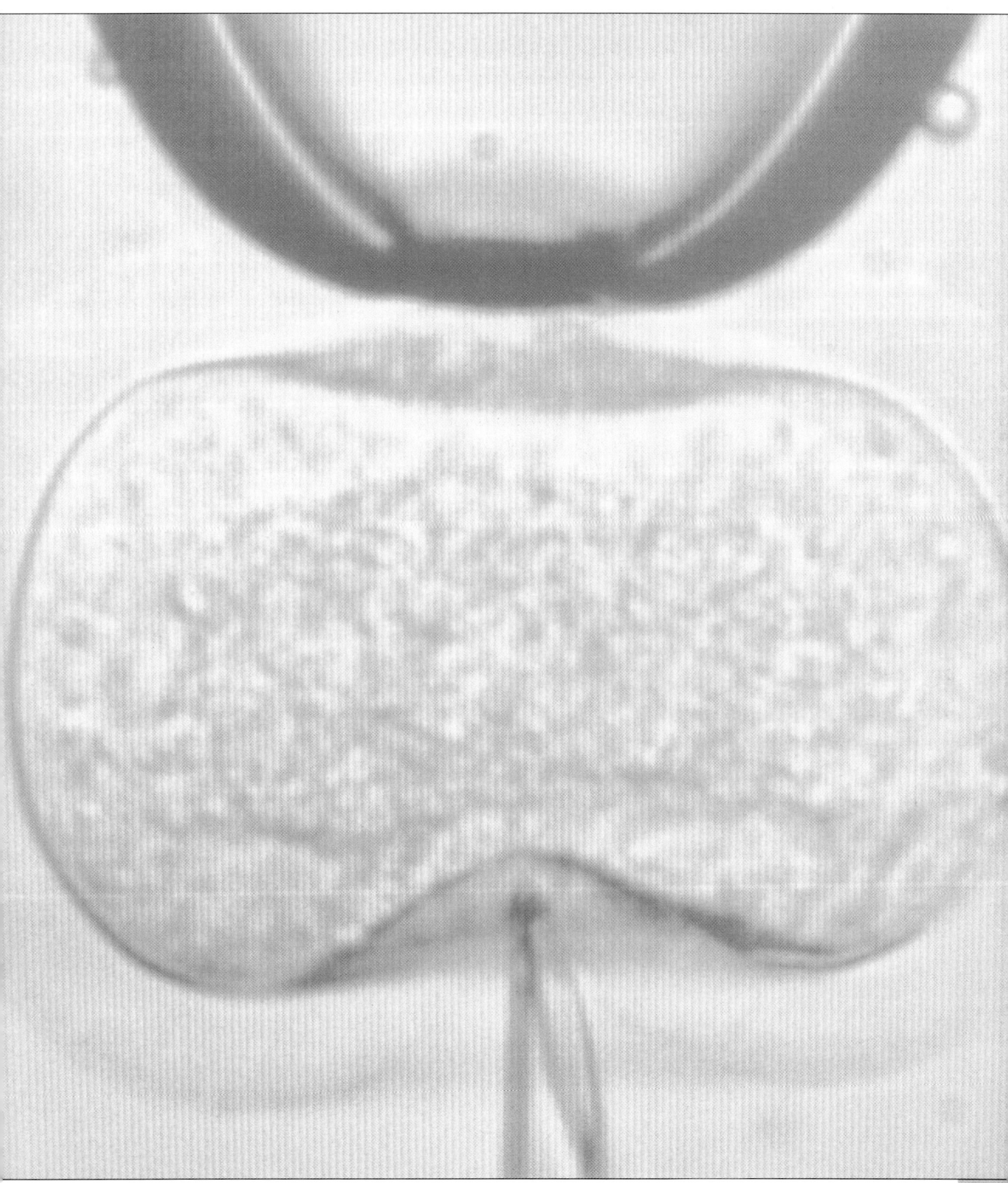

# Unfruchtbarkeit

Man spricht von Unfruchtbarkeit, wenn ein Mann oder eine Frau kein Baby zeugen bzw. bekommen kann. Dieses Problem betrifft viel mehr Paare, als man denkt: In Deutschland sind 10–15 % aller Paare ungewollt kinderlos. Die Ursache dafür liegt zu 40 % bei der Frau, zu 40 % beim Mann und zu 20 % bei beiden.

Unfruchtbare Paare wären ohne medizinische Hilfe nicht in der Lage, Eltern zu werden. Manche Paare entscheiden sich bewusst gegen Kinder und denken, dass diese keine Voraussetzung für eine glückliche Ehe sind. So finden sich auch einige unfruchtbare Paare damit ab, dass sie keine Kinder bekommen können und haben dennoch eine erfüllte Beziehung. Andere ungewollt kinderlose Paare suchen medizinische Hilfe.

### Wichtige Begriffe

**Insemination durch den Ehemann** → Übertragung von Samen des Ehemannes in die Gebärmutter der Frau.

**Künstliche Befruchtung** → Entnahme einer Eizelle, die dann außerhalb des Körpers befruchtet und wieder in die Gebärmutter eingepflanzt wird.

**Leihmutterschaft** → Austragen und Gebären eines Babys für eine unfruchtbare Frau.

**Übertragung von Spendersamen** → Befruchtung einer Eizelle mit dem Samen eines anonymen Spenders.

## ■ Möglichkeiten der Behandlung

Die Kosten einer Behandlung übernehmen die Krankenkassen nur unter bestimmten Bedingungen. Dazu gehört, dass die Partner miteinander verheiratet sein müssen. Außerdem dürfen nur Samen- bzw. Eizellen des Ehemannes und der Ehefrau verwendet werden.

### Künstliche Befruchtung (IVF)

IVF ist die Abkürzung von In-vitro-Fertilisation und bedeutet „Befruchtung im Glas". Babys, die so gezeugt wurden, werden umgangssprachlich auch als Retortenbabys bezeichnet. Das Verfahren wurde in Deutschland 1981 zum ersten Mal angewandt und ist heute nicht mehr ungewöhnlich: Jedes 80. Kind wird mittlerweile so gezeugt. Die Methode wurde entwickelt, um Frauen mit blockierten Eileitern zu helfen. Ihre Eizellen können die Gebärmutter nicht erreichen und können deshalb nicht vom Samen des Partners befruchtet werden. Um das Problem zu lösen, werden der Frau Eizellen entnommen und außerhalb des Körpers befruchtet. Gelingt die Befruchtung, werden die Embryonen in die Gebärmutter eingepflanzt und können sich dort normal entwickeln. Meist werden zwei oder drei Embryonen eingepflanzt, um die Erfolgschancen zu erhöhen. Dies hat oft Mehrlingsgeburten zur Folge.

### Künstliche Insemination durch den Ehemann

Dabei wird künstlich Samen des Mannes in den Gebärmutterhals der Frau übertragen. Diese Methode kann angewandt werden, wenn die Eizellen- bzw. Samenqualität beider Partner in Ordnung ist. Die meisten religiösen Menschen halten diese Methode eher für vertretbar als die Übertragung von Spendersamen.

### Übertragung von Spendersamen in die Gebärmutter

Ist bei einem kinderlosen Paar der Mann unfruchtbar, kann Samen eines anonymen Spenders in den Gebärmutterhals der Frau eingeführt werden. Dieses ist jedoch umstritten. Ein Grund dafür ist, dass das Kind später nicht weiß, wer sein leiblicher Vater ist. **Die katholische Kirche lehnt die Methode ab** und setzt sie fast mit Ehebruch gleich. Auch andere Religionen äußern Bedenken gegen dieses Verfahren.

### Einfrieren von Eizellen oder Samenzellen

Es ist medizinisch möglich, Ei- oder Samenzellen sowie Embryonen einzufrieren und so für eine spätere Verwendung aufzubewahren. Das Einfrieren unbefruchteter Eizellen ist jedoch noch keine Routine: Viele von ihnen überstehen das Wiederauftauen nicht unbeschadet.

### Hormonelle Behandlung

Es gibt heute viele Medikamente zur Steigerung der Fruchtbarkeit. Eine Hormonbehandlung ist aber manchmal problematisch, da sie oft Mehrlingsgeburten zur Folge hat.

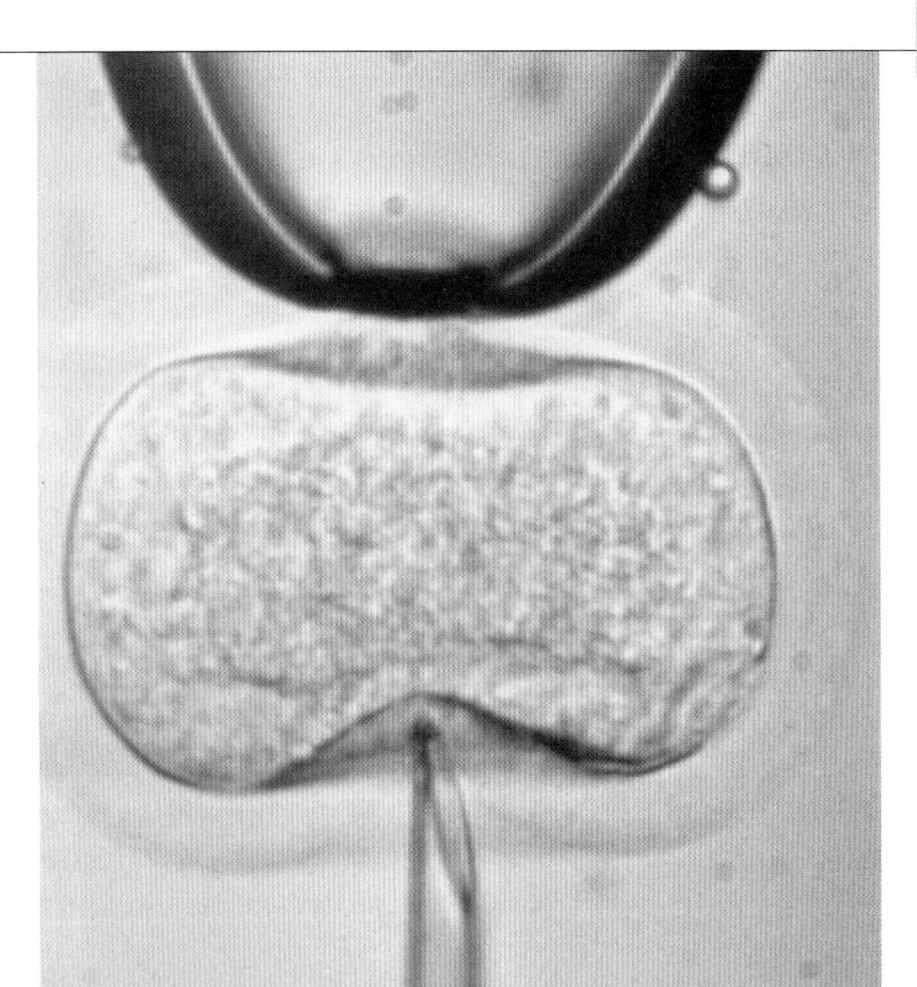

# kapitel 10
## medizin und wissenschaft

**❓** Es gibt immer mehr ungewollt kinderlose Paare. Versuche herauszufinden, woran das liegt.

**❓** Würdest du, wenn nötig, eine künstliche Befruchtung vornehmen lassen?

**❓** Gibt es Behandlungsmethoden, die du ablehnen würdest?

**❓** „Paare, die ungewollt kinderlos bleiben, sollten sich damit abfinden und ihr Leben weiterleben." Stimmst du dem zu?

**❓** Früher galt Unfruchtbarkeit als von Gott gewollt oder gar als Strafe Gottes. Was meinst du dazu?

*Künstliche Befruchtung. Mit einer Nadel wird eine Samenzelle in eine Eizelle eingeführt.*

## Das Embryonenschutzgesetz

Dieses Gesetz von 1990 verbietet unter anderem:
- auf eine Frau eine fremde unbefruchtete Eizelle zu übertragen,
- eine Eizelle zu einem anderen Zweck künstlich zu befruchten, als die Schwangerschaft einer Frau herbeizuführen,
- innerhalb eines Zyklus mehr als drei Embryonen auf eine Frau zu übertragen,
- einer Frau einen Embryo vor seiner Einnistung in der Gebärmutter zu entnehmen, um diesen auf eine andere Frau zu übertragen,
- wissentlich eine Eizelle mit dem Samen eines Mannes nach dessen Tode künstlich zu befruchten.

*Quelle: http://bundesrecht.juris.de/bundesrecht/eschg/*

## Leihmutterschaft

Man spricht von Leihmutterschaft, wenn eine Frau für eine andere, unfruchtbare Frau ein Kind austrägt. Dabei kann der Samen des Partners der unfruchtbaren Frau oder Spendersamen verwendet werden. Für einige Paare ist dies die einzige Alternative zur Kinderlosigkeit. Das Embryonenschutzgesetz verbietet es, bei einer Leihmutter eine künstliche Befruchtung vorzunehmen oder auf sie einen menschlichen Embryo zu übertragen.

### Zusammenfassung

▸▸ Etwa 10–15 % aller Paare können keine Kinder bekommen.

▸▸ Es gibt mehrere Möglichkeiten, ungewollt kinderlosen Paaren zu helfen. Dazu gehören die künstliche Befruchtung, die Übertragung von Samen des Ehemannes oder eines Spenders in die Gebärmutter der Frau oder Hormonbehandlungen. Einige Religionen lehnen Samenspenden ab.

▸▸ Auch Leihmutterschaft kommt für einige Paare in Frage. Dabei trägt eine andere Frau das Baby aus.

# Unfruchtbarkeit

## ☐ Christentum

*"Techniken, die durch das Einschalten einer dritten Person (Ei- oder Samenspende, Leihmutterschaft) die Gemeinsamkeit der Elternschaft auflösen, sind äußerst verwerflich."*
*Katechismus der katholischen Kirche, 1993*

Wie viele andere Religionen lehrt auch das Christentum, dass das Leben heilig ist. Die Menschen wurden geschaffen, um im Einklang mit Gott zu leben. Diese Lehre beeinflusst die christliche Sicht von Unfruchtbarkeit.

## ■ Unfruchtbarkeit

In der Bibel findet man natürlich keine Aussage über die Behandlung von Unfruchtbarkeit, da diese Verfahren noch nicht möglich waren, als die Bibel verfasst wurde. Wenn ein Paar kinderlos blieb, wurde dies als Gottes Wille angesehen. Man konnte nichts daran ändern und musste sich damit abfinden. Trotzdem wurde auch im Alten Testament Kinderlosigkeit beklagt. Abraham fragte Gott: „Herr, mein Herr, was willst du mir schon geben? Ich gehe doch kinderlos dahin ..." *(Genesis 15,2)*. Rachel schrie ihren Mann Jakob an: „Verschaff mir Söhne! Wenn nicht, sterbe ich." *(Genesis 30,1)*
Das folgende Zitat macht deutlich, wie Kinderlosigkeit im Alten Testament beschrieben wurde:

*"Hanna aber hatte keine Kinder, [...] (weil) der Herr ihren Schoß verschlossen hatte."*
*Bibel, 1 Samuel 1,2–5*

## ■ Unfruchtbarkeit heute

Heute ist nicht nur die medizinische Lage, sondern auch unsere Sicht von Unfruchtbarkeit ganz anders. Nur wenige Christen würden heute sagen, dass Unfruchtbarkeit der Wille Gottes ist und dass man sich damit abfinden muss. Innerhalb der christlichen Kirche werden die Behandlungsmöglichkeiten aber unterschiedlich beurteilt.

### Die evangelische Sicht

Die evangelische Kirche erkennt an, dass Gottes Schöpfungsgabe sich auch in Forschung, Technik und ärztlicher Kunst zeigt. Sie lehnt daher neue Methoden, wie beispielsweise die künstliche Befruchtung, nicht kategorisch ab, sondern fordert, dass bestimmte ethische Grundsätze berücksichtigt werden:

*"Die Freiheit eines Forschers erweist sich nicht nur im Ausschöpfen seiner Möglichkeiten, sondern verwirklicht sich ebenso in der Selbstbeschränkung angesichts des Eigenwertes alles Geschaffenen und der unbedingten Würde jedes einzelnen Menschenlebens."*
*Evangelische Kirche Deutschland (EKD), 1987*

- Jedes Kind hat ein Recht darauf zu wissen, wer seine leiblichen Eltern sind. Aus diesem Grund lehnt die evangelische Kirche eine künstliche Befruchtung ab, bei der die Ei- oder Samenzellen eines anonymen Spenders verwendet werden.

- Die evangelische Kirche legt auch Wert darauf, dass ein Kind, außer in unvermeidbaren Ausnahmefällen, von seinen leiblichen Eltern aufgezogen werden sollte. Aus diesem Grund lehnt sie eine Leihmutterschaft ab, weil dabei die Mutterschaft zwischen zwei Frauen aufgeteilt wird.

- Die Einheit von Ehe und Familie sollte nicht durch die Manipulation von Zeugung und Empfängnis gefährdet werden.

### Die katholische Sicht

Die katholische Kirche verbietet jede Technik, die Embryonen verwendet. Außerdem lehnt sie künstliche Befruchtung und Übertragung von Samenzellen ab. Bei der künstlichen Befruchtung werden mehr Eizellen befruchtet als nötig. Diese werden nach Abschluss der Behandlung zerstört oder für die Forschung genutzt. Beides wird von der katholischen Kirche aus den gleichen Gründen wie Abtreibung abgelehnt. Künstliche Befruchtung, Insemination und Leihmutterschaft sind ausgeschlossen, weil dafür Masturbation des Mannes nötig ist. Diese hat die katholische Kirche immer als schwere Sünde angesehen.

*"Es gibt keinen Anspruch auf Kinder. Wenn mit Mitteln der extrakorporalen Befruchtung ein Kindeswunsch verwirklicht werden soll, der sonst unerfüllt bliebe, ist auch zu bedenken, ob das Wohl des Kindes gesichert sein wird."*
*Evangelische Kirche Deutschland (EKD), 1987*

# kapitel 10
## medizin und wissenschaft

> „Tatsache ist, dass sowohl das kirchliche Lehramt [...] als auch das sittliche Empfinden der Gläubigen niemals gezögert haben, die Masturbation als eine in sich schwere ordnungswidrige Handlung zu brandmarken."
>
> Katechismus der katholischen Kirche, 1993

Auch die katholische Kirche hält es für wichtig, dass jedes Kind seine Eltern kennt und von ihnen erzogen wird. Ein medizinisches Verfahren, dass eine Empfängnis außerhalb einer sexuellen Beziehung ermöglicht, ist nicht erlaubt. Die katholische Sicht von Verhütung stellt klar, dass bei jeder sexuellen Beziehung die Schaffung neuen Lebens möglich sein muss. Umgekehrt darf neues Leben nur aus einer sexuellen Beziehung hervorgehen. So ist es von Gott vorgesehen.

Unfruchtbarkeit wird von der Kirche als ein Kreuz gesehen, dass vielen Paaren von Gott aufgebürdet wurde. Es ist natürlich, dass sich Paare Kinder wünschen, kein Paar hat jedoch einen Anspruch darauf. Der Zweck heiligt nicht immer die Mittel. Kinderlosen Paaren bleibt immer noch die Möglichkeit, ein Kind zu adoptieren.

*Sind Kinder die Voraussetzung für ein glückliches, erfülltes Leben?*

- ? Informiere dich über das deutsche Embryonenschutzgesetz und vergleiche es mit den Regelungen anderer Länder.

- ? Welche Behandlungen von Unfruchtbarkeit sind deiner Meinung nach ethisch vertretbar, welche nicht?

- ? Warum ist es für viele Paare so schwer, sich mit Kinderlosigkeit abzufinden?

- ? *„Menschen, die keine Kinder bekommen können, sollten sich damit abfinden und nicht versuchen, der Natur (oder Gott) ins Handwerk zu pfuschen."* **Was meinst du dazu? Denkst du, dass jedes Paar Anspruch auf Kinder hat?**

## Zusammenfassung

▸▸ *Kinderlosigkeit wurde zu biblischen Zeiten als Wille Gottes gesehen und musste daher akzeptiert werden.*

▸▸ *Die evangelische Kirche lehnt die künstliche Befruchtung, bei der Spendersamen benutzt werden, und Leihmutterschaft ab.*

▸▸ *Die katholische Kirche lehnt jede Behandlung von Unfruchtbarkeit ab, weil dabei oft Embryonen zerstört werden.*

# Unfruchtbarkeit

## ☐ Judentum

*„Jeder, der nur eine einzige neue jüdische Seele gezeugt hat, ist wie der Schöpfer einer (ganzen) Welt."*

Moses Maimonides, jüdischer Denker des 12. Jahrhunderts

## ☐ Islam

*„Allahs ist das Reich der Himmel und der Erde, er erschafft, was und wen er will. Er schenkt euch Mädchen oder Knaben oder beide zusammen, wem er will, und er macht unfruchtbar, wen er will; denn er ist allwissend und allmächtig."*

Koran 42,50–51

---

**Das Familienleben hat in der jüdischen Gemeinschaft große Bedeutung und Unfruchtbarkeit kann Grund zu großer Trauer sein.**

Viele Rabbiner lehren, dass Paare zu anderen Mitteln greifen dürfen, wenn ihnen die Fortpflanzung nicht auf natürlichem Wege gelingt. Dabei ist aber nicht jedes Mittel erlaubt.

Künstliche Befruchtung und Samenübertragung stellen für Juden kein Problem dar. Die meisten lehnen jedoch die Übertragung von Spendersamen ab, weil sie streng gesehen Ehebruch und damit eine Verstoß gegen die Zehn Gebote ist.

Die meisten Rabbiner verbieten Leihmutterschaft. Der Hauptgrund dafür ist, dass ein Kind seine religiöse Identität von seiner jüdischen Mutter erhält. Juden glauben, dass nur diejenige, die ein Kind zur Welt bringt, seine richtige Mutter ist.

Die Hochschätzung von Kindern als Segen ist mit ein Grund dafür, dass die künstliche Befruchtung und die In-vitro-Fertilisation erlaubte Praktiken sind. Allerdings muss dafür der medizinische Beweis der Unmöglichkeit einer natürlichen Fortpflanzung vorliegen und für die künstliche Befruchtung dürfen ausschließlich Samenzellen des Ehepartners verwendet werden.

**Die Zeugung von Kindern ist in einer muslimischen Ehe sehr wichtig. Ein Paar, das nicht durch Gottes Segen Kinder geschenkt bekommt, hat es schwer.**

Muslime halten es für vertretbar, bei Unfruchtbarkeit medizinische Hilfe in Anspruch zu nehmen. Dabei spricht nichts gegen künstliche Befruchtung oder Übertragung von Samen des Ehemannes.

Muslime setzen jedoch die Übertragung von Samen- oder Eizellen fremder Spender mit Ehebruch gleich, und dieser ist im Koran streng verboten. Auch Leihmutterschaft ist verboten. Der Koran lehrt, dass niemand eines Kindes Mutter sein kann, außer der Frau, die es ausgetragen hat. Muslimischen Männern erlaubt der Koran aber bis zu vier Ehefrauen. Dieses Recht nehmen sie manchmal in Anspruch, wenn die erste Frau unfruchtbar ist. Leihmutterschaft wird so überflüssig.

Die künstliche Befruchtung in der Retorte darf nur zwischen der Samenzelle und der Eizelle von Eheleuten zustande kommen und die so befruchtete Eizelle in der Folge nur in die Gebärmutter der Ehefrau eingesetzt werden. Es ist verboten, die künstlich befruchtete Eizelle einer anderen Frau als jener, der die Keimzelle entnommen wurde, einzusetzen – ein Vorgang, der als Leihmutterschaft bezeichnet wird.

Ebenso ist es verboten, dass die Samenzellen des Mannes zur Befruchtung der Eizelle einer fremden Frau herangezogen werden, selbst wenn die so befruchtete fremde Eizelle in die Gebärmutter der Ehefrau jenes Mannes eingesetzt wird, von dem die Samenzellen stammen. Des Weiteren ist einer muslimischen Frau nicht erlaubt, sich eine Eizelle operativ entnehmen zu lassen und sie von Samenzellen eines Mannes, mit dem sie nicht verheiratet ist, befruchten zu lassen. Dies gilt auch, wenn die befruchtete Eizelle anschließend in ihre eigene Gebärmutter eingesetzt wird. Somit ist auch die Existenz von Samenbanken, vom Standpunkt des islamischen Rechts betrachtet, verwerflich.

Die künstliche Befruchtung ist also verboten, da sie zur Verwirrung der Verwandschaftsverhältnisse und zum Verlust der Abstammungskenntnis führen kann. So hörte *Abu Huraira* den Propheten nach Offenbarung des auf den Verfluchungsschwur bezogenen Verses sagen:

*„Jedwede Frau, die einer Sippschaft Nachkommen zusetzt, die nicht von ihr sind, gehört keinesfalls zur Gemeinschaft Allahs. Und Allah wird sie nicht ins Paradies einkehren lassen. Jedweder Mann, der sein Kind leugnet, während er es anblickt, dem wird Allah verborgen bleiben! Er wird ihn vor Augen der ersten und letzten (Menschen) entblößen."*

# kapitel 10
medizin und wissenschaft

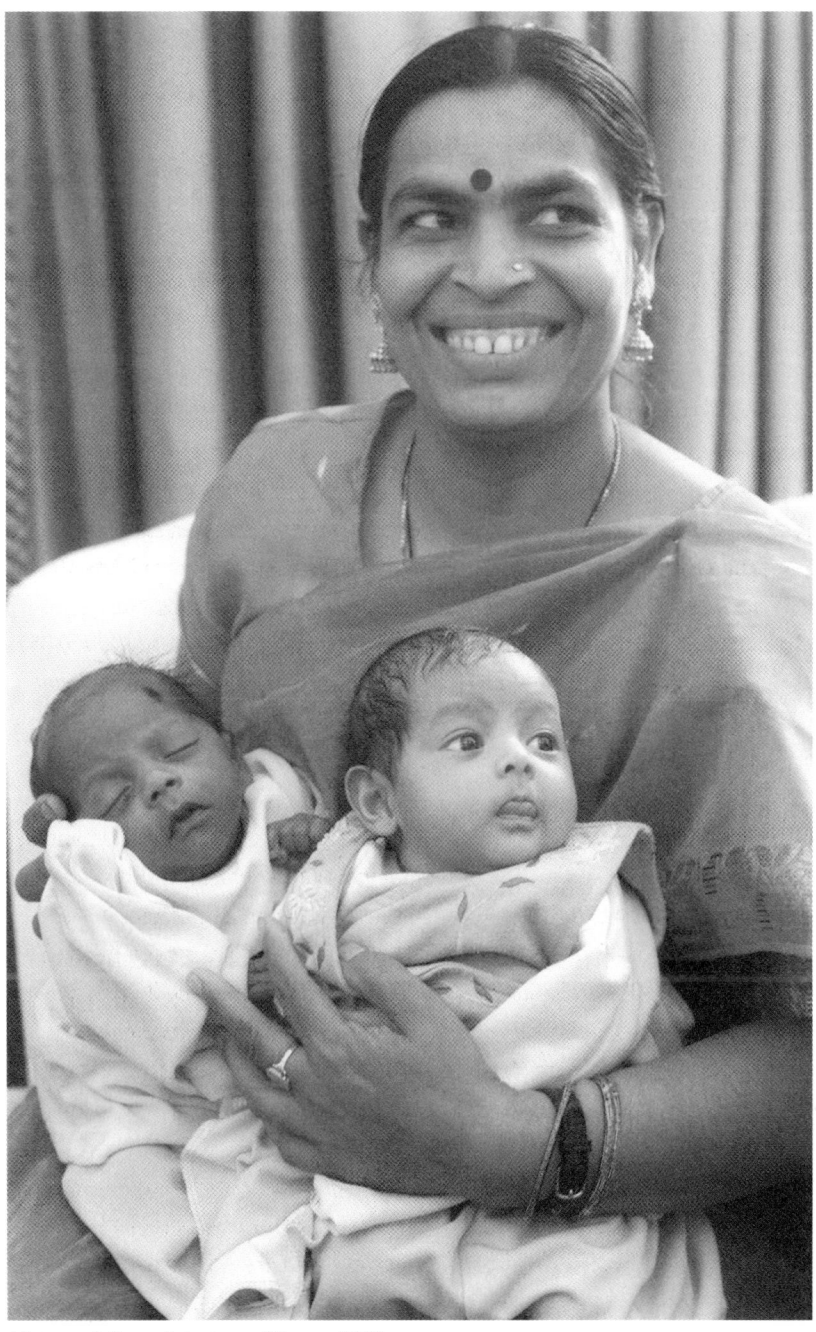

*Mutter mit ihren Retortenzwillingen, 2002.*

- Was haben die jüdische und muslimische Sicht von Unfruchtbarkeit gemeinsam?

- Worin unterscheiden sich die jüdische und muslimische Sicht von Unfruchtbarkeit?

- Aus welchen Gründen sprechen sich Christentum, Judentum und Islam gegen Leihmutterschaft aus?

- Sowohl das Judentum als auch der Islam verbieten Ehebruch. Welchen Einfluss hat das auf ihre Haltung zur Behandlung von Unfruchtbarkeit?

- Würdest du – wie viele Religionen das tun – die Übertragung von Spendersamen mit Ehebruch gleichsetzen?

## Zusammenfassung

▸▸ *Juden befürworten **künstliche Befruchtung** und die Übertragung von Samen des Ehemannes. Die **Übertragung von Spendersamen** kommt allerdings einem Ehebruch gleich. **Leihmutterschaft** ist problematisch, da die jüdische Identität des Kindes von der Mutter geprägt wird.*

▸▸ *Kinder sind sehr wichtig in einer muslimischen Ehe. **Künstliche Befruchtung** und die **Übertragung von Samen des Ehemannes** ist erlaubt. Die **Übertragung von Spendersamen** wird mit Ehebruch gleichgesetzt. Ehebruch ist im Islam streng verboten. Auch **Leihmutterschaft** ist nicht erlaubt.*

# Gentechnik und Organtransplantation

1953 machten James Watson und Francis Crick eine der wichtigsten Entdeckungen des 20. Jahrhunderts. Sie entschlüsselten die DNA. Diese ist ein komplexes Molekül, das in jeder Zelle vorkommt und die Erbinformation trägt. Es wird auch als „Baustein des Lebens" bezeichnet. 1990 wurde mit dem Humangenomprojekt begonnen. Ziel des Projektes war es, die DNA-Struktur des Menschen zu entschlüsseln. Dies gelang im April 2003. Dabei hat man festgestellt, dass das menschliche Genom ‚nur' aus etwa 30 000 Genen besteht. Nun muss man herausfinden, welche Funktionen die einzelnen Gene haben. Als Folge wird es schließlich möglich sein, gezielt Medikamente gegen bestimmte Krankheiten zu entwickeln.

## Genmanipulation

Wahrscheinlich werden Wissenschaftler schon bald in der Lage sein, die meisten Gene des menschlichen Körpers zu manipulieren. Es gibt drei Möglichkeiten, diese Kenntnis umzusetzen:

### In der Gentechnik

Dabei wird die DNA direkt beeinflusst, indem man ein bestimmtes genetisches Merkmal löscht, ändert oder ersetzt. Wenn man den genetischen Code verändert, wird das neue Merkmal dann an die nächste Generation weitergegeben.

### In der Gentherapie

Dabei wird ein fehlerhaftes Gen durch ein neues ersetzt. Man könnte damit z.B. Menschen helfen, die unter der Erbkrankheit Mukoviszidose leiden. Das Klonen von Zellen kann schon jetzt eingesetzt werden, um im Körper kranke Zellen durch gesunde zu ersetzen. Dazu werden Stammzellen aus Embryonen gewonnen, die bei der künstlichen Befruchtung übrig geblieben sind. Auch aus Knochenmark oder Blut kann man Stammzellen gewinnen.

### Bei der Xenotransplantation

Dabei werden Organe, Gewebe oder Zellen von Tieren auf Menschen übertragen. Seit einigen Jahren benutzt man zum Beispiel Schweineorgane, um vorübergehend die Funktion von menschlichen Organen zu erfüllen.

*Pferdekörper mit Schweinekopf. Könnte dies durch Gentechnik bald zur Wirklichkeit werden?*

# kapitel 10
## medizin und wissenschaft

## ■ Streitpunkte

Gentechnik ist ethisch und religiös sehr umstritten und wirft viele Fragen auf.

- **Dürfen Versicherungsunternehmen Gentests verlangen, wenn sie jemandem eine Lebensversicherung verkaufen?**
  Das Ergebnis eines solchen Tests würde viel über die Lebenserwartung eines solchen, „gläsernen" Menschen aussagen.

- **Dürfen ungeborene Babys auf schwere Erbkrankheiten untersucht werden?**
  Dann könnten sich die Eltern gegebenenfalls für eine Abtreibung entscheiden. Man könnte z.B. feststellen, ob ein Fötus Mukoviszidose hat oder ein erhöhtes Risiko, später an Brustkrebs zu erkranken.

Auf der einen Seite könnten dank Gentechnik in wenigen Jahrzehnten manche todbringende Krankheiten der Vergangenheit angehören. Auf der anderen Seite könnte durch sie der ganze Plan eines menschlichen Lebens offen gelegt werden. Menschen werden in Zukunft immer mehr in der Lage sein, Gott zu spielen. Das wird auch Auswirkungen auf den religiösen Glauben vieler Menschen haben.

## ■ Organtransplantation

In den letzten 20 Jahren ist es möglich geworden, verschiedene menschliche Organe und menschliches Gewebe zu verpflanzen. Dies bietet Tausenden von Menschen eine bessere Lebensqualität. Gleichzeitig hat Organtransplantation viele Streitfragen aufgeworfen. Wie geht man mit einem toten Körper um, oder damit, dass nicht genügend Organe zur Transplantation zur Verfügung stehen? Darf man in Zukunft auch Organe oder Gewebe von Tieren auf Menschen übertragen?

Bei Organtransplantationen von Mensch zu Mensch unterscheidet man zwischen:

1. **Transplantationen, bei denen der Organspender lebt.**
   Derzeit können Gewebe wie Augenhornhaut oder Knochenmark, Teile der Leber oder eine Niere von einem lebenden Menschen auf einen anderen übertragen werden. Die Transplantationen gelingen nur, wenn Empfänger und Spender perfekt zueinander passen.

2. **Transplantionen, bei denen der Organspender tot ist.**
   Sie sind z.B. möglich, wenn jemand bei einem Verkehrsunfall ums Leben gekommen ist. Viele Menschen haben einen Organspendeausweis. Darin erlauben sie, dass ihre Organe im Falle ihres plötzlichen, unerwarteten Todes zur Transplantation verwendet werden. Die Organe müssen unmittelbar nach dem Eintritt des Todes entnommen werden. Dies stellt die Angehörigen oft vor eine schwierige Entscheidung.

## ■ Organhandel

In Europa ist es verboten, mit Organen zu handeln oder gehandelte Organe zu verpflanzen. Aufgrund der materiellen Not in den Ländern der Dritten Welt blüht dort jedoch ein illegaler Organhandel auf:

- In Indien verkaufen Menschen eine ihrer Nieren für 500 bis 1 000 Euro.
- Man geht davon aus, dass Organhändler Menschen, besonders Kinder, entführen, um ihnen eine Niere zu entnehmen.

*Quelle: www.m-ww.de/kontrovers/organspende_organhandel.html?page=4#organhandel*

---

**(?) Warum ist Gentechnik so umstritten?**

**(?) Gentechnik hat sowohl positive als auch negative Auswirkungen. Welche überwiegen deiner Meinung nach?**

**(?) Was weißt du über Organspenden? Kennst du jemanden, der einen Organspendeausweis hat?**

**(?) Informiere dich über den Organhandel. Was könnte man tun, um ihn einzudämmen?**

**(?) Soll ein gesunder Mensch eine seiner Nieren an jemanden verkaufen dürfen, der diese Organspende benötigt?**

## Zusammenfassung

▸▸ *Bei der Gentechnik werden Gene manipuliert, indem man einzelne Merkmale verändert.*

▸▸ *Gentechnik wirft viele ethische und religiöse Streitfragen auf.*

▸▸ *Für Organtransplantationen kommen lebende und verstorbene Spender in Frage.*

# Gentechnik und Organtransplantation

## ☐ Christentum

„Da der Embryo schon von der Empfängnis an wie eine Person behandelt werden muss, ist er wie jedes andere menschliche Wesen im Rahmen des Möglichen unversehrt zu erhalten, zu pflegen und zu heilen."
*Katechismus der katholischen Kirche, 1993*

Gentechnik ist eines der umstrittensten Themen in der heutigen Gesellschaft. Viele Christen teilen die allgemeine Unsicherheit, die in dieser Frage herrscht. Auch innerhalb der christlichen Kirche ist man geteilter Meinung:

## ■ Der evangelische Standpunkt

In der evangelischen Kirche in Deutschland herrscht keine Einigkeit darüber, wann das menschliche Leben beginnt. Einige sind der Ansicht, dass schon ab der Verschmelzung von Ei- und Samenzelle der Embryo als sich entwickelnder Mensch geschützt werden sollte. Andere sprechen vor der Einnistung der befruchteten Eizelle in die Gebärmutter noch nicht von menschlichem Leben.

**Darum sind innerhalb der evangelischen Kirche auch folgende Fragen umstritten:**

- Dürfen überzählige Embryonen, die bei einer künstlichen Befruchtung entstehen, zu Forschungszwecken verwendet werden?
- Dürfen sie zur Gewinnung embryonaler Stammzellen verwendet werden, die beim therapeutischen Klonen eingesetzt werden?

„Der Schutz der Würde und des Lebensrechts des Menschen erstreckt sich auch auf menschliche Embryonen."
*Evangelische Kirche Deutschland (EKD), 2002*

**Einigkeit besteht dagegen in folgenden Punkten:**

- Menschliche Embryonen dürfen nicht zu Forschungszwecken erzeugt werden.
- Bei einer künstlichen Befruchtung sollen keine überflüssigen Embryonen erzeugt werden.
- Der Schutz der Menschenwürde schließt auch Embryonen ein.
- Reproduktives Klonen, das auf die Entstehung eines Menschen abzielt, wird strikt abgelehnt.

## ■ Der katholische Standpunkt

Einige Katholiken lehnen Gentechnik strikt ab. Sie glauben, dass die genetischen Merkmale eines Menschen seine Persönlichkeit bestimmen. Jede Persönlichkeit ist einzigartig und von Gott gegeben. Greift jemand in das Erbgut eines Menschen ein, greift er auch in Gottes Plan ein und überschreitet damit die Grenzen, die Gott den Menschen gesetzt hat. Dies gilt, selbst wenn er die Absicht hat, das Leben der Menschen zu erleichtern. Leiden ist notwendiger und wertvoller Bestandteil des Lebens. Es ist wichtig für die geistliche Entwicklung eines Menschen.

Andere Katholiken räumen ein, dass Gentechnik sehr nützlich sein kann. Sie lehnen dabei aber den Einsatz von menschlichen Embryonen in der Forschung ab. Dies gilt selbst dann, wenn aus Embryonen neue Zellen gewonnen werden sollen, um schwere Krankheiten zu heilen. Der Grund für diese Ablehnung ist die katholische Überzeugung, dass das menschliche Leben mit der Empfängnis beginnt. Der Einsatz von Embryonen in der Forschung ist genauso unmenschlich wie Abtreibung (siehe Zitat). Sowohl die Bibel als auch die christliche Kirche verbieten das Töten menschlichen Lebens.

„Es ist unmoralisch, menschliche Embryonen zum Zweck der Verwertung als frei verfügbares ‚biologisches Material' herzustellen."
*Katechismus der katholischen Kirche, 1993*

# kapitel 10
## medizin und wissenschaft

*Organspendeausweis. Kann unter der Internetadresse **www.organspende-info.de**/**extra**/**bestellservice**/**Organspendeausweis**/ direkt online ausgefüllt und ausgedruckt werden.*

## ■ Organtransplantation

Für die christlichen Kirchen ist Organspende und Transplantation vertretbar, egal ob der Spender lebt oder tot ist. Für sie ist Organspende das Geschenk eines Menschen an einen anderen. Es ist gut, wenn der Tod eines Menschen einem anderen Menschen ein neues Leben ermöglicht.

> „Nach christlichem Verständnis ist das Leben und damit der Leib ein Geschenk des Schöpfers, über das der Mensch nicht nach Belieben verfügen kann, das er aber nach sorgfältiger Gewissensprüfung aus Liebe zum Nächsten einsetzen darf."
> *Gemeinsame Erklärung der Deutschen Bischofskonferenz und der EKD, 1990*

**?** a. Warum lehnen beide Konfessionen die Erzeugung von Embryonen zu Forschungszwecken ab?
b. Was denkst du darüber?

**?** Die christlichen Kirchen lehnen auch das Klonen von Menschen ab. Was weißt du über dieses Thema? Bist du auch dagegen?

**?** Was hältst du von Organspenden? Weiterführende Informationen zum Thema findest du im Internet (z.B. auf der Seite www.bzga.de).

**?** *„Christen sollten Genforschung unterstützen, weil dadurch Millionen von Menschen geholfen werden könnte."*
**Was meinst du dazu?**

## Zusammenfassung

▸▸ Die Vertreter der evangelischen Kirche sind sich nicht darüber einig, wann genau das menschliche Leben beginnt. Einigkeit besteht aber darüber, dass der Schutz der Menschenwürde auch für Embryonen gilt.

▸▸ Die meisten Katholiken sind gegen den Einsatz von menschlichen Embryonen in der Forschung, weil für sie menschliches Leben mit der Empfängnis beginnt. Manche Katholiken befürworten aber Genforschung, bei der keine Embryonen verwendet werden.

▸▸ Beide Konfessionen befürworten Organtransplantationen und Organspenden.

# Gentechnik und Organtransplantation

## ☐ Judentum

> „Wenn jemand ein einziges Leben zerstört, ist es, als ob er die ganze Welt zerstört. Und wenn jemand ein einziges Leben rettet, ist es, als ob er die ganze Welt rettet."
>
> *Mischna, heiliges Buch der Juden*

## ■ Organtransplantationen

Die meisten Juden haben nichts gegen Transplantationen, solange die Organe von lebenden Menschen gespendet wurden. Sie betrachten die Lebendspende gar als einen ganz besonderen Akt der Nächstenliebe.

Sie finden es aber problematisch, einem Verstorbenen ein Organ zu entnehmen. Dies liegt zum einen daran, dass Juden sich in den Stunden zwischen Tod und Beerdigung intensiv um ihre Toten kümmern. Zum anderen werden Organentnahmen meist bei hirntoten Patienten durchgeführt.

Der Hirntod ist im Judentum aber umstritten: Die meisten Rabbiner betrachten einen Hirntoten als einen noch lebenden Menschen, der sich in einem Stadium zwischen Leben und Tod befindet.

## ■ Gentechnik

Die meisten Juden befürworten Gentechnik, weil sich die Menschen laut Tanach darum bemühen müssen, Krankheiten auszurotten. Durch medizinische Fortschritte erfüllen die Menschen die Aufgabe, die Gott ihnen gab, als er sie zum Verwalter seiner Schöpfung machte. Ein guter Verwalter gibt das Geschenk Gottes nicht einfach an die nächste Generation weiter, sondern versucht, das Geschenk möglichst noch zu verbessern. Und die Ausrottung von Krankheiten wäre auf jeden Fall eine Verbesserung für das Leben vieler Menschen.

Nach jüdischer Auffassung wird der Fötus erst zum Mensch, wenn der größte Teil von ihm geboren ist. Trotzdem müssen Embryonen vom Zeitpunkt der Befruchtung an geschützt werden, da sich aus ihnen menschliches Leben entwickeln kann.
Die rabbinischen Autoritäten erlauben aber die Zerstörung von überzähligen Embryonen, die nicht mehr in den Mutterleib eingesetzt werden können.

*Alle Religionen verbieten die Schaffung von Designerbabys.*

> „Folgt man der Argumentationslinie, wonach der überzählige Embryo einen Sonderstatus besitzt, [...] dann wäre es aus jüdischer Sicht sicherlich besser, an ihm zu forschen und dadurch potenziell lebensrettenden Nutzen zu gewinnen, als ihn zu zerstören."
>
> *Yves Nordmann (geb. 1974), jüdischer Medizinethiker*

# kapitel 10
## medizin und wissenschaft

## ☐ Islam

*„Wer andererseits eines einzigen Menschen Leben rettet, nur einen Menschen am Leben erhält, sei angesehen, als habe er das Leben aller Menschen erhalten."*

Koran 5,33

## ■ Gentechnik

Der Koran lehrt, dass alles menschliche Leben heilig ist. Embryonen, die bei künstlichen Befruchtungen übrig bleiben, dürfen in der medizinischen Forschung eingesetzt werden. Es dürfen aber keine Embryonen nur für diesen Zweck geschaffen werden.

Was die Gentechnik betrifft, glauben viele Muslime, dass nur Gott allein die genetischen Merkmale eines Menschen bestimmen darf. Jeder Versuch, sie zu verändern, ist daher verboten. Andere sagen jedoch, dass laut Koran alles getan werden sollte, um Krankheiten zu heilen und Leidenden zu helfen. Wenn dazu Gentechnik nötig ist, sollte sie auch eingesetzt werden. Das Klonen von Menschen lehnt der Islam aber strikt ab.

## ■ Organtransplantationen

Im Islam gilt der menschliche Körper auch nach dem Tod als unantastbar. Trotzdem dürfen Organe von Toten verpflanzt werden, da die Rettung eines Menschenlebens Vorrang hat vor allen anderen islamischen Prinzipien. Auch unter muslimischen Rechtsgelehrten ist der Hirntod umstritten, die Mehrheit setzt den Ausfall der Hirnfunktion aber mittlerweile dem Herz- und Atemstillstand gleich. Im Islam gilt ein Mensch theologisch gesehen dann als tot, wenn seine Seele dem Körper entwichen ist. Da dieser Zeitpunkt aber nicht genau zu bestimmen ist, muss man sich an die äußeren Zeichen halten.

**(?) Wie beurteilen Juden, Christen und Muslime die Gentechnik und die Verwendung von Embryonen zu Forschungszwecken? Arbeite Unterschiede und Gemeinsamkeiten heraus.**

**(?) Warum ist es für Juden problematisch, einem toten Menschen ein Organ zu entnehmen? Suche weiterführende Informationen zu diesem Thema.**

Organe, die von lebenden Menschen stammen, dürfen laut Islam transplantiert werden, wenn folgende Bedingungen erfüllt sind:

- Die Organspende muss die einzige Möglichkeit sein, ein anderes menschliches Leben zu retten.
- Die Organentnahme darf das Leben des Spenders nicht gefährden.
- Die Organspende muss freiwillig erfolgt sein. Es darf sich nicht um ein gekauftes Organ handeln.

Wenn jemand z.B. einem Verwandten eine Niere spendet, verstößt er damit nicht gegen die Lehre des Islam, weil er ein menschliches Leben rettet.

**(?) Unter welchen Bedingungen hältst du Organtransplantationen für ethisch vertretbar?**

**(?) Der Einsatz von menschlichen Embryonen in der Genforschung ist umstritten. Die Einstellung der meisten Religionen wird von der Frage geprägt, wann genau aus einem Embryo ein Mensch wird. Warum ist diese Frage so schwer zu beantworten?**

## Zusammenfassung

▸▸ *Juden glauben, dass alles getan werden sollte, um Krankheiten auszurotten. Viele lehnen den Einsatz von menschlichen Embryonen in der Genforschung daher nicht grundsätzlich ab. Transplantationen sollten möglichst nur mit Organen lebender Spender vorgenommen werden.*

▸▸ *Muslime glauben, dass alles Leben heilig ist. Sie sind unterschiedlicher Meinung, ob die Menschen das Recht haben, genetische Merkmale zu verändern. Organtransplantation ist unter bestimmten Bedingungen erlaubt.*

# Die Schöpfungsgeschichte

## ☐ Christentum und Judentum

**Christentum und Judentum haben eine gemeinsame Schöpfungsgeschichte**, die in den ersten drei Kapiteln des Buches Genesis zu lesen ist. In Wirklichkeit wird dort nicht eine Schöpfungsgeschichte erzählt, sondern zwei verschiedene, von denen eine viel älter zu sein scheint als die andere.

### Genesis 1,1–2,4

*„Am Anfang schuf Gott Himmel und Erde."* In der **ersten Geschichte** werden die sechs Tage der Schöpfung Schritt für Schritt beschrieben. Sie beginnt mit der Schöpfung von Weltall, Himmel und Erde (erster bis vierter Tag).
Dann folgt die Schöpfung von Vögeln und Meerestieren (fünfter Tag). Die Geschichte endet mit der Schöpfung von Landtieren und Menschen (sechster Tag). Am siebten Tag ruht der Schöpfer, nachdem er sein Werk für gut befunden hat. Die Beschreibung der Schöpfungsarbeit eines jeden Tages endet mit dem Satz: *„Es wurde Abend und es wurde Morgen."*
Am Ende jeden Tages zeigt sich Gott mit seinem Werk zufrieden: *„Gott sah, dass es gut war."* Die ganze Geschichte endet mit dem Satz: *„Das ist die Entstehungsgeschichte von Himmel und Erde, als sie erschaffen wurden."*

### Genesis 2,5–25

Die **zweite Geschichte** stellt die Schöpfung des ersten Mannes, Adam, und der ersten Frau, Eva, in den Vordergrund. In diesem Bericht wird der erste Mann vor den Tieren geschaffen. Er bekommt von Gott die Aufgabe, jedem Tier einen Namen zu geben und eins zu finden, dass sein Begleiter sein soll. Als ihm dies nicht gelingt, schafft Gott die erste Frau als Adams Begleiterin. Diese Geschichte verdeutlicht aus jüdischer und christlicher Sicht, wie Gott sich das Familienleben der Menschen vorstellt. Es wird erklärt, dass Gott Mann und Frau schuf, um die Erde zu bevölkern.

## ■ Der Hintergrund der Geschichten

**Bei diesen Geschichten handelt es sich um Mythen.** Das heißt, dass sie keine wörtlich zu nehmenden Tatsachen beschreiben. Sie sind Geschichten, deren Sinn es ist, die Bedeutung Gottes für die Welt zu veranschaulichen. Einige Christen, die so genannten Kreationisten, glauben, dass man die Schöpfungsgeschichte wörtlich verstehen muss. Sie widersprechen den Naturwissenschaftlern und behaupten, dass die Welt höchstens ein paar Tausend Jahre alt ist. Für diese Ansicht gibt es aber keine wissenschaftlichen Belege.

Die meisten Juden und Christen denken, dass man die naturwissenschaftliche und die biblische Sicht von der Entstehung der Welt nebeneinander betrachten kann und dabei zwei Seiten eines Bildes sieht: Die **naturwissenschaftliche Erklärung** lehrt, wie die Welt entstand, während die **biblische Überlieferung** Gottes Rolle bei diesem Prozess verdeutlicht.

Der Bericht legt die Grundlage dafür, wie wichtig Fest- und Jahreszeiten (Genesis 1,14) und der Sabbat (Genesis 2,3) im späteren jüdischen Kalender sind. Vor allem der Sabbat steht in enger Verbindung mit der Schöpfungsgeschichte, da dort erklärt wird, warum er als heiliger Tag gilt.

*Das Buch Genesis berichtet, dass Gott das Licht schuf „zur Bestimmung von Festzeiten, von Tagen und Jahren". Ein wichtiges jüdisches Fest ist das Passahfest.*

*Was Weltreligionen zu Alltagsthemen sagen*

# kapitel 10
medizin und wissenschaft

*Juden und Christen haben eine gemeinsame Schöpfungsgeschichte.*

## ■ Schöpfung aus dem Nichts

Sowohl Juden als auch Christen glauben also, dass Gott die Welt erschuf. Es gibt jedoch keine offizielle Lehre darüber, wie diese Schöpfung vonstatten ging.

**Nicht alle Juden und Christen glauben, dass Gott die Welt „aus dem Nichts" schuf (creatio ex nihilo).** Manche Rabbiner legen die Schriften so aus, dass Mann und Frau aus dem „Staub der Erde" geschaffen wurden. Dies hat jedoch keine wissenschaftliche Grundlage. Den meisten Juden und Christen macht es keine Schwierigkeiten, die naturwissenschaftliche Sicht von der Entstehung der Welt nachzuvollziehen.

Es gibt zahlreiche Schöpfungsmythen. Die Geschichte der Juden und Christen ist aber außergewöhnlich, weil sie Gott nicht nur als Schöpfer und Herrscher des Universums darstellt, sondern auch als Gesetzgeber, Richter und fürsorglichen Vater. Universum und Menschen sind nicht göttlichen Ursprungs wie er selbst, sondern Produkt seiner Schöpfung. Nur Gott selbst musste nicht erschaffen werden.

? Lassen sich deiner Meinung nach die biblische und die naturwissenschaftliche Sicht von der Entstehung der Welt miteinander vereinbaren?

? Kennst du Menschen oder Gruppierungen, die die Schöpfungsgeschichte wörtlich nehmen?

? Suche im Internet nach Schöpfungsgeschichten anderer Kulturen. Vergleiche sie mit der biblischen Geschichte.

## Zusammenfassung

▶▶ Juden und Christen haben gemeinsame Schöpfungsgeschichten. Diese beiden Geschichten werden im Buch Genesis erzählt. Die erste berichtet davon, wie Gott die Welt erschuf. Die zweite konzentriert sich auf die Schöpfung des ersten Mannes und der ersten Frau.

▶▶ Diese Geschichten sind Mythen: Sie lehren religiöse und moralische, aber keine wissenschaftlich belegbaren Wahrheiten.

▶▶ Im Judentum und Christentum ist Gott nicht nur Schöpfer, sondern auch Gesetzgeber und Herr über die Geschichte. Gott allein ist göttlichen Ursprungs, die Menschen sind nur Produkte seiner Schöpfung.

# Die Schöpfungsgeschichte

☐ **Islam**

*„So senden wir euch segensreichen Regen vom Himmel herab, wodurch wir Gärten, Getreide und hohe Palmbäume hervorwachsen lassen, deren Zweige mit übereinander stehenden Datteln schwer beladen sind, zur Nahrung für meine Diener. Und wie wir dadurch totes Land neu beleben; ebenso wird auch einst die Auferstehung (Wiederbelebung) sein."*
Koran 50,10–12

**Der Koran beschreibt Allah als Schöpfer von allem, was existiert.** Jedes Lebewesen wird auf seinen Befehl hin geschaffen. Alles in der Welt ist ein Zeichen, das den Menschen die Gegenwart Allahs verdeutlichen soll. Allahs Schöpfungsarbeit geht auch nach dem Tod weiter, denn er bringt alle Menschen aus dem Grab zum Ort des Gerichts.

## Die Umma

Muslime glauben, dass alles von Gott kommt. Alle Angehörigen des Islam bilden eine Gemeinschaft (Umma). Die Zugehörigkeit zur Gemeinschaft Allahs gibt den Menschen Sicherheit, für sie hat Allah alle Dinge geschaffen.

**Im Koran wird erzählt, wie diese Schöpfung ablief:**

- Allah schuf zunächst die Sonne, den Mond, die Sterne und Planeten und trennte dann die Nacht vom Tag.

- Nachdem Allah Wasser auf die Erde geschickt hatte, begannen Pflanzen zu wachsen. Danach schuf er Vögel, Fische und Tiere.

- Der erste Mensch, Adam, wurde aus Lehm geschaffen, in den Allah Leben einhauchte (siehe Zitat).

*„Wir erschufen einst den Menschen aus reinstem Lehm; dann machten wir ihn aus Samentropfen in einem sicheren Aufenthaltsort (im Mutterleib); dann machten wir den Samen zu geronnenem Blut, und das geronnene Blut bildeten wir zu einem Stück Fleisch und dieses Fleisch wieder zu Knochen und diese Knochen bedeckten wir wieder mit Fleisch, woraus wir dann ein neues Geschöpf erstehen ließen."*
Koran 23,13–15

Allah bestimmte Adam zu seinem Statthalter (Kalif) und zum Herrscher über die Welt und befahl den Engeln, sich vor ihm zu verbeugen. Adam und seine Frau Eva wurden aus dem Paradies vertrieben, weil der gefallene Engel Iblis (Satan) sie in Versuchung führte und sie Allah nicht gehorchten. Diese Darstellung der Schöpfung hat große Ähnlichkeit mit der biblischen Schöpfungsgeschichte.

## kapitel 10
medizin und wissenschaft

## Gemeinsamkeiten der muslimischen, jüdischen und christlichen Schöpfungsgeschichten

Juden und Christen haben eine gemeinsame Schöpfungsgeschichte. Aber auch die Schöpfungsgeschichte des Islam weist viele Gemeinsamkeiten mit der jüdisch-christlichen Geschichte auf:

- Alle drei Religionen sind **monotheistische Religionen**: Sie lehren, dass die Welt von einem einzigen Gott geschaffen wurde. Dadurch grenzen sie sich von polytheistischen Religionen ab, die mehrere Götter anerkennen (z.B. Hinduismus).

- Alle drei Religionen sehen Gott als überweltliches, persönliches Wesen, das die Welt nicht nur geschaffen hat, sondern sie auch regiert und erhält. Sie grenzen sich von Glaubensrichtungen ab, die Gott zwar als Schöpfer anerkennen, aber davon ausgehen, dass er seitdem nicht mehr ins Weltgeschehen eingreift.

- Die Welt hat aus christlicher, jüdischer und muslimischer Sicht einen Anfang und ein Ende: Sie beginnt mit der Schöpfung und endet mit dem Jüngsten Gericht.

- In den Schöpfungsgeschichten der drei Religionen bestimmt Gott den Menschen zu seinem Stellvertreter auf Erden. Dadurch wird die Vorherrschaft der Menschen über alle anderen Lebewesen begründet.

- In allen drei Religionen können die Gläubigen durch Gebete mit ihrem Schöpfer in Verbindung treten.

? „Alles in der Welt ist ein Zeichen, damit die Menschen Allah erkennen können." **Was ist mit dieser Aussage gemeint?**

? **Arbeite Gemeinsamkeiten und Unterschiede der muslimischen und der jüdisch-christlichen Schöpfungsgeschichte heraus.**

? **Warum weisen die Schöpfungsgeschichten der drei monotheistischen Weltreligionen so viele Gemeinsamkeiten auf?**

? **Informiere dich über die Schöpfungsmythen der anderen Weltreligionen (Hinduismus, Buddhismus). Wie wird dort die Entstehung der Erde erklärt?**

## Zusammenfassung

▶▶ *Der Koran betont, dass Allah der Schöpfer aller Dinge ist. Der Schöpfungsprozess setzt sich fort, wenn alle Menschen vom Grab auferstehen und zum Ort des Gerichts gebracht werden.*

▶▶ *Die muslimische Schöpfungsgeschichte weist viele Parallelen mit der biblischen Geschichte auf.*

# Die naturwissenschaftliche Kosmologie

„Das Geheimnis des Anfangs aller Dinge ist für uns unlösbar; und ich für meinen Teil muss mich bescheiden, ein Agnostiker zu bleiben."
Charles Darwin (1809–1882), britischer Naturforscher

*Forscher glauben, dass das Weltall durch den Urknall entstand.*

Die heiligen Schriften der Weltreligionen beschreiben die Entstehung des Universums und des Lebens auf der Erde. Aber auch die Naturwissenschaft hat sich schon früh mit diesem Thema beschäftigt. Sie ist zu Erkenntnissen gekommen, die unsere Sicht vom Leben – von unserer Stellung als Mensch in der Unendlichkeit des Weltalls – stark beeinflusst haben.

## Das Kopernikanische Weltbild

Im 16. Jahrhundert veränderte *Nikolaus Kopernikus* (1473–1543) unser Weltbild. Kopernikus war ein christlicher Gelehrter und Astronom. Bis zu seiner Zeit glaubten die Menschen, dass die Erde Mittelpunkt des Universums ist. Sonne, Mond und Sterne sind nur Himmelslichter, die die Erde beleuchten. Das ganze Weltall dreht sich um die Erde. Kopernikus dagegen behauptete, dass die Erde nur einer von unzähligen Planeten im Sonnensystem ist. Das Sonnensystem ist wiederum nur eines von unzähligen Sonnensystemen im Universum. Nicht die Sonne dreht sich um die Erde, sondern die Erde dreht sich mit dem Sonnensystem um die Sonne.

## Die Entstehung des Weltalls

Die Lehre von der Entstehung des Weltalls nennt man Kosmologie. Im letzten Jahrhundert gab es einen lebhaften Streit über das Alter des Universums. Heute denken die meisten Wissenschaftler, dass es 18–20 Milliarden Jahre alt ist.
Einige Forscher (die Anhänger der so genannten „Steady-State-Theorie") vertreten die Auffassung, dass das Universum zeitlich und räumlich unbegrenzt ist und keinen Anfang hat. Sie sind jedoch in der Minderheit.
Die meisten Naturwissenschaftler gehen davon aus, dass das Universum mit dem Urknall entstand. Aus noch nicht geklärten Gründen hatte diese Explosion zur Folge, dass sich Materie mit großer Geschwindigkeit im Weltall ausdehnte. Daraus formten sich mit der Zeit Galaxien. Diese bewegen sich noch immer mit großer Geschwindigkeit auseinander. Dabei kühlen sie ab

# kapitel 10
## medizin und wissenschaft

und werden langsamer. Das Universum dehnt sich immer noch aus, aber langsamer als am Anfang. Durch Abkühlung von Gaswolken entstanden Sterne und Planeten, darunter auch die Erde.

## Die Entstehung des Lebens

Die **Evolutionstheorie** war eine der wichtigsten naturwissenschaftlichen Theorien im 19. Jahrhundert. Sie wurde begründet von dem britischen Naturforscher *Charles Darwin* (1809–1882), der mehrere Jahre lang auf den Galapagosinseln das Leben der Pflanzen und Tiere untersuchte. Diese Arbeit überzeugte ihn davon, dass alle Formen von Leben sich über einen langen Zeitraum hinweg entwickelten. Im Laufe dieser Evolution passten sie sich den Veränderungen ihrer Umwelt an. Wenn ihnen dies nicht gelang, starben sie aus. Dies nennt man **natürliche Selektion** (Auslese). Die Lebewesen, die sich am besten anpassen, überleben, die schwächsten sterben aus. Darwin bemerkte, dass seine Beobachtungen an Pflanzen und Tieren auch für den Menschen galten. Dies konnten viele religiöse Menschen nur schwer akzeptieren. Darwin argumentierte, dass Menschen den Affen sehr ähnlich sind und daher mit ihnen verwandt sein müssen. Diese Behauptung schockierte viele gläubige Christen, für die der Mensch eine besondere Stellung innerhalb der Schöpfung einnimmt.

### Wichtiger Begriff

**Kosmologie** → Die Lehre von der Entstehung und Entwicklung des Weltalls.

## Naturwissenschaft und Religion

Religionen sind älter als die Naturwissenschaft. Viele heilige Schriften benutzen Mythen, um die Entstehung des Universums und des menschlichen Lebens zu erklären. Manche Menschen gehen davon aus, dass Religion und Naturwissenschaft immer auf Kollisionskurs sein werden. Es gibt jedoch einige interessante Ansätze, die dieser Ansicht widersprechen:

- Wissenschaft beschäftigt sich mit Fakten und deren Interpretation. Viele dieser Fakten müssen entdeckt und erforscht werden. Bei dieser Erforschung machen wir von unseren Sinnen Gebrauch. Auch Religion behauptet, sich mit Fakten zu beschäftigen. Diese werden aber spirituell entdeckt. Um das Leben völlig zu verstehen, brauchen wir vielleicht beides: ein wissenschaftliches und ein religiöses Verständnis.

- Die meisten Weltreligionen behaupten, dass die Welt von Gott geschaffen wurde und auf seinen Naturgesetzen beruht. Naturwissenschaftler glauben, dass sie diese Gesetze erforschen und verstehen müssen. Wissenschaft und Religion können zwei Seiten einer Medaille sein: viele Naturwissenschaftler sind religiöse Menschen.

❓ **Warum erschütterte das Kopernikanische Weltbild so viele Menschen im 16. Jahrhundert?**

❓ **Was weißt du über die Urknall-Theorie?**

❓ **Widerspricht Darwins Evolutionstheorie den religiösen Schöpfungsgeschichten?**

❓ *„Es ist möglich, den Widerspruch zwischen Naturwissenschaft und Religion zu überbrücken."* **Was meinst du dazu?**

## Zusammenfassung

▸ Durch das **Kopernikanische Weltbild** kam es zu einer großen naturwissenschaftlichen Revolution. Kopernikus behauptete, dass nicht die Erde, sondern die Sonne Mittelpunkt unseres Solarsystems ist.

▸ **Kosmologie** ist die Lehre von der Entstehung des Weltalls. Die Forscher unserer Zeit denken, dass das Universum 18–20 Milliarden Jahre alt ist. Sie gehen davon aus, dass es durch den Urknall entstand. Beim Abkühlen der Gase bildeten sich Planeten und Sterne. Das Weltall dehnt sich heute immer noch aus.

▸ Die Entstehung des menschlichen Lebens wird gemeinhin durch die **Evolutionstheorie** erklärt. Nur Arten, die sich an ihre Umgebung anpassen, können überleben (natürliche Selektion). Die Arten, die sich am besten anpassen, überleben, die anderen sterben aus (Überleben des Stärkeren).

# Empfehlenswerte Literatur und Links

## ☐ Literatur

*David Jefferis:*
**Was ist Gentechnik?**
Loewe 2002.
ISBN 3-78554-280-1

*Gerhard Staguhn:*
**Das Rätsel des Universums.**
Dtv 2001.
ISBN 3-42362-079-X

## ☐ Links

- **http://bundesrecht.juris.de/bundesrecht/eschg/**
  Informationen zum Embryonenschutzgesetz.

- **www.bioethics.ch/webexpo/bioethikforum.html**
  Bioethik-Forum, u.a. mit Beiträgen zu Embryonenforschung und Organspende aus jüdischer und muslimischer Sicht.

- **www.bzga.de/?uid=eafe56c**
  Informationen der Bundeszentrale für gesundheitliche Aufklärung zum Thema Organspende und Organspendeausweis.

- **www.bzga.de/bzga_stat/pdf/60190100.pdf**
  Hier gibt's Infos zum Thema Organspende.

- **www.akos.de/organspende/ausweis.html**
  Hier gibt es den Organspendeausweis zum Downloaden.

- **www.m-ww.de/enzyklopaedie/diagnosen_therapien/organtransplantation.html**
  Informationen zur Organspende und -transplantation, rechtlichen Grundlagen, Risiken, Organhandel, Ratgeber.

- **www.dso.de**
  Deutsche Stiftung Organtransplantation – umfangreiche Informationen zu Organspende und -transplantation, Literatur, Links.

# anhang

# Glossar

## A

**Abendmahl** → Letzte Mahlzeit, die Jesus vor seiner Kreuzigung mit seinen Jüngern zu sich nahm.

**Abraham** → Vater des jüdischen Volkes; von den Muslimen als Prophet anerkannt.

**Abschreckung** → Strafe, die Kriminelle davon abschrecken soll, das gleiche Verbrechen noch einmal zu begehen.

**Absolutismus** → Glaube an absolute moralische Werte, die in jeder Situation gelten.

**Abtreibung** → Medizinische Entfernung eines Embryos aus der Gebärmutter.

**Adhan** → Gebetsruf, mit dem die Muslime fünfmal am Tag vom Minarett zum Gebet gerufen werden.

**Agnostiker** → Jemand, der glaubt, dass wir nicht genügend Hinweise haben, um zu entscheiden, ob Gott existiert oder nicht.

**Allah** → Der islamische Name für Gott.

**Altes Testament** → Der erste Teil der christlichen Bibel; enthält die heiligen Bücher der Juden.

**Annullierung** → Erklärung der katholischen Kirche, die eine Ehe für nichtig erklärt; einzige Form der Scheidung, die die katholische Kirche anerkennt.

**Apartheid** → Politik der Rassentrennung in Südafrika zwischen den 1950er und frühen 1990er Jahren.

**Apostasie** → Abfall einer Person von seinem ursprünglichen Glauben (Abtrünnigkeit).

**Apostel** → Abgesandter, Bote; Bezeichnung für die Missionare der frühen christlichen Kirche, besonders für die zwölf Jünger Jesu.

**Aqiqa** → Muslimische Geburtszeremonie, bei der gebetet und gefastet wird; findet statt, wenn ein Baby sieben Tage alt ist.

**Asket** → Mensch, der aus religiösen Gründen auf körperliche Genüsse verzichtet.

**Atheist** → Jemand, der glaubt, dass es keinen Gott gibt.

**Autorität im Christentum** → In der christlichen Kirche gibt es drei Arten von Autorität – die Autorität der Bibel, die Autorität der Kirche und die Autorität des individuellen Gewissens.

## B

**Baptistische Kirche** → Weltweite protestantische Kirche, deren Hauptmerkmal die Unterwassertaufe von gläubigen Erwachsenen ist.

**Bar Mizwa** → Sohn des Gebots; Zeremonie, die am ersten Sabbat nach dem 13. Geburtstag eines jüdischen Jungen in der Synagoge gefeiert wird; seine religiöse Volljährigkeit.

**Bat Mizwa** → Tochter des Gebots; religiöse Volljährigkeit eines jüdischen Mädchens im Alter von 12 Jahren; wird in manchen Synagogen gefeiert.

**Beichte** → Katholischer Brauch, bei dem Gläubige Gott vor einem Priester ihre Sünden gestehen; eins der sieben Sakramente der katholischen Kirche.

**Bergpredigt** → Zusammenstellung der wichtigsten Punkte der Lehre Jesu in Matthäus 5–7.

**Beschneidung** → Jüdischer und islamischer Brauch, bei dem bei Jungen die Vorhaut des Penis entfernt wird.

**Bet Din** → Traditionelles Gericht, das aus drei Rabbinern besteht und das sich zu jüdischen Gesetzen äußern darf.

**Bibel** → Sammlung von Schriften, die den Juden und Christen heilig sind.

**Bischof** → Leitender Priester in der christlichen Kirche.

## C

**Chuppa** → Baldachin, unter dem bei einer jüdischen Hochzeit Braut und Bräutigam stehen.

## D

**Dekalog** → Die zehn Gebote, die Moses auf dem Berg Sinai von Gott mitgeteilt wurden.

**Demokratie** → Regierungsform, in der das Volk das Recht hat, Parlamentsabgeordnete zu wählen.

**Dschihad** → Muslimischer Kampf für den Islam; heiliger Krieg gegen die Feinde Allahs.

## E

**Ehe** → Rechtliche Bindung eines Paares; die Ehe kann durch Scheidung wieder aufgelöst werden.

**Ehesakrament** → Bei einer katholischen Trauung spenden Braut und Bräutigam sich gegenseitig das Ehesakrament.

**Eizellenspende** → Eine unfruchtbare Frau kann ein Kind bekommen, wenn die Eizelle einer anonymen Spenderin mit dem Samen eines Mannes künstlich befruchtet und dann in ihre Gebärmutter eingepflanzt wird.

anhang

**Embryonenspende** → Ei- und Samenzelle zweier anonymer Spender werden nach einer künstlichen Befruchtung einer unfruchtbaren Frau eingesetzt.

**Enzyklika** → Rundschreiben des Papstes der katholischen Kirche, der darin alle katholischen Kirchen über Veränderungen in der Glaubenslehre informiert.

**Erneuerbare Ressourcen** → Nachwachsende Rohstoffe (z.B. Holz).

**Erwachsenentaufe** → Unterwassertaufe gläubiger Erwachsener; wird vor allem in der baptistischen Kirche praktiziert.

**Euthanasie** → Guter Tod; Hilfe beim schmerzfreien Sterben, soll unnötiges Leiden verhindern.

**Evangelium** → Die vier Bücher im Neuen Testament, die von Jesu Leben berichten: Matthäus, Markus, Lukas und Johannes.

## F

**Fastenzeit** → Im christlichen Kalender die 40 Tage vor Ostern, an denen man fasten und sich auf das wichtigste christliche Fest vorbereiten soll.

**Fatwa** → Rechtsgutachten oder religiöse Erklärung eines muslimischen Gelehrten; bestimmt, dass eine Handlung gegen den Koran verstößt.

**Fegefeuer** → Ort zwischen Erde und Himmel; Katholiken glauben, dass dort die Seele des Menschen von seinen Sünden gereinigt wird.

**Fehlgeburt** → Der Körper stößt den Fötus ab; geschieht meist in einem frühen Stadium der Schwangerschaft.

**Freikirchen** → Vom Staat unabhängige Kirchen, deren Mitglieder freiwillig, also nicht bei der Geburt, beitreten.

**Fünf Säulen** → Die fünf wichtigsten Elemente des Islam: der Glaube an Allah (Schahada), das Gebet (Salat), die Armenhilfe (Zakat), das Fasten (Saun) im Ramadan und die Pilgerfahrt nach Mekka (Haddsch).

## G

**Gentechnik** → Manipulation der DNA, um ein fehlerhaftes Gen zu löschen, zu verändern oder zu ersetzen.

**Get** → Jüdische Scheidungsurkunde.

**Gleichnis** → Von Jesus erzählte Geschichte, die eine moralische oder religiöse Botschaft enthält.

**Globale Erwärmung** → Langsames Ansteigen der Temperatur an der Erdoberfläche, verursacht durch Treibhausgase.

**Goldene Regel** → Die wichtigste Lehre Jesu, die besagt, dass man andere so behandeln soll, wie man selbst behandelt werden will.

## H

**Haddsch** → Die fünfte Säule des Islam; die Pflicht, mindestens einmal im Leben eine Pilgerfahrt nach Mekka zu unternehmen.

**Hadith** → Überlieferung aus dem Leben Mohammeds.

**Halal** → Besagt, dass eine Handlung für einen Muslim erlaubt ist; wird meist im Zusammenhang mit Lebensmitteln benutzt.

**Heder** → Traditionelle jüdische Grundschule.

**Heiliger Geist** → Die dritte „Person" der Dreifaltigkeit, nach Gott, dem Vater, und Jesus Christus, dem Sohn; drückt die Gegenwart Gottes in der Welt aus.

**Heterosexueller** → Jemand, der sich von einer Person des anderen Geschlechts angezogen fühlt.

**Hidschra** → Auswanderung; Flucht Mohammeds und seiner Anhänger von Mekka nach Medina im Jahre 622.

**Holocaust** → Mord an über 6 Millionen Juden durch die Nazis im Zweiten Weltkrieg.

**Homophobie** → Extreme Abneigung gegen Homosexualität und Homosexuelle.

**Homosexueller** → Jemand, der sich von einer Person des gleichen Geschlechts angezogen fühlt.

**Hospiz** → Ein oft christliches Heim, in dem Todkranke gepflegt werden.

## I

**Iblis** → Satan; der Engel, der Allah den Gehorsam verweigerte, weil er sich nach der Schöpfung nicht vor dem ersten Menschen, Adam, verbeugen wollte; führt die Menschen in Versuchung.

**Ihram** → Zustand der Reinheit, in dem Muslime die Pilgerfahrt nach Mekka antreten.

## J

**Jerusalem** → Hauptstadt Israels; die Stadt, in der Jesus gekreuzigt wurde.

**Jesus Christus** → Sohn Gottes; zweite Person der Dreifaltigkeit.

# Glossar

**Jungfrau Maria** → Jesu Mutter, die in der katholischen Kirche verehrt wird und an die viele Gläubige ihre Gebete richten.

**Jüngster Tag** → Christliche Bezeichnung für den Tag des Gerichts.

## K

**Kalif** → Nachfolger des Propheten Mohammed, der die muslimische Gemeinschaft anführt, aber nicht den Prophetenmantel erbt.

**Kaschrut** → Jüdische Speisegesetze.

**Kernfamilie** → Familienform, bei der nur Eltern und Kinder zusammen leben.

**Ketubba** → Traditioneller jüdischer Ehevertrag, den der Bräutigam unterzeichnet; legt seine finanzielle Verantwortung für die Braut fest.

**Khutba** → Freitagsansprache, die jede Woche in der Moschee gehalten wird.

**Kiddushin** → Verlobung; Anfangszeit einer jüdischen Ehe.

**Konfirmation** → Sakrament, bei dem man seinen Glauben an Gott „bestätigt".

**Koran** → Für Muslime das letzte Wort Allahs, seine Offenbarung an die Menschen.

**Koscher** → Begriff für Lebensmittel, die Juden laut ihrer Speisegesetze essen dürfen.

## L

**Leihmutter** → Frau, die für eine unfruchtbare Frau ein Kind austrägt.

**Lesbin** → Frau, die sich von Frauen angezogen fühlt.

## M

**Madrasah** → Religiöse Schule, in der Arabisch gelernt und der Koran gelesen wird.

**Mahr** → Mitgift/Heiratsgeld, das der Bräutigam und seine Familie einer muslimischen Braut zahlen.

**Meditation** → Spirituelle Übung; beruhigen der Seele durch Konzentration.

**Menschwerdung** → Christlicher Glaube, dass Gott bei der Geburt Jesu menschliche Gestalt annahm.

**Messe** → Katholischer Gottesdienst, bei dem die Heilige Kommunion gefeiert wird.

**Messias** → Der versprochene Retter, der die Juden in ein Zeitalter des Friedens führen wird; die Christen halten Jesus für den Messias.

**Minjan** → Gruppe von zehn Männern, die bei einem orthodoxen Gottesdienst in der Synagoge anwesend sein müssen.

**Mitzvot** → Individuelle Gebote Gottes, die jeder Jude einhalten muss.

**Mohammed** → Letzter und wichtigster muslimischer Prophet; geboren ca. 570 n. Chr.

**Monotheismus** → Glaube an einen einzigen Gott.

**Moschee** → Muslimisches Gebetshaus.

**Moses** → Vater des Judaismus; erhielt von Gott die Zehn Gebote; brachte die Israeliten ins Gelobte Land.

**Muezzin** → Gebetsrufer; ruft von der Moschee aus die Gläubigen zum Gebet.

## N

**Natürliche Familienplanung** → Methode der Verhütung, die von der katholischen Kirche erlaubt wird, da durch sie die Empfängnis nicht auf unnatürliche Weise verhindert wird.

**Neues Testament** → Der zweite Teil der christlichen Bibel; enthält die vier Evangelien, die Apostelgeschichte und die Briefe der frühen Christen.

**Nicht erneuerbare Ressourcen** → Rohstoffe wie Kohle oder Öl, die nicht ersetzt werden können, wenn sie aufgebraucht sind.

## O

**Ökosystem** → Einheit, die aus einer Gemeinschaft von Organismen und deren Umwelt besteht.

**Opferfest** → Muslimisches Fest, bei dem das Ende der Fastenzeit gefeiert wird.

**Orthodoxe Juden** → Strenggläubige Juden, die sich an die alten Traditionen und Glaubenslehren halten.

**Orthodoxe Kirche** → Christliche Kirche, die sich im 11. Jahrhundert von der katholischen Kirche abspaltete.

**Ostern** → Christliches Fest, an dem Gläubige den Tod und die Auferstehung Jesu feiern.

## P

**Papst** → Oberhaupt der katholischen Kirche; wird als Petrus' Nachfolger angesehen.

**Patchworkfamilie** → Entsteht bei der Heirat zweier Partner, die Kinder aus einer früheren Ehe mitbringen.

## anhang

**Paulus** → Ursprünglich ein Verfolger der frühen Christen, der durch eine Vision zum Christentum bekehrt wurde; gründete als Missionar zahlreiche Kirchen; Verfasser mehrerer Bücher des Neuen Testaments.

**Pazifismus** → Glaube, dass man Krieg und Gewalt nicht rechtfertigen kann; Pazifisten glauben, dass man Konflikte friedlich lösen sollte.

**Petrus** → Einer der Jünger Jesu; nach dessen Tod erstes Oberhaupt der christlichen Kirche.

**Pir** → Im Islam Bezeichnung für einen muslimischen Heiligen.

**Pluralismus** → Kulturelle und religiöse Vielfalt.

**Polygamie** → Vielehe; der Koran erlaubt muslimischen Männern, mehrere Frauen zu heiraten.

**Pontifex maximus** → Titel des Papstes; ursprünglich oberster Priester im alten Rom.

**Prophet** → Person, die den Menschen Gottes Botschaft überbringt.

**Protestant** → Christ, der weder der katholischen noch der orthodoxen Kirche angehört.

## Q

**Quäker** → Christliche Gruppierung, die im 17. Jahrhundert entstand; glaubt an stille Formen des Gottesdienstes und an Pazifismus.

## R

**Rabbi** → Wörtlich „mein Meister"; jüdischer Lehrer.

**Ramadan** → Muslimischer Fastenmonat.

**Reformjuden** → Juden, die glauben, dass einige alte Gesetze heute neu ausgelegt werden müssen.

**Römisch-katholische Kirche** → Älteste und größte christliche Kirche, deren Oberhaupt der Papst in Rom ist.

## S

**Sabbat** → Jüdischer Ruhetag (Freitagabend bis Samstagabend), erinnert daran, dass Gott nach den sechs Tagen der Schöpfung einen Ruhetag einlegte.

**Sadaqa** → Gute Tat oder freiwillige Spende im Islam.

**Sakrament** → Besondere Handlung in der katholischen und evangelischen Kirche, die Gottes Gnade vermittelt; das wichtigste Sakrament ist die Kommunion oder das Abendmahl.

**Salat** → Die zweite Säule des Islam, das rituelle Gebet.

**Satan** → Der Teufel, Gottes Gegner und Anführer der bösen Mächte.

**Satyagraha** → Gewaltlose Handlungsweisen, die Gandhi bei seinem Widerstand gegen die Briten in Indien einsetzte.

**Saum** → Die vierte Säule des Islam; das Fasten im Ramadan.

**Schahada** → Die erste Säule des Islam; der Glaube an Allah und Mohammed.

**Scharia** → Muslimische Gesetze, die aus dem Koran hergeleitet wurden.

**Schirk** → Muslimische Sünde des Götzendienstes.

**Situationsethik** → Glaube, dass jede moralische Entscheidung von der jeweiligen Situation abhängt und dass es keine absoluten moralischen Werte gibt.

**Sozialstaat** → Staat, der für die soziale Absicherung seiner Mitglieder sorgt.

**Sterilisation** → Form der Geburtenkontrolle, bei der ein Mann oder eine Frau durch eine Operation unfruchtbar gemacht wird.

**Synagoge** → Wörtlich „zusammenkommen"; Gebäude, in dem Juden lehren und beten.

**Synode** → Versammlung evangelischer Christen, kirchliche Selbstverwaltung.

## T

**Tag des Gerichts** → Christentum, Islam und Judentum glauben, dass alle Menschen irgendwann von Gott gerichtet werden; dieser Tag ist das Ende des heute bekannten Lebens auf der Erde.

**Tallit** → Schal, den jüdische Männer beim Beten tragen.

**Talmud** → Hauptquelle der jüdischen Gesetze.

**Tanach** → Jüdische heilige Schrift, zusammengesetzt aus Tora, Neviim und Ketuvim.

**Tauhid** → Muslimischer Glaube an die Einheit Allahs.

**Tefillin** → Kleine Lederkästchen, die Auszüge aus der heiligen Schrift enthalten; werden von jüdischen Männern beim Gebet um den Arm und die Stirn getragen.

**Tora** → Die ersten fünf Bücher der jüdischen Schriften.

# Glossar

**Treue** → Verzicht auf sexuelle Beziehungen außerhalb der Partnerschaft.

**Tzedaka** → Jüdische Bezeichnung für eine wohltätige Handlung; dazu gehört, dass jeder Jude 10% seines Besitzes und seines Einkommens den Armen spenden soll.

## U

**Umerziehung** → Ein wichtiges Ziel von Bestrafung ist es, den Straffälligen umzuerziehen und wieder in die Gesellschaft einzugliedern.

**Umma** → Weltweite Gemeinschaft aller Muslime.

**Umwelt** → Natürliche Umgebung; manche glauben, dass sie durch schädliche Einflüsse der industrialisierten Gesellschaften bedroht wird.

**Unfruchtbarkeit** → Unfähigkeit eines Mannes oder einer Frau, sich fortzupflanzen.

## V

**Vater Unser** → Das Gebet, das Jesus seinen Jüngern beibrachte; wird heute in den meisten christlichen Gottesdiensten gesprochen.

**Vergeltung** → Entschädigung, die ein Straftäter der Gesellschaft zahlen muss.

**Verhütung** → Methode, die angewandt wird, um eine Empfängnis zu verhindern.

**Vivisektion** → Verwendung von lebenden Tieren bei wissenschaftlichen Versuchen.

## W

**Weihnachten** → Christliches Fest, bei dem die Geburt Jesu in Bethlehem gefeiert wird.

**Wiederheirat** → Wenn eine geschiedene oder verwitwete Person einen neuen Partner heiratet.

**Wudu** → Rituelle Waschung der Muslime; wird vor jedem Gebet vorgenommen.

## Z

**Zakat** → Die dritte Säule des Islam; Muslime haben die Pflicht, 2,5% ihres Einkommens für die Armen zu spenden.

**Zehn Gebote** → Wichtigste jüdische Gesetze; in der Tora aufgezeichnet; sie wurden Moses von Gott übergeben und gehören zu einer größeren Sammlung von 613 Geboten.

**Zeugung** → Die Erzeugung von Nachkommen durch Fortpflanzung.

**Zölibat** → Verzicht auf sexuelle Beziehungen.

# Verlag an der Ruhr
www.verlagruhr.de

**Religionen kennen lernen**
## Islam
Christine Moorcroft
Kl. 5–11, 49 S., A4, Papph.
ISBN 3-86072-338-3
**Best.-Nr. 2338**
14,80 € (D)/15,20 € (A)/25,90 CHF

**Religionen kennen lernen**
## Christentum
Christa Dommel
Kl. 5–11, 54 S., A4, Papph.
ISBN 3-86072-610-2
**Best.-Nr. 2610**
**17,- € (D)**/17,50 € (A)/29,80 CHF

## Die Bibel errätseln
75-mal lesen und lösen
Mary Tucker
Kl. 4–6, , 89 S., A4, Papph.
ISBN 3-86072-979-9
**Best.-Nr. 2979**
18,60 € (D)/19,15 € (A)/32,60 CHF

**Religionen kennen lernen**
## Judentum
Elaine McCreery
Kl. 5–11, 10–17 J., 49 S., A4, Papph.
ISBN 3-86072-339-1
**Best.-Nr. 2339**
14,80 € (D)/15,20 € (A)/25,90 CHF

# Religionen kennen lernen

## Wer ist Jesus?
Hintergründe, Fakten, Meinungen.
Ein Projektebuch.
Wilfried Stascheit
Kl. 7–13, 100 S., A4, Pb.
ISBN 3-86072-923-3
**Best.-Nr. 2923**
18,60 € (D)/19,15 € (A)/32,60 CHF

## Wer war Luther?
Infos, Hintergründe
und Diskussionsanregungen
Alexandra Popielas
Kl. 7–9, 70 S., A4, Papph.
ISBN 3-86072-991-8
**Best.-Nr. 2991**
**18,60 € (D)**
19,15 € (A)/32,60 CHF

## Die 10 Gebote heute
Infos, Materialien, Provokationen
Christoph Menn-Hilger
Kl. 7–13, 82 S., A4, Papph.
ISBN 3-86072-774-5
**Best.-Nr. 2774**
**17,- € (D)**/17,50 € (A)/29,80 CHF

## Warum gerade ich?
Die Hiob-Geschichte
Materialien und Diskussionsanregungen
Julia Dieter, Siegfried Haas
Kl. 7–13, 112 S., A4, Pb.
ISBN 3-86072-830-X
**Best.-Nr. 2830**
18,60 € (D)/19,15 € (A)/32,60 CHF

**Verlag an der Ruhr**
Postfach 10 22 51 • D–45422 Mülheim an der Ruhr
Tel.: 0208/49 50 40 • Fax: 0208/495 04 95
E-Mail: info@verlagruhr.de

Bücher für die
pädagogische Praxis

# Verlag an der Ruhr

www.verlagruhr.de

### Konflikte selber lösen

*Trainingshandbuch für Mediation und Konfliktmanagement in Schule und Jugendarbei*

Kurt Faller, Wilfried Kerntke, Maria Wackmann
Kl. 5–11, 207 S., A4, Pb.
ISBN 3-86072-220-4
**Best.-Nr. 2220**
23,- € (D)/23,65 € (A)/40,30 CHF

### Miteinander klarkommen

*Toleranz, Respekt und Kooperation trainieren*

Dianne Schilling
Kl. 5–13, 133 S., A4, Pb.
ISBN 3-86072-551-3
**Best.-Nr. 2551**
18,60 € (D)/19,15 € (A)/32,60 CHF

### Alltagskonflikte durchspielen

*Rollenspiele für den Mediationsprozess*

Bildungsteam Berlin Brandenburg e.V.
Kl. 6–13, 96 S., A4, Pb.
ISBN 3-86072-621-8
**Best.-Nr. 2621**
15,30 € (D)/15,70 € (A)/26,80 CHF

### Selbstvertrauen und Soziale Kompetenz

*Übungen, Aktivitäten und Spiele für Kids ab 10*

Terri Akin
Kl. 5–10, 206 S., A4, Pb.
ISBN 3-86072-552-1
**Best.-Nr. 2552**
23,- € (D)/23,65 € (A)/40,30 CHF

## Akzeptanz  Toleranz  Respekt

### Ich hab doch Recht! Oder?

*Lexikon und Rechtsratgeber für Jugendliche*

Eleonore Gerhaher, Ulrike Hinrichs
Kl. 6–12, 259 S., 16 x 23 cm, Pb.
(mit vierf. Abb.), 2-farbiger Druck
ISBN 3-86072-867-9
**Best.-Nr. 2867**
18,- € (D)/18,50 € (A)/31,50 CHF

### Projekt Tod

*Materialien und Projektideen*

Uta Brumann, Hans Joachim Knopff, Wilfried Stascheit
Kl. 9–13, 136 S., A4, Pb.
ISBN 3-86072-285-9
**Best.-Nr. 2285**
18,60 € (D)/19,15 € (A)/32,60 CHF

### Vom Lügen, Betrügen und der Moral

*Materialien und Projekte*

Leo Kauter
Kl. 7–13, 120 S., A4, Pb.
ISBN 3-86072-773-7
**Best.-Nr. 2773**
18,60 € (D)/19,15 € (A)/32,60 CHF

### So leben sie!

*Fotoporträts von Familien aus 16 Ländern – Ein Erkundungsprojekt rund um die Welt*

Mary-Claude Wenker
Kl. 1–10, 54 S., A4, Heft,
16 vierfarb. Bilder A3
ISBN 3-86072-669-2
**Best.-Nr. 2669**
28,- € (D)/28,80 € (A)/0,- CHF

**Verlag an der Ruhr**
Postfach 102251 • D-45422 Mülheim an der Ruhr
Tel.: 0208/495040 • Fax: 0208/4950495
E-Mail: info@verlagruhr.de

Bücher für die pädagogische Praxis